才徳兼備のリーダーシップ

【論語に学ぶ信望】

産業雇用安定センター会長
矢野弘典

時事通信社

はじめに

私の『論語』は晩学で独学です。初めて接したのが中学校の漢文の時間で、ほんの数章のみ、全巻を通読したのは四〇歳の頃でした。不惑の歳に、公私ともに迷ってばかりいましたので、何か拠り所が欲しいと考えて、『論語』を選びました。

優れた古典の素晴らしさは、読めば読むほど、また歳を取り経験を積めば積むほど味わい深くなることです。読書百遍意自ずから通ず、と昔から申す通りです。経験に照らして読むからでしょう。従って漢学者の本は、言葉の由来や歴史的背景を知る上では欠かせませんが、心にしみるのは論語を片手に人生を生きた人たちの書いたものです。中でも渋沢栄一の『論語講義』は、自らの体験談、同時代の人に対する人物評が面白く、時が経つのを忘れるほどです。

本書は、公益財団法人産業雇用安定センターの月刊広報誌「かけはし」に、「お爺《じい》ちゃんの論語塾」として七年にわたり毎月綴《つづ》ってきた拙文を纏《まと》めたものです。及ばずながら、リーダーに不可決である信望の秘訣《ひけつ》を探ってみました。

出版にあたり、大ぐくりに章立てをし、多少の加筆修正を施しました。リーダーシップのあり方についてご参考になるところがあれば幸いです。

二〇一九年一一月

矢野　弘典

推薦の言葉

このたび、本書が上梓《じょうし》されたことはまことに時宜を得たものと思います。国内外の諸情勢が変転極まりない中にあって、今日ほどリーダーシップの質が問われている時代はありません。産業界のみならず各界における組織や団体の栄枯盛衰は、リーダーの資質によって決定的な影響を受けるからです。

振り返ってみれば、日経連（日本経営者団体連盟）は一九四八年の設立にあたって、「経営者よ、正しく強かれ」というスローガンを掲げ、長期視点の経営、人間尊重の経営、経営道義の高揚を三つの基本方針として定めました。そして、敗戦直後の荒廃の中から立ち上がり、経済の復興と社会の安定のために邁進《まいしん》しました。企業経営者のリーダーシップのあり方を示すものとして、今も少しも色あせてはいません。

本書は、この古くて新しいリーダーシップの問題について、温故知新の観点から様々な考察を試みています。著者は、「信望」という定量化できないリーダーの最も重要な資質が、どこから生まれてくるのかを問い続け、『論語』など東洋の古典の英知に解を求めています。その結論が「才徳兼備の人」であり、国際的にも通用するリーダー像が生まれました。能力と人徳を兼ね備えた人物でなければ、人々の信望を得て、厳しい経営環境を乗り越えていくことはできません。本書の主張は企業における著者の経営経験を踏まえたものですから、多くの読者の共感を呼び、考えるヒントになるところが多々あると思います。

おわりに、著者と私の関係を述べます。私は一九九九年から七年間、日経連と日本経団連（日本経済団体連合会）の会長を務めましたが、この間一貫して、著者は役員として社会保障制度、労働政策、国際関係などを担当し、団体の運営を補佐してくれました。その後は、中日本高速道路株式会社の会長など経営経験を積み、現在も広く企業や団体の経営に携わっています。

十数年前になりますが、中国で開かれた日中産業シンポジウムで、『論語』の「民は信なくんば立たず」を引用しながら、基調報告をしていた著者の姿を思い出します。

二〇一九年一一月

日本経済団体連合会名誉会長
（元日本経営者団体連盟会長）
奥田　碩

目次　才徳兼備のリーダーシップ――論語に学ぶ信望

第四章　自分を磨く――『大学』に学ぶ……159

第六章　孔子の人物評……229

脚注について
★「お爺ちゃんの論語塾」雑感
※用語の補足説明、コメント

序章

才徳兼備のリーダー像——『論語』に学ぶ

尽きない『論語』の魅力を孫の世代に

経済界の一隅に身を置いてきた者が、ささやかな生活体験をもとに綴《つづ》る、まことに私的な『論語』※の世界である。晩学の独学独習による、解釈の誤りや思い込みについては、ご批判ご教導を頂ければ幸いである。

◉なぜお爺ちゃんの論語塾か

『論語』は、実に温かみのある血の通った書物である。孔子※は決して道徳が氷結したような人物ではなく、酸いも甘いもかみ分けた最高の人間通だと思う。人生万般の時々に懇切な助言を惜しまない優れた常識人であり、私にとっては困った時の相談相手、隣に住むお爺《じい》ちゃんのような存在となった。

中日本高速道路株式会社（NEXCO中日本）の会長CEOに在職中は、社内の幹部教育に『論語』や幕末の碩学《せきがく》、佐藤一斎※の『重職心得箇条』を用いた。『論語』は「士」論、すなわち指導者論の宝庫で、経営の一番大事な拠り所を説いているからである。

会長を退任し、古稀《こき》を迎え、「お爺ちゃんの論語塾」を開設した。江戸時代の寺子屋

※論語
中国の思想書。二〇編。孔子没後、門人による孔子の言行記録を、儒家の一派が編集したもの。四書の一。処世の道理、国家・社会的倫理に関する教訓、政治論、門人の孔子観など多方面にわたる。日本には応神天皇の時代に百済（くだら）を経由して伝来したといわれる。（『デジタル大辞泉』小学館）

※孔子
［前552～前479］中国、春秋時代の学者・思想家。魯（ろ）の陬邑（山東省曲阜（きょくふ））に生まれる。名は丘（きゅう）。字（あざな）は仲（ちゅう）尼（じ）。諡（おくりな）は文宣王。早く

を模範に私塾を開き、少年少女たちを教えたいという構想は、長年夢見ていたもので、二〇一〇年六月にフルタイムの仕事を終えた後、早速、翌七月には塾を開設することができた。

小学生の孫を主体に身近な大人も参加している。人類の叡智《えいち》を子どもたちに伝えたい、私自身も初心にかえって勉強し直そうと考えたのである。塾則は次の三つだ。①元気に挨拶しよう。②大きな声で素読しよう。③全部覚えよう。

毎回、白文の横にルビ付きの読み下し文を添えた教科書を私が作成し、素読をし、全文を暗誦《あんしょう》させる。驚いたことに、小学校低学年でもすぐに読みこなし、漢字が大好きになり、白文のままでやすやすと記憶するのだ。解説は子ども向きにかみ砕く必要があるため、頭の固くなったお爺ちゃん先生は毎回大汗をかいている。深い意味は歳を取ればわかるので、説明は簡単にすませる。それでも質問が出るのは、子どもながらに知的好奇心を刺激されるのだろうか。副次効果としての嬉《うれ》しい発見は、発声が語尾まで大きくはっきりとし、坐《すわ》る姿勢がよくなったこと。古典の素読の威力を感じる。

◉孔子の生涯と現代

為政編に次の一節がある。世界最短の自叙伝ではないかと思う。

から才徳をもって知られ、壮年になって魯に仕えたが、のち官を辞して諸国を遍歴し、十数年間諸侯に仁の道を説いて回った。晩年再び魯に帰ってからは弟子の教育に専心。後世、儒教の祖として尊敬され、日本の文化にも古くから大きな影響を与えた。弟子の編纂（へんさん）になる言行録『論語』がある。（『大辞泉』）

孔子

渡辺崋山作、田原市博物館蔵

子《し》曰《いわ》く、吾《わ》れ十有《ゆう》五にして学《がく》に志《こころざ》す。〈志学《しがく》〉
三十にして立《た》つ。〈而立《じりつ》〉
四十にして惑《まど》わず。〈不惑《ふわく》〉
五十にして天命《てんめい》を知《し》る。〈知命《ちめい》〉
六十にして耳《みみ》順《したが》う。〈耳順《じじゅん》〉
七十にして心《こころ》の欲《ほっ》するところに従《したが》って矩《のり》を踰《こ》えず。※〈従心《じゅうしん》〉（為政編）

日常の挨拶にも登場するほど有名な一節だ。しかし、寿命が延びた現代では少々荷が重く、例えば七〇歳・従心は、今の九〇歳くらいがちょうどよさそうに思える。自分が古稀を迎えてみて、従心にはほど遠いことがわかるので、年齢の八掛けにして読まないと平仄《ひょうそく》が合わない。実年齢が六〇〜七〇歳でようやく「知命」あたりではあるまいか。

孫たちには、孔子先生は一五歳になってから勉強を始めたのではないよ、君たちと同じように六歳頃から始め、一五歳になって世のため人のために学問に志そうと決心したのだ、君たちもその歳頃には将来の志を立てなさい、と教えている。遊び呆《ほう》けてしまわないようにという、老婆心《ろうばしん》ならぬ老爺心《ろうじいしん》からの注意である。

ところで、孔子が八〇歳まで生きたら何と言われたか、尽きることのない楽しい疑問だ。もし問えば、「自分で考えなさい。君の人生じゃないか」という答えが返ってくることだろう。

佐藤一斎

渡辺崋山作「佐藤一斎像」
Image:TNM Images Archives
東京国立博物館蔵

※佐藤一斎
［1772〜1859］江戸後期の儒学者。美濃岩村藩家老の次男。名は坦（たいら）。藩主の三男で後の林述斎とともに儒学を学ぶ。林家の塾長、昌平坂学問所教授を歴任。朱子学と陽明学を奉じた。門人から佐久間象山・山田方谷らを出した。著『言志録』など。（『大辞泉』）

※矩を踰えず
人としての道をはずれることがない。

震災復興とリーダーシップ

東日本大震災※は未曾有《みぞう》の大惨事だった。その復興は国をあげての急務である。

地震は日本につきものであるから、国内に絶対安全といえる所はない。東北の復興も決して他人事ではないのだ。その場合に大事なことが、二つあると私は考えている。一つは、物心両面の復興であり、一つは、リーダーシップの再興である。

◉物心両面の復興

科学技術の粋を集めた建造物が、巨大津波の猛威の前にもろくも壊滅したことは、言葉に表せない衝撃だった。先の大戦の経験者は、空襲後の焼け跡を思い出したことだろう。片や自然の力、片や人為の仕業だが、傷痕は似たものとなった。私は終戦の時に四歳で、母の実家のある水戸市が焼夷弾《しょういだん》と艦砲射撃の的となり、東京から疎開した私たち母子は命からがら逃げまどった。明けて灰燼《かいじん》に帰した住居跡に戻った時の煙くすぶる光景は、今も忘れることができない。「何もなくなってしまった」のである。

瓦礫《がれき》を整理し、住居を再築し、道路などのインフラを整え、工場を再開するという「物」

※東日本大震災
2011年の東北地方太平洋沖地震によって引き起こされた大震災。マグニチュード9.0で、気象庁観測史上最大の地震となった。死者は1万5897人、行方不明者は2533人。東北地方の沿岸部では最高潮位9.3メートル、遡上高40.5メートルに達する巨大津波が発生した。福島第一原子力発電所で放射性物質が漏出。原子炉の電源が津波の浸水で故障し、原子炉建屋内で水素爆発が発生。旧ソ連（現ウクライナ）のチェルノブイリ原子力発電所事故（1986）に比べられる大事故となった。

の復興は、時間の問題はあるにしても、必ずやり遂げることができると思う。しかし、問題は「心」の復興だ。父母兄弟や愛する子ども、親しい友人知人を失った人たち、とりわけ子どもたちの受けた打撃は、トラウマ（精神的外傷）となって長く残るだろうと心配である。これには長期の応援が必要だ。

私の知人に、斎藤アンジュ玉藻※さんという若い女性ヴァイオリン奏者がいる。日本人で初めてライプツィヒのバッハ音楽祭に招待され、「シャコンヌ」を演奏して、大変高い評価を得ている音楽家である。震災後は現地をしばしば訪れ、子どもや家族のために演奏し、慰め励まし続けている。「一年や二年ではなく十年は続けたい。私自身も子どもの頃、バッハの音楽によって救われました」と述べている。見事な実行力だと思う。

私が主宰する「お爺ちゃんの論語塾」では、被災直後に支援物資の配給を譲り合う大人の尊い姿、感謝の心を忘れない子どもたちの健気な作文、そして裏方に徹して献身するボランティアの例を、写真を見せながら小学生の塾生たちに話した。それにお爺ちゃんの戦争被災体験と、その後十年続いた怖い夢のことも。孔子が重んじた「恕《じょ》」（思いやり）を示すこれ以上の生きた教材はないし、孫の世代に日本の将来を考えて欲しいと心底願うからである。

東日本大震災

時事

※斎藤アンジュ玉藻　東京生まれ。パリで学び、日本人バイオリニストとして初めてドイツのバッハフェスティバルに出演。2004年ドイツのライプツィヒ「インターナショナルゾリステンシリーズ」に最年少で抜擢された。パリを本拠にしてヨーロッパを中心に演奏活動を続けている。

◉リーダーシップの再興

大震災後に沸き立つように論議の的となったのが、二つ目のリーダーシップの問題であった。いわゆるリーダーと目される高い地位にある人々の言動が、危機管理という点で当を得ず、頼り甲斐《がい》がないと映ったためだろうか。その一方では、工場・学校・事務所・救助隊など、現場でそれぞれの持ち場を守った人たちの中に、率先垂範、一身を犠牲にしても他を救うという、真のリーダーシップを発揮した方々が多く存在した。社会的地位とリーダーシップの質とが、必ずしも一致しないことに多くの人が気づいたのである。日本がこれから世界に互していくにはこれでよいのか、と疑問を抱いた方も多いことだろう。

被災地の水産会社のエピソードは広く報道されたので、ご存じの方も多いと思う。中国人の研修生を二十人ほど預かっていたその会社の専務は、ただちに皆を引き連れて高台に避難させたのだが、まだ残された者がいると判断し、急ぎ駆け戻ったところに津波が襲来し、会社の建物もろとも流されて命を落としてしまった。これを知った中国本土の人たちは、インターネットを通じて数多くのメッセージを寄せ、「まさに、『身を殺して仁を成す』※そのものであって、中国人はこの人のことをいつまでも忘れないだろう」と感謝の言葉が殺到したという。いうまでもなく、「身を殺して仁を成す」は『論語』衛霊公編の一節で、自分の一身を投げ打っても人のために尽くすという意味である。

リーダーシップ、指導力とは何か。

※身を殺して仁を成す
「子曰く、志士仁人（しじんじん）は、生を求めて仁を害すること無し。身を以て殺して以て仁をなすこと有り。」（先生が言われた、「志しのある人や仁の人は、命惜しさに仁徳を害するようなことはしない。時には命をすてても仁徳を成しとげる。」）（金谷治訳注『論語』）

人は何故、ある人には信頼を寄せ、喜んで従い、別の人には不信を抱き、嫌がるのか。どうすれば立派なリーダーになれるのか。これは人間が社会化して以来の永遠の課題である。正解は知らず、先学の教えをもとに少し考えを進めてみたいと思う。

リーダーとは指導者だ。東洋では古来これを「士」と呼んできた。東洋学は人物論の宝庫だが、中でも『論語』にある孔子の「士」論がその白眉だと私は思う。それは子路編の一章で、弟子の子貢の熱心な問いに答え、孔子は第一級の人物の資格として、「己を行いて恥あり。四方に使いして君命を辱めず」と断言した。「恥を知る」ことを真っ先に挙げたのである。

「恥を知る」——リーダーの資格

◉白熱の師弟問答

孔子は、弟子の子貢※の問いに答えて、「士」すなわちリーダー、指導者の資格について明快に語る。『論語』にある白熱した問答を読んでみよう。

子貢：如何《いか》なるをかこれを士《し》と謂《い》うべき。
孔子：己《おのれ》を行《おこな》いて恥《はじ》あり。四方《しほう》に使《つか》いして君命《くんめい》を辱《はずかし》めず。
子貢：あえてその次《つぎ》を問《と》う。
孔子：宗族《そうぞく》※孝《こう》を称《しょう》し、郷党《きょうとう》※弟《てい》※を称《しょう》す。
子貢：あえてその次《つぎ》を問《と》う。
孔子：言必《げんかなら》ず信《しん》あり、行必《こうかなら》ず果《か》あり。硜《こう》※硜然《こうぜん》たる小人《しょうじん》たるかな。また以《もっ》て次《つぎ》と為《な》すべし。
子貢：今《いま》の政《まつりごと》に従《したが》う者《もの》は如何《いかん》。
孔子：ああ斗筲《としょう》※の人《ひと》、何《なん》ぞ算《かぞ》うるに足《た》らん。（子路編）

※子貢
［前520?〜前456?］孔門十哲の一人。衛（河南省）の人。姓は端木、名は賜。孔子より三一歳年少で、文学・弁舌に優れた。諸国を巡遊して政策を授け、魯と衛の宰相となった。利殖の才能に富み、莫大な資産を残した。孔子の死後、三年の喪が明けた後もさらに三年墓側で喪に服した。

※宗族
同じ祖先を持つ本家と分家、一族。中国の父系の同族集団。

※郷党
自分の住む地域・郷里。

※弟
年長者に柔順に仕えること。また、兄弟や長幼の間の情が厚いこと。「悌」に同じ。

私はこの師弟問答の中に、東洋の人物論のエッセンスが凝縮されていると思う。そしてそれはリーダーシップの本質を捉えて、世界的にも普遍性があり、現代においても生き生きと光彩を放っている思想だと思う。

◉能力よりも人格が先、第一に恥

孔子は、第一級の人物としてまず「恥を知り」、かつ「四方に使いして君命を辱めない」者を挙げた。後段の君命は現代であれば国命と言い換えることができる。会社ならば社命だ。一国を代表し、外国の元首に会って堂々と振る舞う人物を、優れた指導者として敬することは昔も今も変わらない。ここで注目するのは、一個の人間として「恥を知る」者こそ真の指導者に値すると、真っ先に孔子が語ったことである。自らの言動に恥を知る人でなければ、使節として任務を全うすることもできない、との意味もあろう。

子貢は次々に問うことをやめない。小さな子どもが親に向かって、「なぜ？　どうして？」と聞くのと似ている。のびのびした孔子塾の雰囲気が目に浮かぶ。そのおかげで現代のわれわれも、孔子の心底の思いを知ることができる。

※硜
①石をうつ音。②硜硜（こうこう）は、（ア）かたくるしい小人物のさま。（イ）いやしいさま。
（『新選漢和辞典 第八版』Web版　小学館）

※斗筲
「斗」は一斗（約1・9リットル）、「筲」は一斗二升（約2・3リットル）のことで、少量のコメを量るマス。

◉第二に孝弟、第三に確かな言行

そこで孔子は、第二級の士を「孝弟」の人、すなわち家では親孝行で、近隣では年長者を重んじ地域コミュニティで役立つ者とした。

そして、第三級の人物として、「言必信、行必果」を挙げたのである。言葉には必ず信義があり、行動は必ず期待される結果を生む、堅苦しい小人だがあえてその次だというのである。

さらに今の政治家について評価を問うたところ、孔子は「升目で算えるようなものだ」と素っ気なく、失望感を露わにしている。世の中を変えようと諸国を一〇年以上遍歴遊説し、あるいは流浪し、志を遂げられなかった苦難の日々を想像することができる。

孔子が指導者として最重要視する資格は人格、人間性、徳性で、能力はその次だった。「恥を知る」を第一に挙げ、次を「孝弟」としたことからも明らかである。東洋の人物論の根本といえる。

ここでいう「恥」とは、人前で笑われて恥をかく世間体の恥ではなく、自分の良心に照らして恥じない、一人静かに省みて恥じるところがないという意味、と私は解釈している。かつて親が子に教えた、「お天道様に恥じない」心に通じるのではないだろうか。

★「お爺ちゃんの論語塾」雑感①
私の論語塾では、難しい恥の説明はしない。「独りで一日を振り返ってごらん。何がよかったかは自分が一番わかるよね」と話している。孝弟については、野球の野村克也元監督が語った言葉を教えた。「親を大事にする人は人を大事にしますね。それと一流といわれる選手たちを見ていますと、本当に親を大事にしますね。それは共通しています」。
大相撲で最近活躍している外国人力士のことも話す。親思いの小さな子どもたちは目を輝かせて頷（うなず）いてくれる。
（引用は坂村真民『こんにちただいま――一念無限の力を持とう』（致知出版社）から）

◉ 独りを慎む

四書五経※の中に『大学』※という書物がある。二宮金次郎が薪を背負って読んだと伝わる本であるが、その一節に「君子は必ずその独りを慎む」とある。『中庸』※にも同じ言葉が登場する。人の上に立つほどの者は、多事多難な日々を送りながらも、必ず一日一度は独り静かに座して、「慎独《しんどく》」の時を持てというのだ。そして、自分のやったこと、やろうとしていることが、自分の内なる声、すなわち良心に照らして恥ずべきものであるかないか、私利私欲で動いているのではないか、しっかり確かめなさいというのだ。

ところで、孔子はなぜ「言必信、行必果」を第三級の小人としたのか。発言に信義があり立派な成果を上げるなら、今日流では最高の人材とはいえないのか。この長年の疑問に自分なりの答えを見つけたのは、私がＮＥＸＣＯ中日本の会長になってからのことだった。

※四書五経
四書は『大学』『論語』『孟子』『中庸』、五経は『易経』『書経』『詩経』『礼記』『春秋』。儒教の基本書とされる。

※大学
中国の経書。四書の一つ。孔子の遺書とも子思または曾子の著作ともいう。もと『礼記』の一編（第四二）で学問の根本義を示す。朱子の校訂によって現形に固定された。明明徳・止至善・新民の三綱領をたて、それに至る格物・致知・誠意・正心・修身・斉家・治国・平天下の八条目の修養順序をあげて解説する。（『日本国語大辞典 第二版』小学館）

※中庸
中国、戦国時代の思想書。四書の一つ。一巻。孔子の孫、子思の著と伝えられる。『大学』と同様、『礼記』中の一編であったが、中庸篇を独立させた。孔子の言や『詩経』の句を引用解説している。

全人格のリーダーシップ——土光さん

◉言行の人がなぜ三流なのか

『論語』の中で孔子は、言葉には信義があり、行動すれば必ず所期の結果が伴うほどの人物を、なぜリーダーとしては三流としたのか。

長年の疑問だったが、NEXCO中日本の経営に携わるようになって、初めて気づいたことがある。孔子はここで、士たる者の最低要件を示したのだ。

誠実にありのままに物事を見、分析し、状況を判断し、表現し、説得し、決断し、実行する能力がなければ、組織を統率することはできない。しかし、その程度の能力は士と呼ばれる以上は当然のことで、特筆するまでもない。「硜硜然たる小人たるかな」とは、それだけでは特筆するまでもないという意味で、言必信・行必果を軽視しているのではない。むしろ先人に学び経験を積んで、人格や徳性を磨き、人の心情を察し得る全人的な力量を身につけなさい。能力だけでは、人を心服させる本物のリーダーにはなれないと説いているのである。

◉土光さんの力量

全人的な力量として思い出すのが、土光敏夫※氏との出会いだ。

土光さんは一九六五年に東芝の社長となり、会社の再建に取り組んだ。就任後ただちに始めたことは、工場、研究所、支社などの前線視察である。私は入社三年目の新米社員として、古稀の土光さんを川崎の工場で迎えた。

現場視察※を終え、体育館に集まった多くの社員を前に、土光さんは会社の現状と課題を説明し、再建に向けて木訥《ぼくとつ》な語調で訴えた。「皆さんはこれまでの倍働いてください。私は一〇倍働きます」と。大半は一〇代の女性であるが、深く頷《うなず》き、涙を浮かべながら聞き入っている人もいた。

言葉は単なる符牒《ふちょう》ではない。別の人が同じ発言をしても、これほどの感動を与えることはないだろう。人の心を動かすのは、長年の蓄積から醸し出される、付け焼き刃ではない全人的な力量なのだ。壇上を仰ぎ見ながら、私は生まれて初めて真のリーダーを見たという思いを深くした。

土光さんの現場訪問は、これに似た数多くの逸話でいっぱいだ。早朝出勤や夜行日帰り出張など、社長が率先垂範し、身辺を飾らず仕事に邁進《まいしん》する姿を見て、社内の目の色が変わり、劇的に企業風土の改革が進んだ。急速な業績改善はその結果である。

土光敏夫

株式会社東芝提供

※土光敏夫
［1896〜1988］実業家。岡山の生まれ。経営難に陥った石川島重工業や東京芝浦電気（現東芝）などの社長を歴任、再建を成功させた。昭和49年（1974）経団連会長に就任。昭和56年（1981）には第二次臨時行政調査会（土光臨調）会長となり、行政改革に取り組んだ。（『大辞泉』）

◉大型人材の育成

その後一〇年近く経って、東芝は「大型人材育成計画」なるものを起案した。リーダーシップ教育といってよいだろう。世界に互して戦える一流の社員を育成しようと、基礎教養、専門性に加え、コミュニケーション能力、語学力などの要件を網羅し、意欲的な国内外での研修計画もつくられた。

さて、その案を携えて時の人事部長が説明に行ったところ、土光さんは次のように述べたという。「大変結構だから、進めなさい。ただし、大型人材は大型人材の下でなければ育たないものだ」と。この言葉をどう受け止めるかは、人それぞれであろうが、私は「まず自分自身を磨き続けなさい。人の育成はその上でのことだ」と理解した。そして、土光さんのような本物を目指して、及ばずながら部下と一緒に努力すればよいではないか。自分が大型人材でないのに、部下を大型人材に育てるにはこれしか方法はないと考えたのである。

身近にそのような目標となる人物を得られるかどうかは、人生を左右するほどの大事だと思う。そしてまた、そのような人に会いたいと強く願えば、必ず実現する日が来るのではあるまいか。

※現場視察
土光さんが川崎市のトランジスタ工場を訪れた際、予定になかった出来事が二つ発生した。
一つはエレベーターホールの隅にある鉄のドアを「中に何があるか」と開けさせたこと。そこには、職場をきれいにするため不要になった機械、机などの備品を一時しのぎに詰め込んであった。二つは「倉庫を見せなさい」だった。製品と部品の倉庫に入り、ラベルや保管状況まで見て回る徹底ぶりだった。
その日から工場をあげて、徹底的な美化が始まった。裏街道が実は一番大事な表通りだと私は学んだ。

後生畏るべし――人材の発掘

リーダーとなる人物像については、前項までに孔子の士論を取り上げた。では、後進の中に将来性ある者を見出し、起用するにはどうすればよいか。この疑問についても、孔子は『論語』の中で語っている。

子曰《しいわ》く、
その以《な》す所《ところ》を視《み》、
その由《よ》る所《ところ》を観《み》、
その安《やす》んずる所《ところ》を察《さっ》すれば、
人《ひと》いずくんぞ廋《かく》さんや。
人《ひと》いずくんぞ廋《かく》さんや。（為政編）

◉人を見分ける急所

その人の真価は、なかなか一目ではわからない。人間通の孔子は、その見分け方を語っ

★「お爺ちゃんの論語塾」雑感②
孫の世代に向かって、時々歴史上の偉人の逸話を取り上げる。古本屋で見つけた菊池寛『評註名将言行録』などは格好の虎の巻だ。子どもたちにとっては昭和の土光さんも、戦国時代の毛利元就、織田信長、豊臣秀吉、江戸の徳川家康も、明治維新の西郷隆盛も同じような歴史上の人物で、結構興味を持って聞いてくれる。

ている。「外面に現れた行動を注意深く視つめ、そもそもの動機を観きわめ、安心し満足しているところを察知すれば、どんな人でも隠しようがない、正札が現れる」と。
視・観・察の三層をもって確かめよというのだ。観は視よりも詳細に、察は観よりさらに深く、外観ではわからない内奥を見るという意味だろうか。第一印象で人を評価する簡易法もあり、具眼の士にはそれが可能であろう。孔子もまたその一人であることは間違いない。しかし、孔子はじっくりと人を見よ、時間をかけて評価判定せよ、と教えているのである。まことに懇切丁寧ではないだろうか。

◉人材起用の苦労

経営者として組織運営に腐心する最たるものは、公平で適材適所の人事だと思う。要所に適材を任命することができれば、組織は安泰で会社の将来は明るいと断言できる。『論語』には、仲弓《ちゅうきゅう》※という徳行に秀でた弟子が、どうすれば賢才を上げることができるかと問うた場面がある。

仲弓《ちゅうきゅう》、季氏《きし》※の宰《さい》となりて、政《まつりごと》を問《と》う。
孔子：有司《ゆうし》※を先《さき》んじ、小過《しょうか》※を赦《ゆる》し、賢才《けんさい》※を挙《あ》げよ。
仲弓：いずくんぞ賢才《けんさい》を知《し》りて、これを挙《あ》げん。

※仲弓
［前522～?］春秋時代の儒学者、冉雍（ぜんよう）の字（あざな）。孔門十哲の一人で徳行に優れた。魯の人で孔子より二九歳若い。季氏の宰になった。

※季氏
魯の三大貴族（三桓）の一つ。

※有司
部下の役人。担当者。

※小過
小さいあやまち。小さな過失。（『日国』）

※賢才
かしこい才知。優れた才能。賢明な人。

孔子：爾《なんじ》の知《し》る所《ところ》を挙《あ》げよ。爾《なんじ》の知《し》らざる所《ところ》、人《ひと》それこれを舎《す》てんや。（子路編）

仲弓が季氏の地方長官となり、先生に政治のあり方を尋ね、答えを得た。「担当者を活用し、小さな過ちは許し、優れた人材を起用しなさい」と。ではどうやれば人材を発見し、起用できるかと問うたところ、「君のよく知っている者を起用しなさい。そうすれば君の知らない者でも、人が放置しないで推薦してくるものだ」と答えたのだ。味わい深い問答である。

◉後生、畏るべし

いつの世でも年寄りがこぼす愚痴の一つに、「近頃の若い者はなってない」がある。果たしてそうだろうか。『論語』の一節を引用する。

子曰《しいわ》く、後生畏《こうせいおそ》るべし。いずくんぞ來者《らいしゃ》※の今《いま》に知《し》かざるを知《し》らんや。四十五十《しじゅうごじゅう》にして聞《き》こゆることなきは、斯《こ》れまた畏《おそ》るるに足《た》らざるのみ。（子罕《しかん》編）

「青年は畏るべきだ。これからの人が今の人に及ばないと、どうしてわかろうか。ただし、四〇、五〇歳にもなって評判が聞こえてこないようでは、畏れることはない」と。

※来者
後から生まれてくる人。未来の人。後進。（『日国』）

※宰我
［前522〜前489（458?）］宰予の通称。魯の人。孔子の門弟・十哲中の一人。字（あざな）は子我。子貢と並んで弁論に優れた。孔子とは肌合いが違い、度々厳しい叱責を受けた。斉で反乱に加担して一族が皆殺しにされた。

※昼寝して遅刻し
一三六頁参照。

※狂簡
志望が高く、細事をかえりみないこと。志は大きいが、行為が粗雑であること。（『日国』）

孔門三〇〇〇人の弟子たちは多士済々だった。中には宰我※のように昼寝して遅刻し、※しばしば口達者に小理屈をこね回し、こっぴどく叱《しか》られた者もいる。しかし、孔子が次の世代に大きな希望を抱いていたことは確かだ。

一〇余年の諸国流浪の果てに、ついに帰国を決心した時の言葉がある。

帰《かえ》らんか、帰《かえ》らんか。吾《わ》が党《とう》の小子《しょうし》、狂簡《きょうかん》※、斐然《ひぜん》※として章《しょう》を成《な》す。※
これを裁《さい》する所以《ゆえん》を知《し》らざるなり。（公冶長編）

「郷里の若者たちは大きな志を持ち、美しい模様の織物のようだが、裁断する方法を知らない。私が帰って教えよう」と。若者の才能を引き出し、後を託そうと決心したのだろう。

もっとも、四〇、五〇で評判が立たないようでは話にならない、というのは少々厳しい。長生きとなった現代では、五〇、六〇と読み換えてはどうだろうか。

※斐然
あやがあって美しいこと。はなばなしい。

※章を成す
模様を織りなす。「章」は織物の模様。

★「お爺ちゃんの論語塾」雑感③
私の論語塾では、難しい話は一切しない。子どもたちがすくすくと育つことが先決であるから、人としてのあり方を『論語』や歴史上の偉人を題材に語っている。最近は「仁とは何？」と問えば、打てば響くように「思いやり！」と答えが返ってくる。この子どもたちが将来人生の岐路に立った時に、覚え込んだ珠玉の言葉が必ず蘇（よみがえ）って、よき道しるべになってくれるはずである。それで十分ではないだろうか。

老子、リーダーを語る

『老子』※は、歳を重ねるとともに面白くなる本である。

長らく老子とは縁が遠く、無為を説いた人ほどの理解しかなかった。無為とは何もしないという意味なら、実業の世界とは無縁の存在のように思われた。しかも学者の解説書が難しく、歯が立たず、数章で放り出す始末であった。

◉老子の面白さ

ところが、加島祥造の数々の労作※や新井満の自由訳※、さらには寺田寅彦《とらひこ》の随筆※やアーサー・ウェイリーの英訳※などを読んでみると、これが実にわかりやすくて面白い。逐語の直訳調では全くなく、流れるような見事な詩文である。一気に読み、繰り返して読み、改めて原文に接してみると、なるほどと頷ける。そのうち気づいたことがあった。老子は枯れ木のような仙人ではなく、世情の機微に通じた人ではなかったかということである。そして、母系社会の持つ「優しさ」を体現した人ではなかったかと思うのである。

老子

※老子
中国、戦国時代の思想書。二巻。古代の思想家で道家の祖といわれる老子の著といわれるが、実際は、道家の思想家の考えを集大成したものとみられる。道を宇宙の本体とし、有に対する無、人為に対する自然を説く。1973年に中国の湖南省長沙市郊外の馬王堆（まおうたい）で発見された二種類の写本として出土した『老子』は前200年頃の、最古の書写本文。

※加島祥造の数々の労作
『タオ　ヒア・ナウ　老子』『タオ―老子』『「老子」新訳―名のない領域からの声』他多数。

◉リーダーの四つのタイプ

『老子』は全部で八一章からなるが、指導者論を展開している箇所があり、結構生臭い。指導者、リーダーのタイプを四つに区分けしている。

大上《たいじょう》は下《しも》これ有《あ》るを知《し》るのみ。
その次《つぎ》は親《した》しみてこれを誉《ほ》む。
その次《つぎ》はこれを畏《おそ》る。
その次《つぎ》はこれを侮《あなど》る。（第一七章）

大上、すなわち最上の指導者は、その存在を知られているだけで、日頃は人々の意識に上ることはない。二番目は善政を行うので、親しまれ尊敬される。三番目は独裁的な圧政者なので、恐怖の的となる。最低なのは、馬鹿にされ軽蔑される指導者である。まことに手厳しいし、遠い昔のこととは思えない。老子が描いたのは当時の君主像であるが、これを指導者一般の格付けとして読むことができよう。

※新井満の訳
『自由訳　老子』

※寺田寅彦の随筆
「つい近頃本屋の棚で薄っぺらな『インゼル・ビュフェライ叢書』をひやかしていたら、アレクサンダー・ウラールという人の『老子』というのが出て来た。たった七十一頁の小冊子である。値段が安いのと表紙の色刷の模様が面白いのとで何の気なしにそれを買って電車に乗った。そうしてところどころをあけて読んでみるとなかなか面白いことが書いてあって、それが実によくわかる。（中略）不思議なことには、このドイツ語で紹介された老子はもはや薄汚い唐人服を着たにがにがとこわい顔をした貧血老人ではなくて、さっぱりとした明るい色の背広に暖かそうなオーバーを着た童顔でブロンドのドイツ人である。（寺田寅彦「変った話　一、電車で老子に会った話」）

◉今に通ずる格付け

第一級のリーダーは、大きな方針を示したら実行を部下に委ね、存分に腕を振るわせる。出しゃばらず、功は部下に譲る。しかし、非常時となれば最前線に立って、自ら采配を振るって過たない。老子の生きた二五〇〇年前と現代との違いは、今時のリーダーは様々なステークホルダーに対する説明責任が大きく、表に露出する機会が多い点であろうか。

民間企業では、会社の方針が明確で権限委譲がなされていれば、社員は目標に向かって自発的にのびのびと働く。中小企業は別として、日常的に社長の存在は遠くても一向に困らないし、いちいち意識しているようでは仕事に差し支える。社員が社長を注視するのは、不測の事態や会社の土台を揺るがす事件が発生した時である。大災害や不祥事が好例で、社員は一斉に社長の言動に注目する。

老子の設けた四つの格付けを見ると、時代の差を感じさせない。いざとなれば頼りにされ、尊敬され、畏れられ、あるいは侮られるリーダーはいつの世にもいる。人々がリーダーの真価を見破るのは、多くは国や会社が危機に瀕《ひん》した際の振る舞いによる。

人々は見ている。正々堂々と逃げ隠れせず、人のせいにせず、首尾一貫しているかと。普段は隠れている実力が、掛け値なしに現れ、ごまかしがきかない。激動の時代こそ、揺るがない真のリーダーが求められる所以である。

※アーサー・ウェイリーの英訳
Arthur Waley "The Way and Its Power: Lao Tzu's Tao Te Ching and Its Place in Chinese Thought" (Grove Press)

◉リーダーの三宝

『老子』は、指導者が身に備えるべき三つの徳、三宝を説いている。

一《いち》に曰《いわ》く、慈《じ》。
二《に》に曰《いわ》く、倹《けん》。
三《さん》に曰《いわ》く、敢《あ》えて天下《てんか》の先《さき》を為《な》さず。（第六七章）

慈しみ、倹約、人に先んじない謙虚の心の三つである。慈愛の深い人は天もこれを祝福し、人々は勇気をもって協力を惜しまない。ここで慈者は真の強者となる。倹、すなわち物質的に慎ましく精神的に豊かな人は、世のため人のために働き、人々の強い支持を得る。謙遜で常に他人を立て、自ら先頭に立とうとしない人こそ、かえって人から推されてリーダーとなる。今でも団体長など公的な立場の人を決める時に、「やりたい人ではなく、やらせたい人を選ぶ」といわれるのと同じである。

◉引退と再出発

そして、功成り名遂げたら引退せよと奨めている。

功《こう》遂《と》げて身《み》の退《しりぞ》くは、天《てん》の道《みち》なり。（第九章）

私はこの一節を、時が来たら未練なく退き、初心に返って出直すという意味に解釈している。得意を生かして新たに事業を興し、あるいはＮＰＯでする社会奉仕もある。後述する『易経』※は人の一生を龍《りゅう》にたとえている。飛龍となって位人臣を極め、亢龍《こうりゅう》として退いた後は、世に出る前の青年の時、潜龍に戻ればよい。

再出発を期する時、人生の地平線は限りなく広いのである。

◉人時処の三相応

『老子』にはまた、有名な次の一節がある。

大国《たいこく》を治《おさ》むるは、小鮮《しょうせん》を烹《に》るがごとし。（第六〇章）

大きな国を治めるには、小魚を煮るようにすること。乱暴につつき回したりかき混ぜたりしたら、バラバラになってしまう。丁寧に慎重にやるのがよい。

この言葉を生きた企業経営の現場に置き換えてみるとどうなるか。

ここは、人時処の三相応を説いているものと読んではどうか。すなわち、人を得て、時

※易経
五経（ごきょう）の一。伏羲（ふっき）氏が初めて八卦（はっけ）を作り、孔子が集大成したといわれるが未詳。天文・地理・人事・物象を陰陽変化の原理によって説いた書で、元来、占いに用いられた。六十四卦（け）およびそれぞれの爻（こう）につけられた占いの文章（経）と、易全体および各卦について哲学的に解説した文章（伝もしくは十翼という）とから成る。周代に流行したところから周易ともいう。易。（『大辞泉』）

と所にかなった行動を取ることの必要性である。事がなるには、古来「天の時・地の利・人の和」が欠かせない。

言い換えれば、どんなに優れたアイデアでも、それを実らせるには、やる気のある人材を見出し、育て、チームとしての和を保ち、必要な時間をかけ、現実の場を動かさなければならない。時には辛抱して何年もかけ、事によっては即断即決する。戦略戦術を見切るのはリーダーの力量だが、観察眼を磨き、広く深く考え続け、予兆を掴《つか》まえれば、正しい判断に至るであろう。

◉改革の成否を決める鍵

会社や団体は、生か死かという瀬戸際まで追い込まれることがある。原因やきっかけは、放漫経営、粉飾決算などの不祥事、天変地異、国際関係、政変など様々である。いずれの場合も、再建には抜本的な改革が必要となる。

私の拙い体験や見聞からすると、少なくとも次の三つが成否の鍵を握っていると思われる。

①リーダーは献身的か。
②組織内の人の和が保たれているか。
③企業理念、経営目標、行動計画と工程表が明らかになっているか。

◉土光さんの姿勢

一番目は、改革を主導するリーダーの姿勢である。これなくしては、どんな優れた方針も実行されることはない。社内外の目はリーダーの挙動を注視し、私利私欲で動いているのではないかと、その本気度を確かめているのである。

身近な実例は、一九六五年に東芝の社長となり、率先垂範して再建を果たした土光敏夫氏である。勇将の下に弱卒なしで、社内は結束して事にあたり、自ずから二番目の人の和が実り、業績は急速に回復した。

当時の私は入社三年目という若輩であったが、土光さんに真のリーダーの姿を見、深い感銘を受け、その後の人生や会社経営の指針となった。

三番目は経営の基本定石である。企業存続の最低条件といってもよい。力あるリーダーであれば、正しく状況を判断し自社にふさわしい処方箋を描くことは、さほど難しいことではないであろう。問題は、それをいかに実現するかに尽きる。

◉リーダーよ、肚をくくれ

『老子』には、広く人口に膾炙《かいしゃ》した名言がある。

東芝社内の土光さん

株式会社東芝提供

天網《てんもう》※恢恢《かいかい》※、疏《そ》※にして失《しっ》せず。（第七三章）

天は全てをお見通しである。天は広大無辺で粗い網のようだが、何一つ漏らすことはない。人間の小ざかしい嘘《うそ》や偽り、ごまかしは必ず露見する。

なまなかの覚悟では、人の上に立つリーダーは務まらないのである。

老子は、平易に諄々《じゅんじゅん》とリーダーの心構えを説く。心して謙虚であれ、無用に争うな、細事・小事を大切にせよ、千里の道も一歩から、初心忘るべからず、と。

上善《じょうぜん》※は水《みず》の若《ごと》し。水《みず》は善《よ》く万物《ばんぶつ》を利《り》してしかも争《あらそ》わず。（第八章）

天下《てんか》の難事《なんじ》は必《かなら》ず易《やす》きよりおこり、天下《てんか》の大事《だいじ》は必《かなら》ず細《さい》よりおこる。（第六三章）

千里《せんり》の行《こう》も足下《そっか》より始《はじ》まる。（中略）**終《お》わりを慎《つつし》むこと始《はじ》めのごとくなれば※、則《すなわ》ち事《こと》を敗《やぶ》ることなし。**（第六四章）

小学生でもわかる道理が、大人になると上の空になって、しばしば道を誤る。世の乱れのもとは、大方そこにあるのではないかと思う。「お爺《じい》ちゃんの論語塾」で、子どもたちに教えながら自ら反省することが多い。

※天網
天が張りめぐらす網。悪事に対して天道の厳正なことをたとえた語。（『日国』）

※恢恢
ひろびろとしていて大きく、目には見えない。「恢」は中がうつろに広い。

※疎
すきまが多いさま。目があらいこと。まばら。

※上善
最高の善。（『日国』）

※終わりを慎むこと始めのごとくなれば
「最後のところを始めのときと同じように慎重にすれば」（蜂屋邦夫訳注『老子』岩波文庫）

西郷さん、リーダーを語る

西郷隆盛※は明治維新の英雄である。勝海舟とともに江戸の無血開城を実らせ、世界最大の都市、一〇〇万人を戦火から救った。上野公園の銅像に象徴されるように、今も多くの人々に親しまれている。日本史には数多くの英傑が登場するが、「さん」付けで名を呼ばれ、敬愛される国の指導者はほかにいただろうか。

その西郷さんは、『西郷南洲遺訓』※（岩波文庫）の中で、庄内《しょうない》藩士の質問に答え、人物のあり方について語っている。本書で取り上げてきた孔子や佐藤一斎《いっさい》とも深く通じているので、リーダー論として学んでみたい。

◉指導者の心構え

『遺訓』はわずか四一章からなる小冊子だが、内容は濃く味わい深い。

廟堂《びょうどう》※に立《た》ちて大政《たいせい》を為《な》すは天道《てんどう》を行《おこな》ふものなれば、些《いささか》とも私《わたし》を挟《はさ》みては済《す》まぬもの也《なり》。いかにも心《こころ》を公平《こうへい》に操《あやつ》り、正道《せいどう》を踏《ふ》み、広《ひろ》く賢人《けんじん》を選挙《せんきょ》し、能《よ》くその職《しょく》に任《た》ふる

西郷隆盛

国立国会図書館蔵

※西郷隆盛
［1828〜1877］幕末・明治初期の政治家、軍人。薩摩藩下級藩士の出身。通称、吉之助。号は南洲。討幕の指導者として薩長同盟、王政復古、戊辰戦争を指導、遂行した。新政府の参議となり廃藩置県を断行。明治6年（1873）、征韓論をめぐり遣韓使節による平和交渉を唱えたが反対され下野。帰郷後に鹿児島士族中心の学校「私学校」を設立。明治10年（1877）、私学校党が反乱（西南戦争）を起こすと擁立されて、城山で自刃した。

人《ひと》を挙《あ》げて政柄《せいへい》※を執《と》らしむるは、即《すなわ》ち天意也《てんいなり》。（第一章）

これは第一章冒頭の一節である。政治は天道を行うことだから、指導者は無私、公平を旨とし、正道を歩み、適材を適所に配置して任せることが肝要である。「天」とは神仏のように人智《じんち》を超えた偉大な存在であり、天道には天意があると考える。そして、西郷さんが愛した「敬天愛人」※の語が現れる。

道《みち》は天地自然《てんちしぜん》の道《みち》なるゆゑ、講學《こうがく》の道《みち》は敬天愛人《けいてんあいじん》を目的《もくてき》とし、身《み》を修《しゅう》するに克己《こっき》を以《もっ》て終始《しゅうし》せよ。
総《そう》じて人《ひと》は己《おのれ》れに克《か》つを以《もっ》て成《な》り、自《みずか》ら愛《あい》するを以《もっ》て敗《やぶ》るるぞ。（第二一章）

◉人材の登用

適材適所の人材配置については、次の一節がある。

何《なに》ほど国家《こっか》に勲労《くんろう》あるとも、その職《しょく》に任《た》へぬ人《ひと》を官職《かんしょく》を以《もっ》て賞《しょう》するは善《よ》からぬことの第《だい》一也《いちなり》。官《かん》はその人《ひと》を選《えら》びて之《これ》を授《さず》け、功《こう》ある者《もの》には俸禄《ほうろく》を以《もっ》て賞《しょう》しおくものぞ。（第一章）

※西郷南洲遺訓
戊辰戦争で降伏した庄内藩には厳しい処分が予想されたが、西郷隆盛は寛大な処分を主張し、新政府軍は鶴岡から撤兵した。藩論は「薩長憎し」から「西郷礼賛」に転換した。家老から後に酒田県県参事となった菅実秀らは、西郷に教えを乞い、聞いたことをまとめた。明治23年（1890）、これを刊行した。

※廟堂
天下の大政をつかさどる所。朝廷。（『日国』）

※政柄
（「柄」は権力の意）政治を行なう権力。政治上の権力。政権。（『日国』）

※敬天愛人
天を敬い、人を愛すること。西郷隆盛は、1858年11月、同志僧月照（げっしょう）と鹿児島湾に投身自殺を試み、西郷のみ命を取り留めた。この事件で彼は天命を悟り、「敬天愛人」の思想を持つに至ったといわれる。

たとえ功労があっても、その任を全うできない者に高いポストを与えるのは、最もよくないことだ。ポストはそれにふさわしい人格識見の持ち主を選んで任命し、功ある者には報酬をもって遇すればよい。

これを聴いて質問者は、『書経※』にある「徳懋《さか》※んなるは官を懋んにし、功懋んなるは賞を懋んにす」を引用し、徳と官職、功と賞とが相対するのかと問うたところ、西郷さんは大変喜んでその通りだと答えた。

ところで、誰もが立派な人とは限らない。

世上一般十《せじょういっぱんじゅう》に七八《しちはち》は小人《しょうじん》なれば、能《よ》く小人《しょうじん》の情《じょう》を察《さっ》し、その長所《ちょうしょ》を取《と》り之《これ》を小職《しょうしょく》に用《もち》ひ、その才芸《さいげい》を盡《つく》さしむる也《なり》。東湖先生申《とうこせんせいもう》されしは「小人《しょうじん》ほど才芸《さいげい》ありて用便《ようべん》なれば、用《もち》ひざればならぬもの也《なり》。さりとて長官《ちょうかん》にすえ重職《じゅうしょく》を授《さず》くれば、必《かなら》ず邦家《ほうか》※を覆《くつがえ》すものゆゑ、決《けっ》して上《うえ》には立《た》てられぬものぞ」と也《なり》。（第六章）

世の中を見れば一〇のうち七八は小人だが、長所・能力に応じて使えばよい。しかし重職に就けてはならない、小人を上に立てれば必ず組織は崩壊すると、藤田東湖※を引用して警告する。

※書経
中国「五経」の一つ。堯、舜の時代から秦の穆公（ぼくこう）までの政治史、政教を述べている。古代の君臣の言行の模範とすべきものを集めている。史実のほか神話的伝承も含んでおり、儒家の正統思想の源泉とされる。初めは単に『書』と呼ばれ、漢代に『尚書』、宋以降に『書経』と呼ばれるようになった。

※懋
さかん。勢いよく盛大。「徳懋（さか）んなるは官を懋んにし、功懋んなるは賞を懋んにす」は「徳ある人には地位を、功績ある人には褒賞を与える」の意味。

※邦家
国。国家。特に、自分の国。（『大辞泉』）

※藤田東湖
［1806〜1855］江戸末期の儒学者。水戸藩士。幽谷（ゆうこく）

◉才徳兼備の人

小人とは才能はあるが徳のない人、これに対し大人とは才徳兼備の人を指す。東洋の人物論の根幹にある価値観である。

西郷さんは、才気走った人は危なくて見ていられないと断じている。

今《いま》の人《ひと》、才識《さいしき》あれば事業《じぎょう》は心次第《こころしだい》に成《な》さるるものと思《おも》へども、才《さい》に任《まか》せて為《な》すことは、危《あやう》くして見《み》て居《い》られぬものぞ。

それ天下《てんか》は誠《まこと》にあらざれば動《うご》かず、才《さい》にあらざれば治《おさま》らず。誠《まこと》の至《いた》る者《もの》はその動《うご》くや速《はや》く、才《さい》の周《あま》ねき者《もの》はその治《おさま》るや広《ひろ》し。才《さい》と誠《まこと》と合《がっ》し、然《しか》るのち事《こと》を為《な》すべし。（第三九章）

そして、天下は誠がなければ動かない、才がなければ治まらない。才と誠が一つになった時に、初めて事は成る。リーダーは才徳兼備の人でなければならない、としているのである。

加えて、臨機応変の実行力がない者、平生その準備を怠る者は木偶人形と同じだと述べ、頭でっかちを戒めている。

君子《くんし》の體《てい》を具《そな》ふるとも、処分《しょぶん》の出来《でき》ぬ人《ひと》ならば、木偶人《ぼくぐうじん》※も同然《どうぜん》なり。（第四一章）

の二男。名は彪（たけき）。通称、虎之助。藩主徳川斉昭のもとで藩政改革に尽力。また、その思想は尊王攘夷運動に大きな影響を与えた。安政の大地震で圧死。著『正気歌（せいきのうた）』『回天詩史』など。（『大辞泉』）

※木偶人
でくのぼう。でく。くぐつ。「木偶」は木彫りの人形。

西郷さんの度量——海舟・龍馬・鉄舟

西郷さんの人となりは、言行録や詩文から多少は推察できるが、大きすぎて掴《つか》みきれない。同時代を生きた人々の言葉に耳を傾けたいと思う。

◉行蔵は我に存す——勝海舟

西郷さんと並ぶ、明治維新の雄は勝海舟※であった。英雄は英雄を知るというが、海舟は幕府を代表する立場にありながら、官軍を率いる西郷さんを心から信頼し、ともに肝胆相照らす間柄となった。

この辺の事情は、江藤淳《じゅん》・松浦玲《れい》編『氷川清話』（講談社学術文庫）の中で、海舟自身の言葉によって生き生きと語られている。西郷さんは一八七七年の西南戦争で四九歳にして没したが、海舟は一八九九年七五歳まで生き、世相を鋭く論じ、徳川慶喜や西郷さんの名誉回復をも果たしたのである。

一八九一年に福沢諭吉が海舟の新政府出仕を批判して「瘠我慢の説」※を書き、事前に写しを海舟に送ってきたが、「行蔵《こうぞう》※は我に存す、毀誉《きよ》※は他人の主張」と答え、公表しても差

★「お爺ちゃんの論語塾」雑感④

前項の西郷さんの人材登用を見ると、私は『論語』の「備を一人に求めることなかれ」（微子編）という一節を思い起こす。ひとりの人に完璧を求めてはならないというのである。

寺子屋「お爺ちゃんの論語塾」でも、二〇一四年二月初めの第一〇三回でこれを取り上げた。「一人で何でもできる人はいない。誰も得意と不得意がある。スポーツと同じでチームワークが大事だね」と話したら、野球少年、サッカー少年たちはすぐにわかったと答えた。現状に安住されても困るので、老爺は「しっかり実力をつけないと、人の役には立てないよ」と付け加えた次第である。

し支えないと返事したという。出処進退には、深く思うところがあった。それをどう評価するかは人の好きにしたらよい。維新の時に眼中にあったのは幕府ではなく、日本の独立の確保とその将来にあったのだ、という海舟の遠大な志を察することができる。

◉大きく叩けば大きく響く――坂本龍馬

幕末の舞台に颯爽《さっそう》と登場し、薩長《さっちょう》同盟を纏めた坂本龍馬《りょうま》※は、土佐の生んだ風雲児である。勝海舟を切害しようと訪ね、世界の大勢を聞かされ、翻然として弟子になってしまった。海舟の語る西郷さんに会いたくなり、その紹介状を懐に薩摩に出向いた。そして、帰ってくるなり次のように報告した。揖東《いとう》正彦編『海舟言行録』（光融館、一九〇七年）からの引用である。

なるほど西郷という奴はわからぬ奴じゃ。
少し叩《たた》けば少しく響き、大きく叩けば大きく響く。
馬鹿なれば大なる馬鹿なるべし。
利口なれば大なる利口なるべし。

これを聞いて海舟は、龍馬も中々鑑識眼があると褒めたという。

勝海舟

国立国会図書館蔵

※勝海舟
［1823～1899］
幕末・明治の政治家。幕府の海軍伝習生としてオランダの兵学を学ぶ。万延元年（1860）咸臨丸（かんりんまる）艦長として渡米。幕府海軍創設に尽力。明治維新後、参議、海軍卿などを歴任。著書に自伝『氷川清話』など。

◉大胆識と大誠意と

続けて、海舟は次のように述べる。

西郷に及ぶべからざるは、その大胆識と大誠意とにあり。余が一言を信じて、単騎不測の江戸城に乗り込む。余も亦《また》至誠をもってこれに応じ、遂に江戸城の受取渡しも立談の間に決したるなり。

談判では海舟の主張を全部認め、城の受け渡しを終えるや、後事を全て海舟に預けて江戸を去った。海舟は閉口しつつも、信には信をもって応えたのである。

西郷なんかはどの位大きかったか知れん。江戸全般鎮撫《ちんぶ》の大任を、勝さんが萬事精《ばんじくわし》から宜しく頼みますよと、昨日まで敵味方と分れ居たりし人の肩上に放任して顧みなかった。

◉平生の心がけ

このように茫洋《ぼうよう》として掴みどころのない西郷さんだが、一方では『西郷南洲遺訓』の中で、懇切丁寧に平生の心がけの大切さを説いてやまない。

※「瘦我慢の説」
「明治維新の際における勝海舟、榎本武揚の両名の挙措を論じ、維新後における両名の出処進退を批判し、これを三河武士本来の面目である瘦我慢の士道に悖（もと）るものとしたもの」（慶應義塾大学メディアセンターデジタルコレクションのサイト）

※行蔵
世に出て道を行なうことと、隠遁すること。出処進退。

※毀誉
そしることとほめること。悪口と称賛。また、世間の評判や評価。褒貶（ほうへん）。（『日国』）

事《こと》にあたり思慮《しりょ》の乏《とぼ》しきを憂《うれ》ふることなかれ。
凡《およ》そ思慮《しりょ》は平生黙座静思《へいぜいもくざせいし》の際《さい》においてすべし。
有事《ゆうじ》の時《とき》に至《いた》り、十《じゅう》に八九《はちきゅう》は履行《りこう》せらるるものなり。（追加第一章）
平日道《へいじつみち》を踏《ふ》まざる人《ひと》は、事《こと》に臨《のぞ》みて狼狽《ろうばい》し、処分《しょぶん》の出来《でき》ぬもの也《なり》。（第三三章）

どんな組織でも、逃げ場のない危機に直面することがある。その時に臨んで判断を誤らず、冷静沈着に対処するにはどうすればよいか。組織のリーダーが最も腐心する課題である。大自然や世事には、人智の及ばない想定外の事象がしばしば起こる。想定内の範囲を増やす努力は必要だが、全てを網羅するわけにはいかない。平素から心胆を錬り、不動心を養い、あらゆる問題について深く考え続けておれば、リーダーとして臨機応変、道を誤ることはない、と西郷さんは説いているものと私は思う。

変事俄《へんじにわか》に到来《とうらい》し、動揺《どうよう》せず、従容《しょうよう》その変《へん》に応《おう》ずるものは、事《こと》の起《おこ》らざる今日《こんにち》に定《さだ》まらずんばあるべからず。（問答第七章）

◉命もいらず、名もいらず――山岡鉄舟

『西郷南洲遺訓』にはまた、語り継がれてきた名言がある。

坂本龍馬

国立国会図書館蔵

※坂本龍馬
［1836～1867］幕末の尊王攘夷派の志士。土佐藩出身。脱藩し、勝海舟に師事する。慶応2年（1866）の薩長同盟を仲介する。前土佐藩主山内豊信（容堂）（やまうちとよしげ〈ようどう〉）を説いて大政奉還を実現させたが、京都で暗殺された。

命《いのち》もいらず、名《な》もいらず、官位《かんい》も金《かね》もいらぬ人《ひと》は、始末《しまつ》に困《こま》るもの也《なり》。此《こ》の始末《しまつ》に困《こま》る人《ひと》ならでは、艱難《かんなん》を共《とも》にして国家《こっか》の大業《たいぎょう》は成《な》し得《え》られぬなり。（第三〇章）

この人とは、幕末三舟の一人山岡鉄舟※を指す。鉄舟は身を賭して、独り駿府《すんぷ》にある官軍の本営に乗り込み、西郷さんと会見し江戸の無血開城に道を開いた。初会見で両者は火花が散るように、肝胆相照らしたのである。慶応四年（一八六八年）三月のこと。その仕上げが五日後の海舟と隆盛の品川会談であった。二〇一八年には、この歴史的な駿府会談から数えて一五〇年という記念の時を迎えた。

ちなみに、幕末の三舟とは、勝海舟、山岡鉄舟、槍《やり》の名人で鉄舟の義兄にあたる高橋泥舟の三人を指す。

海舟は鉄舟を評し、『海舟言行録』の中で次のように語る。

維新の際、朝幕の間に於《お》ける疑問の難所を割り開き、旁々《かたがた》江戸百萬《ひゃくまん》生霊を全ふせしめんと力を尽くされたは、先ず山岡であった。

鉄舟はまた、禅と剣の奥義を極めた偉丈夫であった。この書によれば、臨終の場に海舟が見舞った時、白衣をつけ結跏趺坐《けっかふざ》※のままニッコリと応対し、そのまま逝ったという。なお、鉄舟は谷中に禅院全生庵《ぜんしょうあん》を創立し、今に至っている。第七世の平井正修現住職は自

※山岡鉄舟
［1836〜1888］
江戸末期から明治の剣術家・政治家。江戸の人。通称、鉄太郎。旧幕臣で無刀流剣術の流祖。戊辰（ぼしん）戦争の際、勝海舟の使者として西郷隆盛を説き、西郷・勝の会談を実現させて江戸城の無血開城を導いた。明治維新後、明治天皇の侍従などを歴任。（『大辞泉』）

山岡鉄舟

ウィキメディア・コモンズ
（Wikimedia Commons）

著の中で、鉄舟を「最後のサムライ」と呼んでいる。

歴史を繙《ひもと》けば、途方もなく大きな人物に出会う。時代は人をつくるというが、とりわけ動乱の時代、最近では明治維新、その前は一六世紀の戦国期末に英雄、名将が輩出した。もって現代のリーダーの鑑とすることができよう。

※結跏趺坐
《「跏」は足の裏、「趺」は足の甲の意》坐法の一。両足の甲をそれぞれ反対のももの上にのせて押さえる形の座り方。先に右足を曲げて左足をのせる降魔坐（ごうまざ）と、その逆の吉祥坐の2種がある。仏の坐法で、禅定（ぜんじょう）修行の者が行う。蓮華坐（れんげざ）。（『大辞泉』）

東西のリーダー像を見る

これまで、リーダーシップのあり方を学んできた。きっかけは、東日本大震災である。これからの日本は、自然災害だけでなく政治・経済のあらゆる分野で、重大な場面に数多く遭遇するに相違ない。危機に処し、世界に伍《ご》する真のリーダーを今から育てる必要があるのではないか。この思いが発端となり、先人の門を叩《たた》き、謙虚に耳を傾け、教えを乞うことにしたのである。

◉東洋の人物論

拠り所としては『論語』の士論を基本としたが、『易経』『老子』『重職心得箇条』などにまで広がり、人物では西郷隆盛、勝海舟、現代では土光敏夫さんにも登場頂いた。これを一口で要約すれば、「才徳兼備」が最も望ましいリーダー像である。しかも東洋の人物学は一貫して、何よりもまず「徳」を養うことが先決で、「才」はその次であることを強調する。才知を軽視するのではなく、才知はリーダーの必要最低条件に過ぎない、それだけでは人はついてこないと教える。言い換えれば、人物・人格・人間性を磨き続けることを、人の上に立つ者の生涯の課題として要求するのである。ここに人物論の究極があり、士論の世界的な普遍性があるように思えてならない。

◉西洋の人物論

これに対し欧米のリーダー論は、「徳」よりも「才」、すなわち知的属性の方に力点が置かれているように見える。短期視点の利益を最重視する近年のアメリカ流経営思想には、その傾向が特に強いのではないか。

ただし、西欧の文化にはギリシャ、ローマ時代以来の哲学やキリスト教などの土台があるので、「才」一辺倒とは考えにくい。フランスではノブレス・オブリージュ（高貴な者の義務）という言葉が今も生きている。イギリスのパブリックスクールでは古典と歴史が必修で、質実剛健の厳しいエリート教育が為されている。

『ローマ人の物語』（新潮社）を著した塩野七生※氏は、イタリアの普通高校の歴史教科書を取り上げ、リーダーの資質についての記述を紹介している。

指導者に求められる資質は、次の五つである。

①知性、②説得力、③肉体的耐久力、④自己制御の能力、⑤持続的意思。カエサル※（ジュリアス・シーザー）だけがこの全てを持っていた。

※塩野七生

［1937～］小説家。地中海世界を舞台にした歴史小説で知られる。1970年からフィレンツェに居住。『ローマ人の物語Ｉ』で新潮学芸賞。2002年、イタリア政府より国家功労勲章を授与される。2007年、文化功労者に選ばれる。

※カエサル

［前100頃～前44］古代ローマの将軍・政治家。ポンペイウス、クラッススと第一回三頭政治を樹立。ガリア（現在のフランス、ベルギーの全土、オランダ、ドイツ、スイス、イタリアの一部）を平定し、古代文化をヨーロッパ内陸に広めた。独裁者となるが、共和派のカッシウス、ブルートゥスらによって暗殺された。『ガリア戦記』『内乱記』などを著した。英語ではシーザー。「カエサル」はローマ皇帝の称号となり、ドイツではカイザー（カイゼル）、ロシアではツァーリとなり、皇帝を意味するようになった。

カエサルは、類い希な人間的魅力の持ち主であり、『ガリア戦記』※を著した第一級の文筆家でもあった。にもかかわらず、現行のイタリアの教科書が、自己制御能力を除きリーダーの基準に人格面を加えていないのはなぜだろうか。

◉理論と行動は別もの

理論はわかっても、行動がついていかない。

これは洋の東西を問わず、あらゆる職業、芸事、スポーツにも当てはまる。名人の所作は簡単に見えるが、未熟な者には真似ようとしてできるものではない。また、難局に処して「名人に定石なし」ともいう。囲碁の格言であるが、過去にこだわらず柔軟な発想で新天地を切り開く。大局観に秀で、桁違いに深い読みの裏づけがあるからそれができる。

リーダーの真価は、前例のない難しい局面に遭遇した時に現れる。多くの人々を率いて目的を達成するため、過去の知識と経験を総動員し、柔軟に情勢を判断し、胆力をもって決断する。補佐する者はいても、最終決断は独りでしなければならない。多くの経営者が、悶々《もんもん》と眠れない夜を過ごした経験を持っているはずだと私は思う。

※ガリア戦記
《原題、ラテン Bellum Gallicum》歴史書。カエサル著。前58～前52年のガリア征服戦の経過を詳述。当時のガリアとゲルマニアを知る上の貴重な資料。全八巻で、最後の一巻は部下のヒルティウスの手になる。古来ラテン語の文章の模範とされる。(『大辞泉』)

第一章

リーダーの心得——『重職心得箇条』に学ぶ

誰が正しいかではなく、何が正しいか

幕末の碩学《せきがく》、佐藤一斎が著した『重職心得箇条』については序章でも触れた。人情の機微を突いたリーダーシップ論である。

◉佐藤一斎と言志四録

佐藤一斎の父祖は美濃岩村藩の執政である。本人も老臣に列したが、超一流の学者でもあり、後に江戸の昌平黌《しょうへいこう》※に招かれて学頭となった。四〇年の歳月をかけて『言志四録』を著し、志ある人々に影響を与えた。西郷隆盛はこの書に傾倒し、沖永良部島の獄中、一〇一条を抜書きして座右の戒めとした。『南洲手抄言志録《なんしゅうしゅしょうげんしろく》』として今に伝わる。第三巻『言志晩録』の一節は、生涯学習の重要性を説いている。

少《しょう》にして学《まな》べば、則《すなわ》ち壮《そう》※にして為《な》すあり。
壮《そう》にして学《まな》べば、則《すなわ》ち老《お》いて衰《おとろ》えず。
老《お》いて学《まな》べば、則《すなわ》ち死《し》して朽《く》ちず。

※昌平黌
江戸幕府最高の学校で、儒学（じゅがく）を教えた所。（『新選漢和』）

※壮
三〇～五〇歳台頃の壮年期。

ここでいう「学ぶ」とは、単なる知識の修得ではなく、古典に親しみ、経験を積み、人として不可欠な見識と人格を養うことにほかならない。

◉重職心得箇条とは

さて、佐藤一斎が故郷の美濃岩村藩の重役諸公のために、心構えとして書き示したのが『重職心得箇条』一七箇条である。

私が初めて読んだのは二〇〇二年頃、安岡正篤『佐藤一斎「重職心得箇条」を読む』（致知出版社）であったが、しみじみと反省させられた。平易な言葉の語る強いメッセージに感銘を受け、NEXCO中日本の会長在任中は、幹部研修のテキストとしてこの本を用い、リーダーのあり方をともに学んだのである。

◉軽々しいのはよくない

冒頭第一条は、次の言葉で始まる。

重職《じゅうしょく》と申《もう》すは、家國《かこく》の大事《だいじ》を取計《とりはかる》べき職《しょく》にして、此重《このじゅう》の字《じ》を取失《とりうしな》ひ、軽々《かるがる》しきはあしく候《そうろう》。

大事《だいじ》に油断《ゆだん》ありては、その職《しょく》を得《え》ずと申《もう》すべく候《そうろう》。
先《ま》ず挙動言語《きょどうげんご》より厚重《こうじゅう》にいたし、威厳《いげん》を養《やしな》ふべし。

重職は重い職分だから、「軽々しくは悪し」という。小事は人に任せて大事に集中し、言行は厚重で、威厳を身につけよと諭している。私はこの条に接した時に、三人の先達の言葉を思い出した。

一つは、『論語』にある孔子の士論である。

本書でもすでに述べた通り、孔子は第一級の人物を「恥を知る」、第二級を「孝弟」、第三級を「言必信・行必果」の人とし、才知だけでは真の士とはいえないとした。

二つは、明末の哲人呂新吾《りょしんご》の『呻吟語《しんぎんご》』※にある人物等級区分である。上から「深沈厚重《しんちんこうじゅう》」「磊落豪雄《らいらくごうゆう》」「聡明才弁《そうめいさいべん》」と序列をつけ、目から鼻に抜けるような聡明才弁の人は第三等とした。

三つは、昭和の土光敏夫氏である。土光さんは常々、「仕事は権力でやるな。権威でやれ」と語った。上にいて威張って無理強いしても人は動かない、その人格、識見、行動力に対し、部下が心服し喜んで従うような上長になれ、と教えたのである。土光さんこそまさにその人であったと思う。

※呻吟語
明末の学者、呂新吾の著。普段の生活の心得や政治上の処世訓を説いている。日本でも大塩平八郎ら人々に影響を与えた。

◉公平な裁決――嫌いな人でも使え

第二条は、「公平」を取り上げている。

大臣《だいじん》の心得《こころえ》は、先《ま》ず諸有司《しょゆうし》の了簡《りょうけん》※を尽《つ》くさしめて、是《これ》を公平《こうへい》に裁決《さいけつ》する所《ところ》その職《しょく》なるべし。もし有司《ゆうし》の了簡《りょうけん》より一層《いっそう》よき了簡《りょうけん》有《あ》りとも、さして害《がい》なき事《こと》は、有司《ゆうし》の議《ぎ》を用《もち》うるにしかず。人々《ひとびと》に択《よ》り嫌《きらい》なく、愛憎《あいぞう》の私心《ししん》を去《さっ》て用《もち》ゆべし。平生嫌《へいぜいきら》ひな人《ひと》をよく用《もちう》ると云《い》ふ事《こと》こそ手際《てぎわ》なり。

　まことに味わい深い一節で、身につまされる。有司とは、いろいろの役目を負った担当者のことで、各人に存分に意見を述べさせた上で、公平の見地から優れた意見を採択しなさい。自分にもっとよい考えがあるとしても、さほどの害がなければそれを択り上げて、存分に腕を振るわせるのがよい、功は部下に譲れ、という。そして、好き嫌いの私心を超えて、「普段は　嫌いな人でも、使いこなせ※」の段に至っては、われわれ凡人の肺腑《はいふ》を抉《えぐ》る。これにギクリとしない人がいるだろうか。

「公平」は第六条、第一五条でも取り上げられ、重職の重要な心得となっている。

※了簡
考え。こころ。＝了見・料簡。（『新選漢和』）

※嫌いな人でも使いこなせ
さてと思案した時に、一斎は「嫌いな人を好きになれ」とは言ってないことに気づいた。いやな相手でも割り切って使うほかはないし、それが大方の実際であろう。しかし視点を変えれば、相手にレッテルを貼って決めつけるのも問題ではないかと考えた。人は時を経て、よくも悪くも変わるからである。少し距離を置きながらも、長い目で付き合うことが必要ではないかと思ったのである。

◉何が正しいか

これらの教えは、ＭＲＡ※（Moral Re-Armament　道徳再武装）の創始者フランク・ブックマン博士を想起させる。博士は第二次世界大戦の直前、軍拡競争が盛んとなり、戦争の危機が高まった一九三八年に、軍備ではなく無私・正直・愛など道徳による再武装を訴え、「誰が正しいかではなく、何が正しいかを基準に判断しよう」と呼びかけた。私が初めて聞いたのは一九七七年、東芝労使チームの一員としてスイスでのＭＲＡ世界大会に参加した時である。この時の団長は高瀬正二専務取締役、副団長は河野一義労組副委員長（翌年、委員長に就任）、東芝グループの労使代表一〇人の編成で、本社の労働課長であった私は団の事務局長を務めた。※

それ以来、「何が正しいか」は東芝労使の道標となり、交渉が暗礁に乗り上げるたびに、興奮した双方の頭を冷やし、問題解決への道を開いてくれた。優れた言葉は、現実を動かす力を持っているのである。

フランク・ブックマン

※ＭＲＡ運動
《Moral Re-Armament》道徳再武装運動。第一次大戦後、米国の宗教家ブックマンが提唱し、オックスフォード・グループ運動に始まる平和運動。キリスト教の精神を基調に、宗教・国籍・人種・階級の別なく精神的道義の再建を通じて人類の和合を説く。（『大辞泉』）

※国際ＭＲＡ日本協会
ＭＲＡが日本で組織化されたのは１９７５年のことで国際ＭＲＡ日本協会と称し、初代会長には経団連会長、土光敏夫氏が就任した。現在は、名称

兆しを知れ

東洋の人物論は、士すなわち真のリーダーは才徳兼備でなければならないとする。華やかに現れる才能だけではダメで、内に含蓄する徳を備えよ、と教えている。凡人にはまことに厳しい注文だが、古典に参究し、経験を積んで自らを造るほかはない。引き続き『重職心得箇条』に学びたい。

◉変えないものと変えるものの峻別

第三条は、伝統、先例を論じている。

家々《いえいえ》に祖先《そせん》の法《ほう》あり、取失《とりうしな》ふべからず。又《また》仕来仕癖《しきたりしくせ》※の習《ならい》あり、是《これ》は時《とき》に従《したが》って変易《へんえき》あるべし。兎角目《とかくめ》の付《つ》け方《かた》間違《まちが》ふて、家法《かほう》を古式《こしき》と心得《こころえ》て除《のぞ》け置《お》き、仕来仕癖《しきたりしくせ》を家法家格《かほうかかく》などと心得《こころえ》て守株《しゅしゅ》※せり。時世《じせい》に連《つ》れて動《うご》かすべきを動《うご》かさざれば、大勢《たいせい》たたぬものなり。

を公益社団法人国際IC（Initiatives of Change）日本協会と変えて、国際連携のもとに国籍・民族・宗教を超えて変わらぬ活動を続けている。

※仕来仕癖
習慣、慣習。

※守株
古い習慣にこだわって、融通のきかないこと。昔、宋（そう）国の農夫が、うさぎが偶然切り株につまずいて死んだのを見て、また同じようにしてうさぎが手にはいるものと思い、耕作をやめて毎日その切り株を見つめていたが、むだだったという故事による。株（くいぜ）を守る。（『新選漢和』）

「家法」は、今なら社是、経営理念にあたる。企業や団体のあるべき原理・原則を定めたものである。創業者や中興の祖が、苦難を乗り越えて礎を固めた時に残した言葉が多い。言葉には求心力がある。優れた人物にも強い求心力があるが、必ず代替わりしていく。そうした時に組織を一つに纏《まと》める求心力を、社是や経営理念が果たす。危急存亡の秋《とき》になれば、それが拠り所となって組織を救う。これこそが伝統の力であって、安易に変えてはならないのである。

一方、「仕来仕癖」は先例、慣習として長く伝わるものである。経営理念を補うよいものもあるが、組織の垢《あか》と化し、因襲となって今を自縛していることがままある。これは時に応じて変えねばならない。

この二つを混同し、家法は古いからといって捨てて省みず、時勢に合わない先例や慣習をあたかも家法であるかのごとく墨守するなどはもってのほかだ。臨機応変でなければ、世の大勢に遅れてしまう。

第四条でも同じことを論じ、重職自らが考えて時宜に合った変革の方針を持つ必要がある。「自案と云《い》ふもの無しに、先づ例格※より入るは、当今役人の通病なり」と、先例墨守に陥りやすい弊を指摘している。昔も今も変わりがないようで、耳に痛い。では、臨機応変とはどうすればよいのか。

※例格
しきたりである格式。例となる法則。きまり。(『日国』)

◉兆しと応機

第五条は、物事には必ず兆しがあると説いている。

応機《おうき》と云《い》ふ事《こと》あり肝要也《かんようなり》。物事何《ものごとなに》によらず後《あと》の機《き》は前《まえ》に見《み》ゆるもの也《なり》。其機《そのき》の動《うご》き方《かた》を察《さつ》して、是《これ》に従《したが》ふべし。ものに拘《かかわ》りたる時《とき》は、後《あと》に及《およん》でとんと行《い》き支《つか》へて難渋《なんじゅう》あるものなり。

機に応ずることが何よりも大事で、しかもその機は具眼の士には事前に必ず見えるものだ。その機を察して従うことが、臨機応変の極意である。それを見失うと後で大変困ることになる。一斎は「とんと行き支へて」と、砕けた口調で語っている。

大事を成し遂げ、あるいは危機を未然に防いだ経験豊かな経営者には、この「機」の存在は十分に得心のいくことだろう。別名では「カン」である。兆しを察知する力量である。英語ではインスピレーションというのか。以心伝心、アナログの世界である。ただし、同じカンでも当てずっぽうのヤマカンではない。実業を通して身心を鍛え込み、日々精進を怠らない人にして初めて可能な、鋭い精神の働きである。小事、細事の中に将来の大事を見出し得る能力であり、優れたリーダーに欠かせない条件だと思う。

◉見えない機と見える機

同じ「機」でも二つの意味がある。いずれもキザシと読むが、「兆」と「萌」である。「兆」は五感にそれとはわかりにくい機で、これを「幾」とも書く。達眼の士のみに見える密やかな動きである。人事、世事にはこれが多い。季節でも同じである。冬至を迎えても寒さのピークは一、二カ月後となるが、冬至が転機となって少しずつ日が長くなり、やがて春と夏が到来する。見えない予兆である。「萌」は誰の目にもはっきりと見える前ぶれで、例えば雪を割って新芽が現れ、クロ－カスや梅が春の訪れを告げるようなものである。

会社や団体の経営でも同じではないだろうか。よきにつけ悪しきにつけ、予兆は現れる。「成功体験が会社をダメにする」といわれるように、反省を忘れ、業績絶頂の時に現れる警告を見過ごして転落する会社がある。よい兆しも先例にないとして却《しりぞ》け、機会を失う。世の不祥事件の多くは、小さな出来事を見過ごして取り返しがつかなくなった結果である。一方では、どん底の時にも上昇に転ずる兆しを見過ごさなければ、必ず道は開けるのである。「極まれば転ずる」のが世の習いである。浮ついても落ち込んでもいけない、将来に備えよ、と古人は教えているのである。

忙しがるな

◉極まれば転ずる

前項で「極まれば転ずる」のが世の習いだから、よい時には自重し、悪い時にも希望を持ち、機（兆し）を捉えて対処することが肝要と書いたが、これは『易経』の教える原理からくる。孔子は、『論語』の中で「五十にして易を学べば、大過なかるべし」（述而《じゅつじ》編）と、その重要性を指摘している。

◉忙しいは禁句

第八条は、重職は忙しいと言うな、とまことに耳が痛い。

重職《じゅうしょく》たるもの、勤向繁多《つとめむきはんた》と云《い》ふ口上《こうじょう》は恥《はず》べきことなり。仮令《たとひ》世話敷《せわしき》※とも世話敷《せわしき》と云《い》はぬがよきなり。随分手《ずいぶんて》のすき、心《こころ》に有余《ゆうよ》あるに非《あらざ》れば、大事《だいじ》に心付《こころづ》かぬものなり。

※世話敷　せわしい。

重職《じゅうしょく》小事《しょうじ》を自《みずか》らし、諸役《しょやく》に任使《にんし》すること能《あた》はざる故《ゆえ》に、自然《しぜん》ともたれる所《ところ》ありて、重職《じゅうしょく》多事《たじ》になる勢《いきおい》あり。

「勤向繁多で世話敷」、仕事が忙しい忙しいと口に出すのは、重職として恥ずかしいことだ。手にも心にも余裕がなければ、大事なことに気づかないものだ。そもそも重職が部下に任せて使うことをせず、細かいことでも自分でやろうとするから、部下は何もしないで上役にもたれかかってしまう。依存心の塊となる。だから重役は忙しくなる一方なのだ。「任使」とは味のある言葉で、部下を信頼して、仕事を任せ、使うことをいう。近代経営では権限委譲にあたるのだが、とかく有能で他人のアラが見える人ほど部下に任せることができない。任せたと称しても、重箱の隅をつつくような批評をして、部下のやる気を削ぐ。その結果部下は育たないから、本人はますます忙しくなるという悪循環に陥るのである。組織が発展するはずがない。「忙」とは心を亡ぼすとも書く。恐ろしいことだ。忙しいと愚痴をこぼしたくなるたびに、私はこの条を思い出して戒めとしている。

◉信賞必罰

第九条は、賞罰は人主の専権と断ずる。

刑賞与奪《けいしょうよだつ》の権《けん》は、人主《じんしゅ》のものにして、大臣是《だいじんこれ》を預《あず》るべきなり。倒《さかさま》に有司《ゆうし》に授《さず》くべからず。かくの如《ごと》き大事《だいじ》に至《いた》ては、厳敷透間《きびしくすきま》※あるべからず。

信賞必罰は、経営者の最も重要な仕事である。将来の人事にも影響するから、決してないがしろにしてはならない。賞罰については前第八条とは違って、部下である担当者任せにするのはもってのほか。部下の意見は聴くが自分の目で確かめ、公平厳直に判断し、手抜かりがあってはならない。人々はそれを見て、何が大事であるか、認められるとはどういうことか、そして経営者の価値観を知る。

よい例が、桶狭間《おけはざま》の戦いで示した織田信長の判断である。最大の功労者として信長が評価したのは、今川義元の首級を挙げた者ではなく、桶狭間に至る今川軍の進路を情報判断した者、木下藤吉郎であったという。緻密迅速な情報分析が第一等として賞された。ほとんど無謀と見える闘いで、小よく大を制することができたのは、情報戦の勝利であったと信長は判断したのである。

私の雑な乏しい体験からすると、多く褒め少なく罰することが大事ではないかと思う。褒めすぎて困ることはない。一方、組織の根本に抵触する時は、諸葛孔明が泣いて馬謖《ばしょく》を斬ったように※、しっかり罰することが必要だが、多くの場合には教育的効果をも考慮しつつ急所を押さえればよい。

※透間
手抜かり。

※泣いて馬謖を斬る
（諸葛孔明の臣下の馬謖が、命に背いて大敗を招いたとき、孔明はその責任を追及して斬ったという「蜀志・馬謖伝」から）私情において忍びないが、規律を保つために、たとえ愛する者でもやむを得ず処罰することのたとえ。涙をふるって馬謖を斬る。（『日国』）

◉何を優先するか

第一〇条は、優先順位の判断の重要性を論じている。

政事《まつりごと》は大小軽重《だいしょうけいじゅう》の弁《わきまえ》を失《うしな》ふべからず。緩急先後《かんきゅうせんご》の序《じょ》を誤《あやま》るべからず。徐緩《じょかん》にても失《しっ》し、火急《かきゅう》にても過《あやま》つなり。

着眼《ちゃくがん》を高《たか》くし、惣体《そうたい》を見廻《みまわ》し、両三年《りょうさんねん》四五年《しごねん》乃至《ないし》十年《じゅうねん》の内《うち》何々《なになに》と、意中《いちゅう》に成算《せいさん》を立《た》て、手順《てじゅん》を逐《お》ふて施行《せこう》すべし。

大事と小事、軽重を弁別し、緊急度合いの順序を間違ってはいけない。事に対処するには遅すぎても、速すぎてもいけない。大所高所から全体を俯瞰《ふかん》し、三年ないしは一〇年という視点で計画を構想し、それを手近な足もとから実行していく。優先順位を誤らないためには、事業の性質によって期間に差はあっても、長期ビジョンを作成し、中期計画を策定し、今年度の予算を明らかにし、全組織に徹底することが組織運営上欠かせない。

天災地変などの緊急事態に直面しては、一時的にでも思い切った方針転換が必要だが、それができるのは平常時の心がけ次第となる。本条は、多くの経営者が共鳴できる経営の基本定石といえよう。

包容力を大きく

◉広く大きな器量

第一一条は、人としての大きな包容力、器量を重職に求めている。

胸中《きゅうちゅう》を豁大寛広《かつだいかんこう》※にすべし。
僅少《きんしょう》の事《こと》を大造《たいそう》※に心得《こころえ》て、狭迫《きょうはく》なる※振舞《ふるまい》あるべからず。仮令才《たとえさい》ありても其用《そのよう》を果《はた》さず。
人《ひと》を容《い》るる気象《きしょう》と物《もの》を蓄《たくわう》る器量《きりょう》こそ誠《まこと》に大臣《だいじん》の体《たい》と云《い》ふべし。

胸の内を広く大きくゆるやかにして、どうでもよい小事を大げさに取り上げて、こせこせと振る舞うな。たとえ頭がよく事務を処理する才能があったとしても、重職としてはものの役には立たない。人を容れ、物を呑《の》み込む器量があってこそ、初めて真の重職といえるのだ。

頭でわかっていても実行できない一番難しいことが、人を容れる大きな度量を身につけることではないかと思う。歳を取り経験を積むと、人生の知恵が豊かになり、判断力が増

※豁大寛広
豁大は広く大きいこと。寛広は度量が広いこと。

※大造
大仰なこと。

※狭迫なる
こせこせした。がつがつした。

す。確かにその通りだが、一方では過去の成功体験に固執するあまり、新しい冒険を避け、異なる意見の持ち主を排除するなどの偏狭さが、現れかねない危険がある。人としての器を大きくし、寛容の徳を養うにはどうすればよいのか。これは、心ある人の一生の課題ともいえよう。

◉大器晩成

『老子』に、有名な「大器晩成」という言葉がある。

ふつう大器晩成とは、「大人物は完成までに時間がかかり、晩年になって大成する」という意味に解する。私も長年そう思い込んできたが、金谷治訳注『老子』（講談社学術文庫）を読んで、目から鱗《うろこ》が落ちる思いがした。

同書は、「それは老子の真意ではない。むしろいつまでも完成しない、その未完のありかたにこそ、大器としての特色がある。できあがってしまうと形が定まり、形が定まれば用途も限られる。それでは大器ではなかろう」と述べている。人の評価は棺を覆って定まるというが、生涯成長し続ける人物が真の大器ということである。卓見だと思う。

◉君子は器ならず

孔子もまた『論語』の中で、「君子は器ならず」（為政編）と述べている。君子すなわち士は、形が決まり働きが限定される器ものではない、もっと自由自在な存在だという。また、次のような問答もある。弟子の子貢※（賜）が、自分に対する評価を師に問う。

子貢《しこう》問《と》うて曰《いわ》く、賜《し》や何如《いかん》。
子《し》曰《いわ》く、女《なんじ》※は器《うつわ》なり。
曰《いわ》く、何《なん》の器《うつわ》ぞや。
曰《いわ》く、瑚璉《これん》※なり。（公冶長編）

孔子は、君は器だと答える。「君子は器ならず」という孔子の思想を知っている子貢は、おそらく半ば落胆しつつ、どんな器かと問いを重ねたところ、器ではあっても宗廟《そうびょう》のお供えに用いる最高級の器だと孔子は答えたのである。もう一息だと励ましたに相違ない。孔子が全面的に許した弟子は、顔淵《がんえん》※ただ一人であった。子路※に対しても音楽の力量にかこつけ、「すでに堂に上っている。最奥の室に入っていないのみ」と先進編で述べ、免許皆伝ではないが進境著しいことを認めている。

※子貢
二三頁参照。

※女
汝と同じ。

※瑚璉
①きび・あわをのせて、先祖を祭るおたまやに供える容器。夏（か）時代の呼び名。殷（いん）時代には、璉（れん）といった。②瑚璉のようにすぐれた人物。（『新選漢和』）

※顔淵
［前５２１～前４８１］顔回の字（あざな）。孔子の一番弟子で最も愛された。貧しい中に道を求めて学問一筋。裏長屋に住み、徳行第一と称された。二九歳ですでに白髪だったといわれ、四一歳で死んだ（没年には諸説）。後世「復聖」と称せられる。

※子路
七七頁参照。

企業風土は上がつくる

風通しのよい企業風土を養い、社員がのびのびと働ける職場をつくるにはどうしたらよいか。このことは、心ある経営者が日夜腐心してやまない課題であろう。佐藤一斎も『重職心得箇条』の中で、ハッとする言葉を述べている。

◉風儀は上より起こる

第一五条は、「風儀《ふうぎ》」すなわち職場の体質は重職次第で決まるとする。

風儀《ふうぎ》は上《うえ》より起《お》こるもの也《なり》。

人《ひと》を猜疑《さいぎ》し、蔭事《いんじ》を発《あば》き、たとへば、誰《だれ》に表向《おもてむ》き斯様《かよう》に申《もう》せども、内心《ないしん》は斯様《かよう》なりなどと、掘出《ほりだ》す習《ならい》は甚《はなは》だあしし。

上《うえ》に此《こ》の風《ふう》あらば、下必《したかなら》ず其《そ》の習《ならい》となりて、人心《じんしん》に癖《くせ》を持《も》つ。上下《じょうげ》とも表裏《ひょうりりょうはん》両般の心《こころ》ありて治《おさ》めにくし。

何分《なにぶん》此《こ》の六《むつ》かしみ※を去《さ》り、其《そ》の事《こと》の顕《あらわ》れたるままに公平《こうへい》の計《はから》ひにし、其《そ》の風《ふう》へ挽回《ばんかい》し

※六かしみ
「六かし」は「難し」の当て字だが、一斎先生のような大学者が平気で書いているのには、何とも言えない親しみを覚える。

たきもの也《なり》。

風儀はトップダウンで決まる。上の者の本心はよきにつけ悪しきにつけ、職場の体質あるいは風土として定着する。

人をそねみ疑い、隠しておきたい人の秘事を暴き立て、例えば、彼には表向きこう言ったが真意はこうなのだ、とほじくり返して語るなどは最もよくない。上の者がこの調子なら、下の者は必ずそれを見習い、猜疑心《さいぎしん》と蔭事《いんじ》を暴く習慣が広がる。言葉が信用されなくなり、常に裏を探る悪い癖がはびこり、職場は混乱して治めようがなくなる。従って、何よりも事柄をありのままに公平に受け止める、表裏一体の風に改めたいものだ。

『論語』から似たような一節を引用しよう。季康子※が政治の要諦を孔子に質問したところ、孔子は次のように答えている。

子《し》、善《ぜん》を欲《ほっ》すれば、民善《たみぜん》ならん。君子《くんし》の徳《とく》は風《かぜ》なり。小人《しょうじん》の徳《とく》は草《くさ》なり。草《くさ》これに風《かぜ》を上《くわ》うれば、必《かなら》ず偃《ふ》す※。（顔淵編）

上に立つあなたが善を為そうとすれば、人々もそうする。風が吹けば野の草がなびくようなものだと諭している。また、「その身正しければ、令せされども行わる。その身正しからざれば、令すといえども従わず」（子路編）とある。上に立つ者が自ら身を正せば※、命

※季康子
［?～前477］魯の三大貴族「三桓（さんかん）」の一つ、季孫氏の一族。魯の重臣。父は季桓子（二二二頁参照）。孔子の門人の冉求、子貢、子路、樊遲（はんち）らを任用し、冉求の勧めで孔子を招いた。

※偃す
ふせ、たおれる。

※自ら身を正せば
不祥事を起こして世間から糾弾された社長が、マスコミとの会見で「自分は指示をしたことはない」と、自己弁護する場面を目にする。トップの邪な思いが以心伝心で部下にまで浸透しているのではないかと思うのは邪推だろうか。

じなくても下の者は従う。そうでなければ命じても下は従わないと戒めている。身につまされる条々である。

◉隠し立てするな

第一六条は、機密と情報公開について言及している。

物事《ものごと》を隠《かく》す風儀《ふうぎ》甚《はなは》だあしし。
機事《きじ》※は密《みつ》なるべけれども、打出《うちだ》して能《よ》き事迄《ことまで》も韜《つつ》み隠《かく》す時《とき》は却《かえ》って、衆人《しゅうじん》に探《さぐ》る心《こころ》を持《も》たせる様《よう》になるものなり。

物事を何によらず秘密にするのは大変よくない。国や会社の存立にかかわるような機密事項は確かにあるが、打ち出しても構わないことまで包み隠せば、人々の心に疑心暗鬼を誘い、組織の中に上下左右の不信感を醸成することになる。平常時にも重要であるが、とりわけ大災害時や不祥事が発生した時にはなおさらである。公開するかどうかの境目の判断は、法令などに定めがある場合は別として、トップに立つ人物の見識に委ねられている。

右顧左眄《うこさべん》しないだけの自信があれば、たいていのことはオープンにできるものだ。一方、「隠している」と疑われた時の世間の追及は、終わりがないと覚悟するべきである。東日

※機事
「機密・機微。その問題が、どういう影響や効果、作用を起こすかわからんという非常に微妙なことをいいます」（安岡正篤『佐藤一斎「重職心得箇条」を読む』致知出版社）

本大震災以後の数年間を振り返ってみても、その例は枚挙に遑《いとま》がない。

◉温かく、厳しく

締めくくりの第一七条は、緩急自在のリーダーシップを論じている。

人君《じんくん》の初政《しょせい》は、年《ねん》に春《はる》のある如《ごと》きものなり。先人心《まずじんしん》を一新《いっしん》して、発揚《はつよう》※歓欣《かんきん》※の所《ところ》を持《も》たしむべし。刑賞《けいしょう》に至《いたり》ても明白《めいはく》なるべし。財帑《ざいど》※窮迫《きゅうはく》の処《ところ》より、徒《いたづら》に剥落厳沍《はくらくげんご》※の令《れい》のみにては、始終行立《しじゅうゆきたた》ぬ事《こと》となるべし。此《こ》の手心《てごころ》にて取扱《とりあつかい》あり度《たき》ものなり。

トップが初めてその任にあたる時は、一年でいえばちょうど春の季節のようなものだ。人の心を一新して、皆が喜びやる気が出るようにするのがよい。信賞必罰を明らかにすること。そして、財政の窮迫を理由に何でもダメと厳しいばかりの命令では、長い目でうまくは行かないだろう。人心の機微を察して、緩急自在に引っ張っていくことが大切である。

※発揚
精神や気分が高まること。また、精神や気分をふるいたたせること。（『日国』）

※歓欣
よろこぶこと。「欣」は息をはずませて喜ぶ。

※財帑
かねのくら。転じて、金銭。「帑」は金品を貯蔵する蔵。

※厳沍
厳しく、寒々とした。「沍」は寒さで凍結する。

人の成長――まず「学ぶ」

ここまで、佐藤一斎の『重職心得箇条』を読み、リーダーのあり方を研究した。人の上に立つ者の心構えを捉えてあます所なく、非才の身は読み返すたびに、昔学んだ柔道で一本取られた気分に陥った。

次は、人がリーダーとなる成長の道を探求してみたい。参考書として、『易経※』を追々取り上げようと思う。

◉易を学べば大過なし

難しくて敬遠していた『易経』に私が興味を抱いたきっかけは、『論語』にある次の一節であった。

子曰《しいわ》く、我《われ》に数年《すうねん》を加《くわ》え、五十《ごじゅう》にして以《もっ》て易《えき》を学《まな》べば、以《もっ》て大過《たいか》なかるべし。（述而編）

孔子は、五〇になって『易経』を学べば、人生を大過なく過ごせるだろうと述懐した。

※易経
三八頁、八一頁以下参照。

この部分については、易《えき》は亦《また》と読むべきだとする学説があり、それによれば本文は「五十にして以てまた学べば」となる。

しかし、有名な次の一節を思い出してみよう。

子曰《しいわ》く、吾《わ》れ十有五《じゅうゆうご》にして学《がく》に志《こころざ》し、三十《さんじゅう》にして立《た》ち、四十《しじゅう》にして惑《まど》わず、五十《ごじゅう》にして天命《てんめい》を知《し》り、六十《ろくじゅう》にして耳順《みみしたが》い、七十《しちじゅう》にして心《こころ》の欲《ほっ》する所《ところ》に従《したが》って矩《のり》を踰《こ》えず。

（為政編）

十五で学に志し、「五十にして天命を知る」に至った孔子が、今さら「五十にしてまた学べば」というのは不自然に響く。『論語』の一読者としては、どう見ても孔子らしくない。天命を知る頃の孔子は、『易経』によって人生万般について不動の信念を得た、と素直に読む方がよいと思う。

◉生涯学び続けた孔子

さらに、後学の者を奮起させる次のような一節もある。

葉公《しょうこう》※、孔子《こうし》を子路《しろ》※に問《と》う。子路《しろ》対《こた》えず。

※葉公
楚国の重臣で、葉地方の長官。姓は沈（しん）、名は諸梁（しょりょう）。字は子高。名臣、賢者として知られ、公を称した。

※子路
［前543～前480］春秋時代、孔門十哲の一人。魯（ろ）の人。姓は仲、名は由。孔子より九歳若く、年長の弟子の一人。若い頃は任侠を好んだ。粗野で武勇に優れ、馬鹿正直。孔子に献身的だったが、衛の内乱で殺された。『論語』では門人中、最も登場回数が多い。季路。

子曰《しいわ》く、女《なんじ》なんぞ曰《い》わざる。その人《ひと》と為《な》りや、憤《いきどお》りを発《はっ》して食《しょく》を忘《わす》れ、楽《たの》しみて以《もっ》て憂《うれ》いを忘《わす》れ、老《お》いの将《まさ》に至《いた》らんとするを知《し》らざるのみと。（述而編）

葉公が孔子の人物を弟子の子路に尋ねたが、子路は答えなかった。それを聞いて孔子は述べた。「君はなぜ言わなかったのだ。その人となりは、学ぶことに発憤して食事をすることを忘れ、道を楽しんで心の憂いを忘れ、老いが迫っていることにも気づかないでいるほどだ」と。子路が答えなかった理由は不明だが、単に聞き流したのかもしれないし、師匠の大きさを一口では説明できなかったからかもしれない。孔子は三〇〇〇人といわれる門弟の教育を死ぬまで情熱をもって続けたが、単に教訓を垂れるだけでなく、詩書礼楽に生涯精進し楽しんでやまなかった。その背中を見ながら弟子たちは育っていったに相違ないと私は想像する。

◉知る・好む・楽しむ

ところで、孔子のいう「楽しむ」とは、どういう境地なのであろうか。次の一節は、自らの人生に何事かを志す者にとって、それが学生であろうと社会人であろうと、大きな励ましとなる言葉である。

子曰《しいわ》く、これを知《し》る者《もの》はこれを好《この》む者《もの》に如《し》かず。
これを好《この》む者《もの》はこれを楽《たの》しむ者《もの》に如《し》かず。（雍也《ようや》編）

学校で勉強するにしても、会社に入って仕事をするにしても、あるいはまた本業の合間にする趣味の芸事にしても、「何かを知っているだけの者はそれを好む者には及ばない。好む者もそれを楽しむ者には及ばない」というのは、まさに至言である。心から楽しむ域に入れば、没頭して時間の経つのを忘れてしまう。

一流の仕事を成し遂げた人たちは、例外なくこの境地を体験している。禅でいう三昧《さんまい》境《きょう》※がこれであろう。嫌々やれば時計の針が気になる。時間というのはまことに不思議なもので、一方に客観的な物差しがありながら、当人の心の構え次第で長くもなり短くもなるものなのだ。

「これを握れば一点となり、これを開けば無窮となる」※という言葉があるが、時の性質を示してあますところがないと思う。

※三昧境
心を一事に集中して、雑念を離れた忘我の境地。（『日国』）

※これを握れば一点となり、これを開けば無窮となる
谷口雅春『生命の実相』（日本教文社）から。

第二章

リーダーの生涯と成功の鍵——『易経』に学ぶ

修業する龍

◉君子は占わず

『易経』※は、個人の人生や国家社会の模様を卦《か》と呼ばれる六四のパターンに分けて、それぞれの意味を解釈している。特殊な用語が多いので、われわれ素人にはまことに難解である。しかし、「五十にして易を学べば、もって大過なかるべし」（『論語』述而《じゅつじ》編）と語った孔子の言葉を励みとして格闘するうちに、実は人生万般にわたる深い洞察に満ちた智恵《ちえ》の宝庫であることに気がつく。とりわけ、古来「帝王学の書」とされてきた通り、リーダーにとっては最高の教本である。

易といえば筮竹《ぜいちく》を手にした易者が目に浮かぶが、昔から「君子占わず」とされてきた。『荀子《じゅんし》』※『荘子《そうじ》』※にもその語がある。道具を用いて占わなくても、易の原理に従えば行く先の変化と吉凶が読めるというのである。

※易経
三八頁参照。

※荀子
紀元前3世紀頃の中国の思想家、荀子とその学派の著作。二〇巻。紀元前3世紀頃成立。「人の本来の性質は悪だが、努力次第では聖人になれる」と、孟子の「性善説」に対して「性悪説」を唱えた。礼法による道徳の維持を説いている。能力主義を主張、世襲制・血縁制を否定している。

※荘子
紀元前300年頃の中国の思想家、荘子の著。『老子』と並んで道教の根本経典。計三三編。とらわれのない伸びやかな精神の自由世界と平安を、無私忘我のうちに求めている。その内容は比喩寓話に富む。曾子と混同を避けるため、「そうじ」と読むことが多い。

◉兆しを掴む力量

易は「窮まれば変ず」と説く。よい状態も悪い状態も、いつまでも続くことはない。禍福はあざなえる縄のごとしで、四季が巡るように必ず変わっていく。そして、変化には必ず転機を示す兆しが現れる。その兆しはかすかである。例えば冬至が二月厳寒の前に訪れるように、物事が頂点に達する前に、目立たない事象として繰り返し現れる。それを看取せよと説くのである。

変化の兆しを小さな芽のうちに見逃さずに掴《つか》む力量こそ、リーダーの真の実力だといえる。よい芽は育て、悪い芽は摘み取ればよい。ただしこの能力は、畳の上の水練や付け焼き刃では、決してモノにはならない。ここに『易経』は、大空を駆け、風雲を巻き起こし、慈雨をもたらす龍《りゅう》の生涯に仮託して、真のリーダーがいかにして育っていくかを示す。

◉龍の一生

『易経』は人の一生を龍になぞらえ、六つの段階に分けて説く。面白い物語になっており、歳を取るほど思い当たるところが増える。私のような晩学で初学の者にも実に親しみやすい。すなわち、

一、潜龍《せんりゅう》　確乎不抜《かっこふばつ》の志《こころざし》を立《た》てる時《とき》（二〇代）
二、見龍《けんりゅう》　大人《たいじん》から型《かた》を学《まな》びとる時《とき》（三〇代）
三、君子終日乾乾《くんししゅうじつけんけん》　日々邁進《ひびまいしん》しつつ反省《はんせい》の時《とき》（四〇代）
四、躍龍《やくりゅう》　チャレンジし確《たし》かめる時《とき》（五〇代）
五、飛龍《ひりゅう》　天《てん》を飛翔《ひしょう》し頂点《ちょうてん》に立《た》つ時《とき》（六〇代）
六、亢龍《こうりゅう》　下《くだ》り龍《りゅう》となり引退《いんたい》する時《とき》（七〇代）

それぞれに相応する年代は、あくまでも仮おきである。実際にはもっと幅があり、個人差が大きい。若くして頂点に達する者もあれば、長い時間がかかる者もある。また、人生が一本調子で右肩上がりばかりに進むとは限らない。今日のように変化の激しい時代であればなおさらである。時間は人によって様々なのである。

◉窮まれば変ず

しかも『易経』は、常に「窮まれば変ず。変ずれば通ず。通ずれば久し」と説く。人生はあざなえる縄のごとしである。頂点を極め引退した場合でも、年齢に関係なく初めの潜龍に戻ってやり直せばよい。心機一転である。絶頂期に驕《おご》り高ぶればそこで終わりだ。窮地に陥っても道は必ず開けるから希望を失うな、というのである。

◉修業から成長の時代

初めは「潜龍」「見龍」と呼ばれる修業時代である。いかに将来性豊かな人物でも、ひたすら基本を学び、よき師について型を身につける時である。まだ華やかな表舞台に出てはならない。古来芸道を究めるには、守・破・離の三段階を経なければならないとされるが、さしずめ潜龍・見龍は「守」の時代に当てはまる。

さて、人生修業の第一段階を潜龍の時という。本文には次の一節がある。

潜龍《せんりゅう》なり。用《もち》うるなかれ。

孔子の作と伝わる解説では、最後に「確乎《かっこ》としてそれ抜くべからざるは、潜龍なり」と記されている。

潜龍は地下すなわち水の底に潜む龍であって、かりに素質力量があっても登用してはならない。みっちり修業して基礎をつくる時期であり、当人も世に出ようとするには早すぎる。むしろ、生涯の目標となる確乎不抜《かっこふばつ》※の志を形成せよと説く。現代ならさしずめ学生から社会人の初期、二〇から三〇代に当てはまるであろうか。何をやりたいか、何になりたいかを心に描く時である。

成長の第二段階を見龍の時という。本文は、次のように記す。

※確乎不抜
（『易経・乾卦』の「確乎其不可抜、潜龍也」による）物や考え、意志などがしっかりして、動じないさま。安定して動かないさま。（『日国』）

見龍田《けんりゅうでん》にあり。大人《たいじん》を見《み》るに利《よろ》し

龍はまだ田の水の中にいる。世間的には半人前の力量であるが、心から尊敬できる優れた人物に出会い、その言動をつぶさに学び、言うなればそのコピーをして、基本の型を身につける時である。そして徐々にではあるが自信を形成し、世に処する心構えができ上がる。今時ならさしずめ三〇から四〇代、会社では課長になる頃合いであろうか。

このような時期に真に敬愛する先輩、できれば師匠と仰ぐことのできる人物に出会い、その言動を見習って自分を磨くことができるならば、これに勝る幸いはないであろう。

そして次が成長期である。まず第三段階の「君子終日乾乾」とは何を意味するのか。改めて言うまでもなく、君子とは龍を示す。

成長する龍

◉君子終日乾乾——日々邁進、夜々反省

さて、次の一文を見よう。

君子《くんし》終日《しゅうじつ》乾乾《けんけん》※、夕《ゆう》べに惕若《てきじゃく》※たり。厲《あや》うけれども咎《とが》※なし。

志を抱き、ひねもす孜々《しし》として邁進《まいしん》し、夜には独り静かな時間を持って心の声を聴き、一日を恐れおののくようにして反省せよ。そうすれば危なっかしい時ではあるが咎《とが》めはないという。会社生活も若い頃には、体力に任せて付き合いを厭《いと》わず、朝は睡い目をこすって出社した昔を振り返ると、まことに忸怩《じくじ》たる思いがする。

この段を読んで思い出すのは、あのメザシの土光敏夫さん※である。土光さんは早朝と就寝前に必ず仏前に坐《すわ》り、読経をし、心の整理をしたと聞く。夜は一日を振り返って反省をし、今日のことは今日で終え、翌朝はまた新しい気持ちで一日を始めた。九一歳で亡くなるまで続けたのだから、土光さんにとって君子終日乾乾は、若い修業時代だけのことでは

※乾乾
怠らず努めるさま。営々と努力するさま。（『日国』）

※惕若
おそれかしこまる。

※厲うけれども
安全ではないとしても。

※咎
人から責められ非難される行為。過失。しくじり。

※メザシの土光さん
一六二頁参照。

ない。終生の心がけであった。

◉日新と慎独の時——土光さんの日常

土光さんは、「苟《まこと》に日に新たに、※日々に新たに、又日に新たなり」を座右の銘とした。この言葉は、四書五経の一つ『大学』※に見えるが、その『大学』の中には、「君子は必ずその独りを慎む」という一節がある。土光さんは慎独《しんどく》、かつ惕若《てきじゃく》※を地でいった人であった。そうでなければ、臨調はじめ、あれだけの大事業を成し得なかったに違いないと思う。

独り静かな時間を持って内なる心の声に耳を傾けることは、分野を問わず超多忙なリーダーには欠かせない大切な一時である。そこで生まれた着想や反省が明日の糧となるのである。

「お爺《じい》ちゃんの論語塾」でも、小学生たちに静かな時間を持つことの大切さを教えている。一日一回寝る前に、坐禅《ざぜん》風に臍《へそ》の下に両手を組んで椅子に坐り、吐く息を長くゆったりと深呼吸しよう、試験場でも効き目があるぞ、と話している。

◉躍龍——果敢に挑戦し己を確かめる時

第四段階の躍龍は、人生の頂点に達する直前の状況である。私は日本相撲協会で横綱審

※苟に日に新たに
一六〇頁参照。

※大学
二六頁と一五九頁以下参照。

※惕若
おそれつつしむさま。
(『新選漢和』)

議委員会委員長を務めているが、躍龍とは力士にたとえれば大関である。横綱の一歩手前にいる。心技体の全てにおいて卓越した力士が横綱になるのだが、その三つのうちの何かが足りない。足踏みが長く続き、ファンをやきもきさせる。一方では横綱なみの実績を残しながら時を得なかった力士があり、他方では大関を一挙に突き抜けていった力士もいる。何が決め手なのだろうか。

もう一息のところにいる大関、その姿に躍龍が重なる。会社ならさしずめ重役にあたるだろうか。躍龍については次でさらに参究してみたい。

飛躍する龍

◉躍龍の時

『易経』は躍龍の場面を「あるいは躍りて淵《ふち》に在り、咎《とが》なし」と語る。解説の文言伝は説く。

あるいは躍《おど》りて淵《ふち》に在《あ》り、咎《とが》なしとは、何《なん》の謂《い》いぞや。
子曰《しいわ》く、上下《じょうげ》すること常《つね》なきも、邪《じゃ》をなすにはあらざるなり。
進退《しんたい》すること恒《つね》なきも、群《ぐん》を離《はな》るるにあらざるなり。
君子《くんし》徳《とく》を進《すす》め業《ぎょう》を修《おさ》むるは、時《とき》に及《およ》ばんと欲《ほっ》するなり。故《ゆえ》に咎《とが》なきなり。

◉時に及ばんと欲す――時中

躍龍は、ある時は飛龍を真似て大空に躍り上がり、ある時は潜龍のように淵深く沈む。行動は必ずしも定まらない。それでも問題がないとはどういう意味か。駆け上がるのは表

龍

「訓蒙図彙　20巻」より
（瀧本弘之氏提供）

舞台で勇敢に挑戦するのであり、水底に潜るのは潜龍の時に培った確乎不抜の志を確かめ直すのである。このような上下の動き、進退はいかにも不安定だが、エゴにまみれた邪《よこしま》な思いはなく、一匹狼《おおかみ》で手前勝手な行動をするのでもない。君子終日乾乾の時のように徳を養い業を修め、いざ鎌倉、飛龍の時に備える。従って咎はない。

「時に及ぶ」とは時中《じちゅう》ともいう。タイミングがピッタリ合うこと、ここでは飛龍の時に中《あた》ることを意味する。『易経』の凄みは、それが決して偶然ではないと説くところにある。志を立て、堂々と努力を重ねていく者には、必ずその時が到来する。時を観よ、兆しを観よ、その力を蓄えよと教える。まさに、一葉落ちて天下の秋を知れというのである。

◉着眼大局、着手小局

兆しを観ることとあわせ、大局観の重要性についても強調したい。難局を乗り越えてきた百戦錬磨の経営者には、必ず思い当たる節が多いであろう。

「着眼大局、着手小局」という格言があるが、これは囲碁に由来する。全体の状況を大局的に観た上で、細部の読みを深めて着手せよと教える。会社経営の面でも支えとなる言葉である。

囲碁には小学生の頃から親しんできたので、私には特になじみが深い。近頃は全国大会で競うような面倒な碁は敬遠して、専ら仲間とともに烏鷺《うろ》※を争って楽しんでいる。折々に

※烏鷺
黒い石と白い石をカラスとサギに見立てて、囲碁をいう語。「――の争い」(『日国』)

プロ高段者に二子（ハンディキャップ）を置いて指導対局をお願いするが、どうにもならない差を覚えるのが大局観と読みの深さ※である。

碁打ちは強くなればなるほど、部分の読みだけでなく大局観が優れてくる。盤面全体を広く見て、長丁場を戦うのである。碁は局地戦だけでは勝てない、バランスのゲームである。例えば、あちらで一目損してこちらで一〇目得することがあれば、初心者でもこちらを取る。しかし、片方で一〇目損し、片方で一一目得する場面で、一一目の方を取ることができるかどうか、それができるのが高段者の芸である。

また大局的に見て重要な急所は、一見小さくても名人上手はこれを決して逃さない。放置すれば、何十手か後に咎が全局に及ぶからである。囲碁はいかなる名人でも、先の先までを全部読み切ることはできない。だが、名手ほど「ここは逃せない急所だ。目先の利をむさぼらずに、将来のためにここで一手備える。それで大勢に遅れるはずがない」と判断するのである。予兆を知る直感に近いが、局後に振り返れば理にもかなっている。それは、長年の鍛錬によって培われた大局観によるものと私は思う。

◉横綱になるための条件

二〇一三年六月、東京藝術《げいじゅつ》大学の奏楽堂で宮田亮平《りょうへい》※学長（現文化庁長官・横綱審議委員）と大相撲の八角親方※（現日本相撲協会理事長・元横綱北勝海）との公開対談を聴く機会があった。

※大局観と読みの深さ
それにしても最近のＡＩ（人工知能）の進歩には驚くほかはない。日本や中国・韓国のプロ高段者を破るだけの力を備えてきたのである。論理解析と学習能力で抜群の力を持つに至った証拠である。人間的な強みであり時には弱さともなる情緒や感情を持たないだけに、その恐ろしさをも感じずにはいられない。

人類の福祉に役立つようなＡＩ活用を、今後真剣に考える必要があると思う。

※宮田亮平
［１９４５〜］金工作家。新潟県佐渡に蝋型鋳金作家の二代目宮田藍堂の三男として生まれる。１９７２年に東京藝術大学大学院を修了。同大教授、副学長を経て２００５年12月同大学長。２０１２年に第六八回日本芸術院賞を受賞。２０１６年、文化庁長官。

一時間の和やかな問答は、時に笑いを誘いつつ満場に深い感銘を与えた。その中で、横綱になる力士について問う学長に対し、親方は次のように答えた。

「変人といわれるくらいのひたむきさです。強く立派になりたいという、こがれるほどの思いです。それがあれば道は開けます。ひたむきさがなかったら、どんなに素質があっても横綱にはなれません。横綱になる力士は、その思いの強さが普通ではないのです。私は北海道から出てきて、両親を楽にさせたいという一心で、まずは関取になりたいと考えました。身体は大きい方ではないので、ひたすら猛稽古を重ねました。稽古は辛いものです。しかし、毎日続ければ、一時は辛かったことが普通になります。そのようにしてだんだん力が付き、身体も心もできてくるのです。部屋の弟子たちにも言い聞かせていますが、どこまで伸びるかは本人の自覚次第です」と。

本題の躍龍から囲碁や力士の話題に飛躍したが、躍龍が飛龍に脱皮するには何が必要かを考えるヒントがあると思う。

※八角親方
［１９６３〜］元横綱北勝海、本名保志信芳。１９７９年春場所初土俵。１９８３年秋場所新入幕。押し相撲に磨きをかけ、１９８６年春場所初優勝。同年名古屋場所後に大関昇進。１９８７年夏場所後に六一人目の横綱に昇進。優勝八回。１９９２年夏場所前に引退。２０１２年から日本相撲協会理事。事業部長などを歴任し、２０１５年12月理事長就任。北海道出身。

空飛ぶ龍

◉飛龍の時

潜龍に始まり、見龍、君子終日乾乾、躍龍を経て、ついに龍は人生の頂点である「飛龍」に達する。会社ならＣＥＯ（会長または社長）、相撲なら横綱の地位である。『易経』は飛龍の時を、「飛龍天に在り。大人《たいじん》を見るに利《よ》ろし」と説く。解説の文言伝を読んでみよう。

飛龍天《ひりゅうてん》に在《あ》り、大人《たいじん》を見《み》るに利《よ》ろしとは、何《なん》の謂《い》いぞや。
子《し》曰《いわ》く、同声《どうせい》相《あ》い応《おう》じ、同気《どうき》相《あ》い求《もと》む。水《みず》は湿《うるお》えるに流《なが》れ、火《ひ》は燥《かわ》けるに就《つ》く。
雲《くも》は龍《りゅう》に従《したが》い、風《かぜ》は虎《とら》に従《したが》う。※聖人作《せいじんおこ》りて万物観《ばんぶつみ》る。天《てん》に本《もと》づく者《もの》は上《うえ》に親《した》しみ、地《ち》に本《もと》づく者《もの》は下《した》に親しむ。すなわち各々《おのおの》その類《るい》に従《したが》うなり。

◉類は類をもって集まる

飛龍は天に在る。その時は大人を見るのがよいとはどういう意味か。

※雲は龍に従い、風は虎に従う
「雲のあるところに竜は躍（おど）り、風の吹くところに虎は嘯（うそぶ）く。すべての物は、同じ類のものが互いに呼応するものだ。してみると聖人の作（おこ）るときのみ、万物は世に現れて繁栄することであろう（司馬遷「伯夷伝」）」（『中国古典名言事典』講談社学術文庫）

孔子は次のように説く。同じ声は呼応し共鳴し、同じ心意気は感応し求め合う。水は自ずから湿った方に流れ、火は乾いた物に燃え移る。龍が天翔《あまかけ》れば雲がわき起こり、虎が空に向かって嘯《うそぶ》けば風が吹き出す。ひとたび聖人が現れれば、万人万物がこれを仰ぎ見るであろう。気を天に受ける動物は頭を上にして行動し、気を地に受ける植物は地中に根をはる。このようにして物はみなそれぞれに類に従うのである。

絶好調の時は、何をやってもとんとん拍子にうまく行く。天の時、地の利、人の和があたかも一体になって動き出している。「同声相応じ、同気相求む」というように、磁石のように惹《ひ》きつけ合って、類が類をもって集まるからである。会社経営でいえば、必要な人物が社内外に現れ、会社のトップすなわち飛龍を助けて働く。創業時は創業時にふさわしく、守成期は守成期にふさわしく、飛龍を中心に有能な人材が雲集して活躍する。雲を呼ぶのは龍だが、雲がなければ龍も空を翔けるわけにはいかないのである。

◉飛龍になっても大人に学ぶ心の姿勢

「大人を見るに利《よ》ろし」という言葉は、見龍の時にも出てきた。すなわち「見龍田に在り。大人を見るに利ろし」とあった。

まだ未熟な修業時代には、世に出ることは考えず、優れた先輩や師匠を見習って、ひたすら実力を身につけなければならない。

★「お爺ちゃんの論語塾」雑感⑤

ちなみに、この「類は類をもって集まる」の一節と通ずるのが『論語』の「徳は孤ならず、必ず隣あり」（里仁編）ではないかと思う。「お爺ちゃんの論語塾」の子どもたちには、徳や志のある人は決して独りぼっちではなく、必ず味方が現れるものだと語っているが、小学二年生でもわかるらしく頷いてくれる。

しかし、最高の地位である飛龍の段階に達して、再び現れたこの言葉をどう解すればよいか。とかく絶頂の時を長く過ごし、時流に乗っているうちに、成功体験に酔って驕《おご》り高ぶり、『易経』が最も大事にしている「兆し」が見えなくなり、「時中」の感覚を失ってしまう。そのことへの警告だと私は思う。

六〇、七〇歳になっても、叱《しか》ってくれる先達を持つ人は幸せである。だが、歳を取り立場が上がるにつれ、次第にうるさい先輩や師匠は少なくなってくる。そうした時に向き合う大人とは、一体誰であろうか。

思うに、第一には今も健在の怖い先輩。寂しいことだが、年々歳々残り少なくなる。第二には古典。歴史、文学、哲学書の類で、もはやこの世にいない古人の説教である。第三には会社経営ではステークホルダー（利害関係者）。顧客、従業員、株主・投資家、地域社会、取引先、競合他社などである。また、私的人生においてかけがえのない家族、友人知己を含めることもできよう。

飛龍にとっての大人とは、これら周囲の心ある人々の総称といえよう。そして、その言葉に謙虚に耳を傾け、取り上げ、実践していけば問題はない。飛龍の時を全うすることができると語っているのである。

◉飛龍が退場する時

これに反して、イエスマンの阿諛《あゆ》追従《ついしょう》を喜ぶような末期症状は論外としても、巧言令色に心が傾き、耳に痛い剛毅《ごうき》木訥《ぼくとつ》の苦言を避け、少しでも嫌いな人を遠ざけるようになった時に、飛龍の時代は終わると覚悟しなければならない。

『易経』は飛龍の次に人生の最終段階として、「亢龍《こうりゅう》」の時を置いている。亢は高ぶるという意味があり、「亢龍悔いあり」と述べ、人生の頂点から下降する龍を説いている。不祥事や内紛で地位を失う不名誉な退場もあり、円満に後進に道を譲って穏やかな晩年に入る場合もある。

引退する龍

◉亢龍の時

飛龍となって人生の頂点を極めた龍は、いよいよ表舞台から退いて、後進に道を譲る時を迎える。人生には誰にもいつかは必ず訪れる場面であるが、引退には惜しまれて円満に退く場合だけでなく、不祥事などが原因となって否応なしの転落に至ることもしばしば起こる。粉飾決算、談合、贈収賄など、その例には事欠かない。

『易経』は、驕り亢《たか》ぶって転落する龍を描く。これを「亢龍※」と呼ぶ。飛龍の時に、大人に学べとあった教えを忘れ、自分の力を過信し、唯我独尊となった者の科《とが》がここに現れる。すなわち、人の意見に耳を傾ける謙虚さを失い、独り高みに登ってしまった龍は、もはや雲を呼び慈雨をもたらすことができず、地に落ちていくしかない。よって、『易経』は厳しく「亢龍悔いあり」と説く。文言伝の解説を読んでみよう。

※亢
亢の字形は「人の咽喉、胡脈とよばれる動脈部分を含む形」（白川静『字通』平凡社）。訓義は「くびをあげる、仰ぐ、たかぶる、たかい」（同）

◉悔いあり

亢龍悔《こうりゅうく》いありとは、何《なん》の謂《い》いぞや。
子曰《しいわ》く、貴《たっと》くして位《くらい》なく、高《たか》くして民《たみ》なく、賢人下位《けんじんかい》にあるも補《たす》くるなし。
ここをもって動《うご》きて悔《く》いあるなり。

亢龍に悔いがあるとは、どういう意味か。孔子は言う。貴いようだが位を持たず、高いようだが治めるべき民を持たず、賢人が下にいても誰ひとり助けようとはしない。こうなっては、行動すれば悔いるばかりとなる。

高貴に見える地位ではあるが、それは名ばかりで、驕り高ぶって人の群れから遊離し、付き従って苦楽をともにする者がいなくなってしまった。部下にどれほど優れた人材がいても、耳を貸そうとしない独善的なトップを助ける術がない。龍に残るのは後悔だけである。

◉満つれば欠け、欠ければ満つる

別の解説「象伝」は、「亢龍悔いありとは、盈《み》※つれば久しかるべからざるなり」と語る。何事も時とともに変化する。いつまでも同じ状態が続くことはない。月と同じように満つれば欠け、欠ければまた満つるのが天の道理である。象伝の冒頭には、有名な一節、「天

※盈
いっぱいになる。満ちる。
盈月（えいげつ）は満月。

行健なり。君子もって自彊《じきょう》して息《や》まず」がある。天体の運行は常に健やかである。そのように君子は、自ら彊《つと》め、励み、止まってはならない、と言う。

『易経』は常に、「窮まれば変ず。変ずれば通ず。通ずれば久し」と教える。人生には成功もあれば失敗もあるが、悪い時には希望を持って隠忍自重し時節到来を待ち、よい時には驕らず謙虚に過ごしなさい、そうすれば必ず道は拓けると説く。『易経』のメッセージ※は、現代のような混乱の時代にこそ、人々に希望と勇気を与えてくれると思う。

◉転機となる兆しを掴む秘訣

ピンチ「危機」をチャンス「好機」に、と言う。

その通りだが、実現するのは口で言うほど簡単ではない。理由は、なまじっかな力量の持ち主では、ピンチがチャンスに衣替えする中間点の時、すなわち「転機」が全く見えないからである。誰が見てもわかった時は、すでに機を失っている。転機は、変化の兆しを掴んだ者のみに訪れる。まさに「時中」、時に中《あた》るのである。

兆しは、小さくかすかだが繰り返し現れる。そして、その声は時とともに大きくなる。日頃から心血を注いで考え、行動し、経験を積んだ人にして初めて把握できるメッセージである。現場主義に徹した経営者、ノーベル賞を受けるほどの学者にはそれが見えるはずだ。凡人でも一心不乱になれば、その能力は鍛えることができると私は思う。

※『易経』のメッセージ　浅学非才を省みず、乾為天の卦に登場する龍の一生を追ってみた。リーダー論の神髄であると思う。次の著書に多くを学んだので、例示してご参考に供したい。

竹村亞希子『リーダーのための易経の読み方』(長崎出版)、『人生に生かす易経』(致知出版社)、『超訳・易経』(角川SSC新書)、高田真治・後藤基巳訳『易経』(上)(下)(岩波文庫)、本田済『易』(朝日選書)、安岡正篤『易學入門』(明徳出版社)、同『易経講座』(致知出版社)ほか多数。

よきにつけ悪しきにつけ、世の動きには必ず兆しがある。不祥事の大部分は、現場における誤った細事を見過ごし、取り返しが付かない大事に発展することが多い。多くの人命を奪うような大事故にも、構造物の崩落だけでなく崖崩れのような天災であっても、必ず何らかの前兆があるものだ。

大きな事故が発生した後には、再発防止策が入念に策定され、会社組織を挙げて実行に入る。全体の安全意識が高まれば、よい結果につながることは疑いない。しかし、その場合に忘れてはならないのが、現場における「兆し」を察知する力量を高めることである。これは日々、現場主義を徹底することによってのみ初めて得られるものである。現場主義とは「現場に立って考え行動すること」であり、トップが率先垂範し、社員がそれに従って行動した時に、「兆し」を感知する鋭敏なセンスが育つのである。こうした兆しを掴む力量を養うことが、組織の体質を強める所以であろう。

リーダーの責任は重いのである。

転機となる兆し

個人の人生と会社の経営は似たところがある。

順風満帆の時ばかりではなく、逆境がいつまでも続くわけでもない。何かをきっかけに変わっていく。では、どこに変化の転機があり、どうすればそれを掴《つか》むことができるのか。

◉かすかなメッセージ

これまでともに学んだ『易経』は、そのヒントを満載している。物事は循環し、一箇所に留まらない。しかも、変化には法則性がある。そして、転機となる兆しはよかれ悪しかれ、必ずメッセージとなって繰り返し現れる。

目をこらして見よ、耳を澄ませて聴け。

初めほど兆候はかすかなので、感度の鋭い人にしか見えないし、聞こえない。「オヤ！」と気づけば、よい芽は枯れないように育て、悪い芽は大事に至る前に摘むことができる、というのである。

このかすかなメッセージは、なぜある人には見え、聞こえ、ほかの人には見えず、聞こえないのであろうか。

◉土光さんの耳

ここで、土光敏夫さんの小さな逸話を一つ紹介したい。

土光さんは、第二次臨調※会長として国の行政改革に献身し、経団連会長として財界を率い、東芝の社長としては傾いた経営を再建した。個人生活では「個人は質素に、社会は豊かに」というご母堂の教えを、掛け値なしに実行した希有の人である。ここに記す一例は、東芝の社長時代の出来事である。私は同行していないので、あくまでも聞き語りである。

ある時、東芝の発電機工場で最新鋭のタービンが完成し、客先に納める前に試運転に入り、いよいよ最終段階で社長に見てもらおうということになった。現場では工場長、技師長をはじめ自信満々であったろう。ところが土光さんは、現物を観るやいなや「変な音が聞こえる。点検せよ」と指示した。タービンの回転音がおかしいと判断したのである。ほかの誰もが気づかないほどの、ほとんど気配に近いかすかな音であったに違いない。精査してみるとまさに不具合があった。会社は、この一言で事なきを得たのである。

第二次臨調であいさつをする土光さん

時事

※臨調
臨時行政調査会。行政の適正・合理化について調査・審議するために諮問機関として旧総理府に設置された。土光敏夫さんは第二次臨時行政調査会の会長を務めた。第二次臨調は昭和58年（1981）に設置され昭和58年（1983）に解散した。五次にわたって答申を提出。「増税なき財政再建」の方針で、歳出削減、三公社の民営化などを推進した。

◉現場主義に徹する

土光さんはもともとタービンの技術者であり、若い時にはスイスに留学して研鑽《けんさん》を積み、帰国してからは一貫して国産技術の確立と製品化のために邁進した。技術者として一流であったことは確かだが、社長という激職にありながら、現場の専門家が見落とした欠陥を微音で感知するとは、実に驚嘆に値する。

現場主義に徹した社長の土光さんは、しばしば休日にもバスを乗り継いで工場に出かけた。だからこそ七〇代の高齢にもかかわらず、鋭い感度を維持することができたのであろう。また、日頃の現場回りが、決しておざなりではなかったことを証明している。当時この話を聞いて、これぞ物づくりの原点だと思ったものである。

また、納入した製品に問題が発生した時には、率先垂範して対策を講じ、かえって客先の信用を高めることとなった※。

◉山が動く

予兆の重要さを改めて私が実感したのは、NEXCO中日本の会長を務めていた時に起こった災害である。二〇〇九年に、中央高速道の大月ジャンクションに接する一般道で、高い切り土の崖が大雨が降った翌日に崩落した。

※客先の信用回復
かつて、地方の電力会社に納めた大型機械に大きな不具合が生じた時、土光さんは海外出張から帰国したばかりだったが、空港から納入先社長のもとに駆け付けたという。
土光さんは謝り、事後処理にも万全を期した。品質などの大問題を起こした時に、それを契機に相手との信頼関係を深め得るのは誠心誠意しかない。土光さんはそれを率先して実行し、後に続く者に自ら模範を示した。

発端は、中央高速道を定期巡回中のメンテナンス社員が、走る車中から遠望し、草で覆われた崖の斜面に、いつもとは異なるわずかな形状の変化を発見した。かすかに山が動いている、と見たのである。早速、道路を管理する大月保全サービスセンターに通報したところ、所長が陣頭に立って現場に急行し、異変を確認し、ただちに一般道を通行止めにした。その後まもなく、足止めされたドライバーたちの目前で崖の崩落が始まったのである。まさに危機一髪であった。

ただちに私は大月に駆けつけたが、現場の責任者の適切な判断によって、人身事故を防止できたこと、それを可能にした大月市、警察署、民間企業や研究所など、地元の協力に心から感謝した。もしも前兆の発見、通報、通行止めの決断が一つでも遅れていたら、どんな大惨事になっていたか。交通量の多い通勤時間であっただけに、想像するだけで背筋が寒くなる。現場主義と現場力※の重要性を痛感した出来事であった。

復旧がすんだ後で、功労者に対し、会長表彰と感謝状を贈呈した。

第一等の功労者は言うまでもなく、かすかな変化の中に異常を発見したメンテナンス社員であり、次がサービスセンターの所長であった。

兆しを掴めなければ、十分な用意ができない。いかに早く兆しを察知しても、続く行動が遅ければ時機を失するだろう。

※現場主義と現場力
ＮＥＸＣＯ中日本会長在任中、私は現場主義に徹した。四年間におよそ五〇カ所の前線基地を何度もくまなく巡回し、社員との意見交換を重ねた。

コンクリートの損傷など老朽化の進行は目で確認し触ったり叩いたりしてみなければわからない。軟弱地盤は実験盛り土の上に立って沈下の程度を確かめ、土砂災害や交通事故の悲惨さは直後の現場に立ち会って、トンネルの空気の汚れは排気口に潜り込んで、トイレの悪臭は立ち寄ってみて、人の思いはじかに聴いて、初めてわかるものであることを実感した。

道路公団から民営化したこの会社は現場力が強い。この長所を徹底的に伸ばすことで悪いところを直していくことにした。マイナスをゼロにしてもゼロ。強みを生かすと悪いところも直ってくるものだ。

兆しへの感度を高める

よきにつけ悪しきにつけ、「兆し」を捉えるのは個人の力量である。何気なく見過ごしてしまいがちなかすかな兆しは、よほど研ぎ澄まされた感度がなければ掴めない。どうすればそれを養うことができるのか。

◉兆しをキャッチする能力

微妙な兆しを掴まえるには、卓越した超人的な能力が必要なのだろうか。そうではない。ひたむきに追求すれば、われわれ凡人にもできることだと思う。すなわち、①目的の堅持、②広く深く考え続けること、③現場主義に基づく経験の蓄積、の三つである。

企業理念、方針などの目的を堅持すれば、判断の軸がぶれなくなる。社内外の多くの人も協力を惜しまないだろう。『論語』に「徳は孤ならず、必ず隣あり」（里仁編）とある通り、よいことには必ず味方が現れる。一方、「三人行けば、必ず我が師あり」※（述而編）というように、常に人の意見を聴く謙虚さが必要である。傲慢になった時に、智慧《ちえ》の泉も感性も枯れるのである。

※三人行けば必ず我が師あり

子曰く、我れ三人行けば、必らず我が師を得。その善き者を択びてこれに従う。その善からざる者にしてこれを改む（三人で行動すれば必ず私の先生が見つかる。良い人を選んで見習い、良くない人は、良くない点を振り返って直す）。

◉広く深く考え、果断に実行

発見は行き詰まった時に現れるという。ノーベル賞受賞者の言葉にも、夜中に目が覚めて答えが一瞬にしてわかったとある。いかに普段からとことん思いつめ、頭が破裂しそうになるまで考え続けているかの証拠である。

賑《にぎ》やかな場から離れ、独り静かな時間を持って、広く深く考える工夫が必要なのではないか。内省する時である。『論語』と並ぶ『大学』にも、「君子は必ずその独りを慎む」とある。慎独《しんどく》の時を持って、良心に照らして恥じないか、思慮は十分かを自分に問えと教えている。

あの土光さんですら、東芝の社長時代に投資案件の可否を考えて、一睡もできない日があったという。直属の役員から聞いた逸話だが、提案者と決裁者との間には、天と地の差があることを実感したものだ。

「若い時の苦労は買ってでもせよ」という。一手一手を疎かにせず、火の粉にもめげず、ない知恵を振り絞って修羅場をくぐり抜けた体験を経て、初めて真の実力が身につくし、急所を逃さない感性が育つ。後に遭遇する新しい難問を解く鍵ともなる。畳の上の水練は役に立たないのである。

◉骨身にしみた体験

二〇〇六年六月から四年間、私はNEXCO中日本の会長兼CEOを務めた。※ 新東名の建設をはじめ夢のある事業を進める一方、天災による崖崩れなど難問題にも遭遇した。背筋が凍る思いがした一例を紹介したい。

二〇〇八年五月、高速道路の橋桁から一般道路に小さなコンクリート破片が落下した。その日に報告を聞き、現物を手に取り、私はこれを会社にとって最重要な予兆だと受け止めた。老朽化で道路の傷みが進んでいる。放置して人身事故が起きてからでは遅い。すぐに管内全域で対処しなければ、安全安心を標榜《ひょうぼう》する会社の存在価値はないと判断した。

そこで緊急役員会を開き、次の五方針を決め即日実行に移した。第一は、社長（COO）を本部長とする緊急対策本部を設置する、第二は、高速道路と一般道路の交差箇所を全て点検し対策する、第三は、経費削減中だが人手と費用は惜しまない、第四は、始まったばかりの当年度予算を緊急対策最優先に組み直す、第五に、グループを挙げて最速で対処する、である。

その後も剥落《はくらく》は続いたが、一年間で処置を終えるまで、幸い人身や物損事故は発生しなかった。毎月の経営会議では対策の進捗状況についてフォローし続けた。本部長である社長とそのチームの報告を聞き、同じ建造物であるトンネルについても異常のないことを確認したのである。社内の安全に対する危機意識も高まった。この目の色を変えた取り組み

※NEXCO中日本の経営理念

就任の日に全社員に直接メッセージを伝え、①お客様を第一にする②衆知を集める③現場に立って考え行動する④変革を続ける⑤約束を守る——の五原則を挙げた。お客様第一となれば他は第二以下であることを強調した。そして、半年後にはこの五原則を束ねる経営理念として、「良い会社で、強い会社」を掲げた。

が、翌年度以降の「百年道路計画」として実り、計画的保全によって一〇〇年経っても元気な道路造りを目指す、会社の基本方針となったのである。詳しくは、拙著『青草も燃える』（中部経済新聞社）を参照されたい。

◉トップの姿勢が現場の感度を高める

一般消費者向けの製品にせよ、道路や鉄道のようなインフラにせよ、人間の作品に完全なものはない。橋やトンネルなどの構造物も、決してその例外ではないのである。大事件を未然に防ぐには、その兆しを発見し、果断をもって対処することが鍵である。それには会社のトップが常に前線に足を運び、モノを見、現場の声を直接聞くこと。おざなりではなく、トップの現場を重視する姿勢が、前線の人々の心を動かす。そうなれば、問題が起こった時に前線のプロの目は後ろを振り返らず、一層現場に注がれるようになって、兆しを発見する力と対処する力、本物の現場力が職場全体に育つ。

どんな出来事にも必ず前兆がある。それをいち早く見出せるかどうかに、会社の将来はかかっている。そのような感度のよい社内風土を創る、リーダーの責任は限りなく重いのである。

ここで、「スピードと感度」を提唱した一人の経営者を紹介したい。

◉「スピードと感度」の経営——佐波正一氏

佐波正一※氏は、土光さんの三代後に東芝の社長に就任し、その時に全社に呼びかけたメッセージが「スピードと感度」であった。

マーケットの需要変化や技術革新のスピードの速さに対して、会社としていかに対応するか、さらには世の中の動きよりも半歩あるいは一歩先んずるにはどうすればよいか、に腐心し、社内の人間関係でも、打てば響くようなコミュニケーションを求めてやまなかったに相違ない。それがやがては、半導体の1メガDRAMで世界をリードし、ラップトップ・コンピュータの発表で世界を驚嘆させたことに繋がったと私は思う。

今にして思うのだが、佐波さんの提唱は『易経』の説く「兆し」の把握や「時中」、すなわちタイミングのよいスピーディな実行と相通ずるところがある。東洋の英知につながるリーダーとしての見識の持ち主であった。

佐波さんの会長、相談役時代に、私は本社の広報担当として接する機会が多かったが、東芝機械COCOM（対共産圏輸出統制委員会）事件の際には、アメリカの第三者調査機関※によって親会社の法的責任はないと後に判定されたにも拘らず、会社を救うために道義的責任を取って一九八七年七月に潔く会長職を退いたことが忘れられない。

八年前の正月だが、顧問であった佐波さんを訪ねた時に、「君はいくつになった？」と

佐波正一

時事

※佐波正一
［1919～2012］
重電畑生え抜き初の東芝の社長となる。最先端だった1メガビットDRAMへの投資を積極的に行い、東芝を半導体分野で世界トップグループに押し上げた。経団連副会長、ボーイスカウト日本連盟理事長、国際基督教大学理事長などを務めた。著書に『三本の苗木』（みすず書房）、晩年の訳書にJ・ハミルトン『電気事始め——マイケル・ファラデーの生涯』（教文館）などがある。

聞かれ、「七〇です」と答えたら、「ホー」と声を出して私をまじまじと見つめ、「そうか」と述べられた。もっと若いと思われていたようで意外だったのだろうが、それ以来あまり難しい説教を聞くことがなくなった。一人前扱いをされたのか、諦められたのか、その点は今もって不分明である。

九〇歳を過ぎても、矍鑠《かくしゃく》として、マイケル・ファラデー※に関する本の訳出に情熱を傾けた。技術に弱い私が「難しそうですね」と問うと「君、そんなことはないよ」と呆れられたものだ。また、私の人生の転機には、「新しい天地が開けてこよう」と励まして頂いた言葉が今も心に残る。

※第三者調査機関
Mudge Rose Guthrie Alexander & Ferdon と、Price Waterhouse が監査を行った。

※マイケル・ファラデー
Michael Faraday［１７９１～１８６７］英国の物理学者、化学者。少年時代、製本業の店に徒弟奉公し、そこで出会った科学の本に興味を持つ。塩素の液化、ベンゼンの発見などの業績をあげたほか、電磁誘導現象を発見、電磁場の概念を確立する。１８６０年のクリスマス前後に、69歳のファラデーが王立研究所で少年少女のために行った講演をまとめた『ロウソクの科学』（Lectures on the Chemical History of a Candle）は科学啓蒙書の古典。ノーベル化学賞決定の際の会見で、旭化成名誉フェローの吉野彰さんが、小学生の時、この本を読み化学に関心を持つきっかけになったと紹介し、話題になった。

第三章
部下の育て方

六〇点でよい

◉六〇点でよい——土光さんの拙速主義

東芝の土光さんは拙速主義を唱えた。「一〇〇点を求めず六〇点でよい。まず実行せよ。現場を見よ。正面からぶつかれ。その上で軌道修正すればよい」と。方向を決めたら行動し、自分でとことん考え、遠回りしてでも問題を解決せよという。凡才には、何よりの励みとなった。

土光さんの教えをもとに、企業経営で拙いながらも私が心がけたことは、常に現場を回り、現物に触れ、話を聴き、経営理念をまたかというほど繰り返し語り続け、意見交換をし、社員の心を一つにすることであった。そうなれば誰も後ろを振り向かず、安心して前を向き、本気で自主的に考え始め、ほとんどの問題は初期段階で解決されるようになる。よい芽は育て、悪い芽は除けばよいのである。

現場回りには時間がかかるが、経営のダイナミズムを高める一番の近道であり、企業成長の鍵はそこにあると私は考えている。

若手社員と対話する土光さん

株式会社東芝提供

◉大型人材の育成

「大型人材は、大型人材の下でなければ育たない」という土光さんの述懐を、すでに紹介した。

一九七六年頃、東芝はグローバル時代にふさわしい大型人材育成計画を作成した。専門性、判断力、コミュニケーション能力、語学力などに秀でた若手社員を育成しようとする計画である。土光さんは人事部長から案の説明を聴き、承認して、この感想を述べたのである。私は説明者からその場の模様を聞いて、なるほどと感銘しながらも、実行するのは大変なことだと思った。

◉目標を決め、部下とともに励む

土光さんのチャレンジを正面から受け止めれば、大型の部下を育成するためには、自分自身が大型人材でなければならない。四〇前の若造で、どこから見ても大型人材ではない現状の自分は、一体どうすればよいのか。自問自答の果てに私は、自分でできることは自力でやる、できないことは手本となる人物を決め、部下とともに同じ方向を向いて、見習い、励もうと考えた。

お手本には事欠かない。社内には土光さんと、その薫陶を受けた人たちが上司先輩として頑張っている。土光イズムの申し子である。師と仰ぐ人物は社外にもいる。さらに、古典や歴史を繙《ひもと》けば、求めに応えてくれる人物には限りがないのである。

◉自分でやれることは何か

当時の私は労働課長として、多少は修羅場をくぐった経験もあるので、担当する仕事を通じ部下を指導できる自信はあった。一九七五年前後は第一次石油危機の直後で、労使は強い緊張関係にあった。産業平和※を目指してともに悪戦苦闘する中で、部下たちも必ず何かを得るだろうと信じた。

幸いにして労務の世界は、産業や企業の枠を超えた横のつながりが強く、交流を通じて外部から教わることが多かった。全体の司令塔は日経連（日本経営者団体連盟）であり、経営者も連携して事にあたったのである。社外の先輩から厳しく説教されるなどは、少しも珍しいことではなかった。

私は努めて社外の会合に部下を伴い、あるいは派遣し、人間関係の幅を広めるよう奨めた。不思議なもので、外部人脈が広がるほど大きな仕事に結実する。視野が広くなることに加え、一所懸命にやっていると思いもかけず、外の人が親身の助言をしてくれるからである。

※産業平和と労使自治　昭和48年（1973）の石油危機はマクロ経済の大問題で、物価の超高騰を招き、トイレットペーパーが店頭から消える騒ぎになった。インフレ下の不況、スタグフレーションが襲いかかってきたのだ。

先進国に共通する問題だったが、わが国はいち早く他国に先駆けて成長軌道に戻ることができた。それは、労使の当事者が良識をもって国と企業の将来を考え、長期的な視野で適正な賃上げの着地点を見出したことによるものだ。「労使自治」の成果。欧州では政府主導で賃金抑制をする政策によって事態を収拾しようとしたが、労使当事者の反対で成功しなかった。

◉素直な好奇心

観察の範囲は身の回りに限られているが、ぐんぐん伸びる若者にはいくつかの共通点があった。順を追って取り上げ、ご参考に供したいと思う。その第一には、「素直な好奇心と学び続ける意欲」を挙げたい。

企業の目指す方向を把握し、自分の持ち場において力を尽くす。考え続け、学び続け、人の話に耳を傾け、経験を積み、自ら汗をかく。そして初めて実力がつき、専門性が一流の水準に高まり、人間的にも揉《も》まれ、社内外で一目置かれる存在にまで成長する。若い時にした苦労が、必ず後に実るのである。そうして得たものだけが一生の財産になるのだと思う。

孔子は『論語』の中で、「三人行けば必ず我が師あり」（述而《じゅつじ》編）と語った。

人は皆わが師である。人生には完成の時はない。好奇心に目を輝かせ生涯学び続ける人は、永遠の青年といえるのではないか。

まず、温故知新から

前項で伸びる若者の特徴として、「素直な好奇心と学び続ける意欲」を挙げた。今回は一歩踏み込んで、上長の役割について述べてみたい。

どれほど優れた素質の持ち主でも、独りで一人前になれるわけではない。よき上司先輩に巡り会い、見習い、その導きで実地の厳しい経験を積み重ねる中で実力をつけていくのである。

◉学校と社会との違い

学校の秀才が必ずしも成長しないのはなぜか。学校での優劣は試験の成績で決まるからである。論文式であればまだしも、試験問題の大方は○×式か記憶の正確さを試すもので、答えが一つしかない。

社会での問題は正解が一つとは限らないから、学校秀才は○×志向の殻を打ち破らなければ本物にならない。定型業務なら、手順書（マニュアル）に従えば間違えることはないだろう。しかし、そのルールを変え、あるいは新商品の開発や新規顧客の開拓をし、危機に直面した時には、どうすればよいか。そこにあらかじめ用意された答えはないのである。

◉小さな成功体験が自信を生む――山本五十六

どの企業も新人から幹部に至るまで、社員研修には熱心である。新人は通常、基礎的な知識やマナーを教えられ、現場実習を経て各部門に配属される。

職場では上長による個別指導が欠かせない。課題を与え、激励し、見守り、正しく評価し、自信を持たせるように導くのである。富士山の登り口がいくつもあるように、物事の解には複数の選択肢があることを、まずは教える必要がある。最短距離が正解で、遠回りが失敗だとは必ずしもいえない。

ゴールへの到達が成功であり、苦労の多い遠回りの道はモノの見方を深める好機ともなる。本人の血肉となり、一生の財産となるのはそうして得たものだけである。

人を成長させる原動力は、自ら苦労して得た成功体験である。それによって、過去の自分の狭い殻を破ることもできる。どんなに小さいことでも、人は成功しなければ自信がつかない。小さな成功が、次の成功を生み出すのである。先に記した土光さんの六〇点主義も、拙速でよいからまずは実行して、自分で道を開いて見よ、成功の美酒を飲め、ということではあるまいか。

山本五十六※の次の名言は、本気で部下を育てた人の言葉である。立場と年代を問わず、

※山本五十六
［1884〜1943］海軍大将。新潟県長岡の生まれ。海軍の要職を歴任し航空兵力の整備につとめ、日独伊三国同盟の締結に反対した。昭和14年（1939）連合艦隊司令長官。太平洋戦争で真珠湾攻撃、ミッドウェー海戦を指揮し、ソロモン諸島上空で搭乗機が撃墜されて死亡。

続いてくる後進の者たちへの深い慈愛を感じさせる。

やってみせ、言《い》って聞《き》かせて、させてみせ、ほめてやらねば、人《ひと》は動《うご》かじ。

◉専門性を高める秘訣

人は高い専門性を得て、初めて一人前となる。国内外で高く評価されれば、世間は第一人者と呼んで尊重する。『論語』の「士論」では、これまで詳述した通り才徳兼備をリーダーに求め、徳を第一に重んじている。しかし、人柄がよいだけではリーダーにはなれない。孔子のいう士たる者の最低条件である才智、すなわち衆目の認める専門性を指導者に求めているのである。

高度の専門性を持った人材を育てるにはどうすればよいか。拙い体験から、私は次の点に注目している。

①過去を深く学ぶこと。このため「温故知新」に徹すること。
②現在を広く学ぶこと。このため多くの友人知己を持つこと。
③近くは現場経験を積み、遠くは将来を考え続けること。

◉温故知新

高い専門性に独創性は欠かせないが、独創性の本源は先人の足跡の中にも数多く眠っている。過去にはよいアイデアがあっても、資金、技術、社会的ニーズ、経営環境などその時の事情で、時期尚早として日の目を見なかった事例が数多く残されている。歴史の中から宝を掘り出し、ヒントを得るのである。『論語』の中で孔子は、過去に学んで新しい発見ができれば人々の師となれる、と語っている。

故《ふる》きを温《たず》ねて、新《あたら》しきを知《し》る。もって師《し》と為《な》るべし。（為政編）

温故知新は、拙い私の仕事体験※にも当てはまる。東芝本社の労働担当を命ぜられた五〇年ほど前に、埃《ほこり》まみれで倉庫に眠っている労使関係の資料二〇年分を読み込んで、時を超えて生きる先人の先見性や深い思いを学び、新鮮な衝撃を受けたのである。労使関係の悪化が原因で、倒産寸前になった子会社の再建※にあたった時にも心の支えとなった。後輩たちに故事の研究を強く奨めてやまない所以である。

※私の仕事体験
私が労働担当になったのは入社八年目の昭和46年（1971）。倉庫に入ると昭和20年代からの膨大な労使関係文書があり読み込んだ。戦後の労働争議が激しかった時代を経て、労働協約ができるプロセスがわかった。
　労働協約の文面だけでなく、なぜそれができたか、対立から成熟に向かう過程を知って初めて労働協約の意味を理解した。労働担当の後輩には「倉庫に行って読んできなさい」と指導した。

※子会社の再建
二九一頁参照。

教えありて類なし

孔子、釈迦《しゃか》、キリスト、ソクラテスは世界の四大聖人と讃《たた》えられ、二〇〇〇年を超えて今なお、人類の師表として仰がれている。とりわけ孔子は、『論語』を通じ日本人の身近な存在となった。

◉教育者としての孔子

孔子は七三歳まで生きて、詩と音楽を愛し、哲学を語り歴史を編纂《へんさん》し、志を得なかったとはいえ魯《ろ》※国の大臣として一時政治の実務にもあたった。聖人といえば雲の上の存在だが、その人となりに温かい親しみ深さを覚える理由は、後進の育成に情熱を傾けた教育者であったからだと私は思う。門弟たちが編纂した『論語』は、高遠な理想を述べつつ、師弟の情愛あふれるやりとりを随所に描いている。

※魯国とその時代
確実に存在したといわれる中国の最も古い王朝、殷を破って、紀元前12世紀末に周王朝が成立した。周王の下に有力者が集まり諸侯となった。周王は諸侯を圧する力を持たなくなり、諸侯の上に乗っている存在となった。
　魯は周代の侯国だが、始祖は周の武王の弟周公旦。都城は曲阜。建国以来、三大有力貴族（三桓）や貴族の家臣が力をふるうなど内紛が多かった。孔子はこうした乱世の魯に生きた。魯は儒家の中心地となったが、前249年、楚に滅ぼされた。

※曾子
［前505頃～前437頃］魯の人。孔子の弟子で、内省的な人柄。孝道に通じ、『孝経』『大学』を著したと伝えられる。孔子の死後、魯の儒教教団の後継者的立場にあったといわれる。

◉生まれよりも育ち

教育の持つ偉大な力について、『論語』は次のように語る。

子曰《しいわ》く、教《おし》えありて、類《るい》なし。（衛霊公編）

子曰《しいわ》く、性相近《せいあいちか》し、習《なら》い相遠《あいとお》し。（陽貨編）

生まれながらの本性は皆同じようなもので、教育によって人としての違いや差が生ずる、学問に励みなさい、と教える。弟子たちは感奮したことであろう。集まった人材は、勉学一筋の顔淵《がんえん》や曾子《そうし》※、遊侠《ゆうきょう》の徒であった子路、大実業家の子貢、理屈家で叱《しか》られてばかりいる宰我、政治家の卵たちなど多士済々で、活気あふれる多様性のるつぼがそこにあった。弘法大師《こうぼうだいし》※の作と伝わる『実語教』※に、「玉磨かざれば光なし」という名言がある。勝手な推測だが、『論語』のこの語が下敷きにあったのかもしれない。

◉若者にひたむきさを期待

弟子を鍛える点で、孔子には一面大変な厳しさがあった。

※弘法大師
［７７４～８３５］平安初期の僧、空海の諡号（しごう＝死後贈られる名）。真言宗の開祖。讃岐の人。延暦23年（８０４）唐に渡り、密教を学ぶ。大同元年（８０６）帰朝。膨大な密教の典籍、仏像、法典、曼荼羅、そのほかの文物を日本にもたらした。高野山に金剛峯寺を建立。京都の東寺を与えられ、京都における真言密教の根本道場と定め、後進の育成に努めた。

※実語教
鎌倉初期から明治初期まで広く用いられた子どものための教訓書。経書中の格言を抄録して、たやすく朗読、暗誦できるようにした。寺子屋で使用された。作者未詳だが、俗に弘法大師の作という。

子《し》曰《いわ》く、憤《ふん》※せずんば啓《けい》せず。悱《ひ》※せずんば発《はっ》せず。一隅《いちぐう》を挙《あ》げてこれに示《しめ》し、三隅《さんぐう》をもって反《かえ》さざれば、則《すなわ》ち復《ふたた》びせざるなり。（述而編）

もう一息のところで苦しんでいるのでなければ、指導しない。わかっていても表現できず口をモグモグさせているのでなければ、適切な言葉を教えない。四隅のある台にたとえれば、一隅を挙げてほかの三隅の意味を察することができないようでは、繰り返して教えない。せめて一を聞いて三を知るくらいの準備をし、意気込みを持てと迫る。過保護時代の甘さとは全く逆行するが、教育に本来必要な、気づきを待つ慈愛をこめた峻厳《しゅんげん》さを示していると私は思う。

◉一を聞いて十を知った顔淵

門人の知的能力について、興味深い師弟問答がある。賜は子貢の名、回は顔淵の名。ともに師に従って長く諸国放浪の旅を続け、あらゆる辛酸をなめた最も身近な弟子であった。

子《し》、子貢《しこう》に謂《い》いて曰《いわ》く、女《なんじ》と回《かい》と孰《いず》れか愈《まさ》れる。対《こた》えて曰《いわ》く、賜《し》や、何《なん》ぞ敢《あ》えて回《かい》を望《のぞ》まん。回《かい》や一《いち》を聞《き》きて以《もっ》て十《じゅう》を知《し》る。賜《し》や一《いち》を聞《き》きて以《もっ》て二《に》を知《し》るのみ。

※憤
『憤』とは憤慨、いきどおりの意味で、ここはなく、心が膨張し、盛り上がることである。弟子がなにか疑問をもち悩みをもち、そのために心がふくれあがったときに、はじめて啓（ひら）きみちびく」（吉川幸次郎監修『論語』朝日新聞社）

※悱
心の中でわかっていながら、口でうまく言い表せないこと。いらいらして、胸が痛む。「憤せざれば啓せず、悱せざれば発せず」から「啓発」が生まれた。「人が気づかずにいるところを教え示して、より高い認識・理解に導くこと」（『大辞泉』）

子《し》曰《いわ》く、如《し》かざるなり。吾《われ》と女《なんじ》と如《し》かざるなり。（公冶長編）

その子貢に対して先生は、「君と回とはどちらが優れているか」と聞く。躊躇《ちゅうちょ》なく答えて「私がどうして回を望みましょうか。回は一を聞いて十を知る。私は一を聞いて二を知るのみです」と。先生は「及ばないね。私も君と同じで、回には及ばない」と語り、顔淵を讃《たた》えつつ、己を知る謙虚な子貢を褒め、かつ慰めたのである。

この点については、経済の世界を生きた渋沢栄一※が『論語講義』の中で、われわれ凡人の励みとなる意見を述べている。一を聞いて十を知る顔回のような人は世に少ない。一を聞いて二を知る子貢のような人も容易には得られぬ。通常の人は一を聞いて一を知れば可である。その一すら理解しない輩もいる。だからといって、「十を知ることが学問上のことに止まれば格別だが、処世上には一概によい結構な性分であるともいえぬ」とし、才智《さいち》が勝って幕末に暗殺された平岡円四郎※と藤田小四郎※、外務大臣となった陸奥宗光※の名を挙げている。

『論語講義』の魅力は、真の実業人が体得した実践的解釈というだけでなく、同時代人に対する遠慮のない批評にある。その面白さは、時代を超えて今に生きている。

凡人に必要なことは、何でも先回りしてわかってしまうような明敏さではなく、孔子が人物論の中で繰り返し述べてやまない、高い志と人格の錬磨を目指すことだ。そのためにどれほど時間がかかろうと、教える側も教わる側も常に忘れてはならないと思う。

※渋沢栄一
［１８４０～１９３１］埼玉の農家の生まれ。一橋家に仕えて幕臣となり、パリ万国博覧会幕府使節団に加わって渡欧。この時の知見が、日本の近代産業指導者の基盤となった。維新後、大蔵省官吏を経て第一国立銀行を設立。五〇〇を超える会社、六〇〇を超える社会事業の創設、育成にかかわり、「日本資本主義の父」といわれる。『論語』を愛読し、道徳・経済の合一主義を唱えた。新一万円札の顔となるほか、２０２１年のＮＨＫ大河ドラマは渋沢を描く「青天を衝（つ）け」が放映される。

渋沢栄一

国立国会図書館蔵

血の通った師弟関係

人材育成は、教える側と教わる側の気持ちがピッタリしていないと、十分の効果は上がらない。学校も企業も、私の主宰する寺子屋ですら同じである。指導者には後進への思いやりと実力に裏づけられた権威が必要だし、学ぼうとする若者には強い意志と先生に対する敬愛の念が欠かせない。

◉啐啄同時

啐啄《そったく》同時という言葉がある。鶏の卵がかえる時、雛《ひな》は殻の中から、母鶏は外から、同じ場所を同時につついて殻を破ることを指す。動物の本能の霊妙さであるが、教育を通じて人が脱皮する時にも当てはまる。

かつて土光敏夫さんは、「大型人材は大型人材のもとで初めて育つ」と喝破した。教育には、以心伝心で伝わる打てば響くような人間関係が必要なのである。

※平岡円四郎
［1822〜1864］一橋慶喜につかえる。渋沢栄一を登用。水戸藩攘夷派に元治元年、京都で暗殺された。

※藤田小四郎
［1842〜1865］江戸末期の志士。水戸藩士。東湖の四男。名は信。幕府の攘夷（じょうい）延期を不満として筑波山で挙兵。上洛の途中で降伏し処刑された。（『大辞泉』）

※陸奥宗光
［1844〜1897］外交官・政治家。和歌山藩士伊達宗広の子。脱藩し、坂本竜馬の海援隊に入る。明治維新後、伊藤内閣の外相。条約改正や下関条約の締結に手腕を発揮。著『蹇蹇録（けんけんろく）』など。（『大辞泉』）

◉血の通った師弟関係

『論語』で最も感動する場面は、情愛あふれ細《こま》やかな師弟関係※である。知識を教えるだけならテレビ教室でもすむが、全人教育にはマン・ツー・マンが一番である。弟子は何人いても、師との関係は一対一、息づかいが聞こえる近さでなければならない。それが最も凝縮しているのが禅僧の世界であろうか。師弟が道場に同居して、分けへだてなく暮らす。同じ食事をし、日々の修行を通じ真理を直接伝えていくのである。

現代の日本のように平等主義が蔓延《まんえん》し、師弟などの縦の人間関係が軽視され、学校、職場が芯のない単なる仲よしクラブになってしまえば、よき伝統や文化の継承は難しくなるであろう。学校の先生が生徒に迎合しすぎてお友だち感覚になると、かえって教室が荒れて制御不能になるとも聞く。

◉弟子にとって孔子とは

孔子はある時、子路に志を聞かれ、「老人には安心を与え、朋友《ほうゆう》には信頼され、若者には慕われるようになりたい」と語った。

老者《ろうしゃ》はこれを安《やす》んじ、朋友《ほうゆう》はこれを信《しん》じ、少者《しょうじゃ》はこれを懐《なつ》けん。（公冶長編）

※部下との関係
部下との関係は上下だけではない。対面する関係で「お前あれしろ、これしろ」という関係も必要だが、並行の関係、上長と部下が同じ方向を向いていく関係があってもいい。
　上司が歳の分だけ前を歩いていても歩く方向は同じ。上司と部下が同じ目標に向かって同行する。そういう関係があってよいと思う。とかく上から目線でいう人が多いが、私は部下と同行して育てるように努めた。

私の『論語』は晩学※で、初めて通読したのは四〇歳の頃である。しかし、繰り返し読むうちに、孔子は厳めしい道徳の権化ではなく、酸いも甘いもかみ分けた「お爺《じい》ちゃん」のような親しみ深い存在となった。独学のおかげで儒学の大伽藍《だいがらん》には縁がなく、ただひたすら原典に接し、自分の人生に照らし合わせて学んだ結果、ここでいう「少者」の一人になってしまったのである。

弟子の見る孔子は、例えば次のようであった。

子《し》は溫《おん》にして厲《れい》※、威《い》あって猛《たけ》からず、恭《きょう》にして安《やす》し。（述而編）

先生は穏やかでいて厳しく、威厳はあっても猛々しくはなく、恭しく謙遜であって安らかである。対立する二つの性情が同じ人格の中に包摂され、人時処に対応して自由自在に現れてくる。特に最初の温にして厲などは、いろいろな解釈ができるだろうが、春風と秋霜の対比にも符合するように思えてならない。弟子たちは先生の醸し出す人格的雰囲気の中にひたって、このような人に自分もなりたいと、単なる知識の修得を超えた人徳そのものを学んだのではないだろうか。子貢は同じように、先生を「温良恭倹譲※」（学而編）と語っている。

また、日常の孔子は常にのびのびとし、にこやかであった。

※論語を学んだきっかけ
東芝で労働課長になり、私は労働組合と会社の上司の間で板挟みになった。「相手の言い分ばかりを言う」と両方から責められた。
何か確かな拠り所が欲しいと思い、『論語』に飛びついた。読めば読むほど興趣が増し座右の書になった。

※厲
「おかしがたい、ひきしまったところがある」（諸橋轍次『中国古典名言事典』）

※温良恭倹譲
「温（おだやか）で、良（すなお）で、恭〻（うやうや）しくて倹（つつましくて）襄（へりくだり）」（金谷治『論語』）

子《し》の燕居《えんきょ》※するや、申申如《しんしんじょ》※たり、夭夭如《ようようじょ》※たり。（述而編）

弟子たちにとって、孔子は決して怖いだけの先生ではなかったことがわかる。寛いでいる時の先生は、いつものびのびとしてにこやかであった。仕事を離れた時の過ごし方がよくわかる。孔子は決して道徳が氷結したような、堅苦しい人ではなかったのである。

◉後継者を失った孔子の嘆き

顔淵は、孔子が頼みとする最愛の弟子であった。十余年に及ぶ諸国行脚にも従い、あらゆる苦難をともにした。時には暴徒に襲われ、命さえ失うかという危機にも直面したのである。そのようなある日のこと、匡《きょう》※の地で危難にあった時、顔淵が遅れ、やっと追いついてきた。

子《し》、匡《きょう》に畏《おそ》る※。顔淵後《がんえんおく》れたり。
子曰《しいわ》く、吾《わ》れ女《なんじ》をもって死《し》せりとなす。
曰《いわ》く、子在《しいま》す、回何《かいなん》ぞ敢《あ》えて死《し》せん。（先進編）

※燕居
（「燕」は「ゆったり落ち着く」の意）安らかにくつろいでいること。

※申申如
ゆるやかなさま。ゆったりとしたさま。のびのびしたさま。（『日国』）

※夭夭如
顔の和らいで血色のよいさま。容貌ののびのびしているさま。喜ばしいさま。（『日国』）

※匡
中国河南省北部、長垣県の西南の地。春秋時代の衛の国の邑（ゆう）で、孔子が通りかかったとき、陽虎という悪人と間違えられて迫害されたところ。（『日国』）

※畏る
怖ろしい目に遭う。

「君は死んだと思った」と先生が言うと、「先生がおられるのに私（回）がどうして死ねましょうか」と答えた。ホッと安堵《あんど》した一行の光景が目に浮かぶ。

その顔淵が若くして死んだ時の、孔子の哀しみは深かった。「ああ、天は私を喪ぼした」と繰り返し嘆き、慟哭《どうこく》したというのである。

顔淵《がんえん》死《し》す。
子曰《しいわ》く、噫《ああ》、天予《てんわれ》を喪《ほろ》ぼせり、天予《てんわれ》を喪《ほろ》ぼせり。子《し》これを哭《こく》して慟《どう》す。※（先進編）

時に顔淵四一歳、孔子七〇歳。文化の継承者を失った晩年の孔子にとっては、文字通り痛恨の極みであったに相違ない。

孔子塾の師弟関係には、褒められたり叱《しか》られたり、素朴で人間味あふれる、感動的な場面がいくつも登場するので、順を追って取り上げたい。現代社会が、あるいは家庭が失いかけている、何か大切なものを教えてくれる。

※哭して慟す
「孔子は顔淵の死に直面したとき、泣き悲しみ、からだをふるわせて、常の態度を失った」（諸橋轍次『中国古典名言事典』）

苦境に陥っても乱れない

孔子の門下には三〇〇〇人の塾生が参じたといわれる。多士済々であったに相違ないが、その中で「四科十哲」と呼ばれる十人の弟子がいた。

先進編にあるように、四科とは徳行、言語、政事、文學《ぶんがく》の四部門を指す。そして、徳行には顔淵・閔子騫《びんしけん》※・冉伯牛《ぜんはくぎゅう》※・仲弓《ちゅうきゅう》※、言語には宰我《さいが》※・子貢《しこう》※、政事には冉有《ぜんゆう》※・子路《しろ》※、文學には子游《しゆう》※・子夏《しか》※の名を挙げ、十哲と称したのである。

これら俊才との、打てば響くような師弟関係の場面を取り上げてみたい。慈愛と敬愛の念とが呼応して響き合っている。

◉不治の病を見舞う

徳行に秀でた冉伯牛が、不治の病にかかった。ハンセン病であったという。当時のことだ、外出もならず家に引きこもったまま、誰にも会おうとはしない。孔子は見舞いに出かけ、表玄関からは入れなかったのであろう。窓から手を差し伸べ、弟子の手を取って、「これで終わりとは何という運命か。これほどの人が、このような病にかかるとは」と、繰り

※閔子騫
［前５３６～前４８７］魯の人。名は損、子騫は字。顔淵と並ぶ孔子の高弟。孔門十哲の一人。顔淵の没後、徳行では孔門第一の人物とされた。継母に孝行した。

※冉伯牛
［前５４４～?］名は耕。孔門十哲の一人。徳行に優れていたといわれる。魯の中都の宰を務めた。

※仲弓
三一頁参照。

※宰我
三二頁参照。

※子貢
二三頁参照。

返し嘆いたのである。

伯牛《はくぎゅう》、疾《やまい》あり。
子《し》、これを問《と》い、牖《まど》よりその手《て》を執《と》りて曰《いわ》く、これを亡《ほろ》ぼせり。
命《めい》なるかな。この人《ひと》にしてこの病《やまい》あり、この人《ひと》にしてこの病《やまい》あり。（雍也《ようや》編）

伯牛はどれほど感激したことか。涙にくれたであろう。おそらく誰も近寄らなかった時に、あるいは訪ねてきても面会を謝絶したであろう時に、先生がわざわざ見舞いにきて、しかも手を握って心から悲しんでくれたのである。この一節は、お供をした弟子の誰かが見て、感動のあまり書き記したに違いない。

◉苦境に陥っても乱れない

次は、政治に秀でた子路の逸話である。姓は仲、名は由、あざ名は子路。もとは遊侠《ゆうきょう》の徒、乱暴者で鳴らした。孔子を辱めようと門前に立って怒鳴り込んだが、初めて孔子に接するや、たちまち心服し、そのまま弟子となった。後に孔子に推されて衛に仕え、孔叔《こうしゅく》圉《ぎょ》※の宰として内乱に巻き込まれ、非業の最期を遂げた。その生涯は、中島敦《あつし》の名著『弟子』の中で生き生きと描かれている。

※冉有
［前522～前489］春秋時代の魯の人。字は子有。姓は冉、名は求。孔子より二九歳若かった。季氏の宰となったが専横を改められず、孔子に「仲間ではない。攻撃してもよい」と言われた。

※子路
七七頁参照。

※子游
［前506～?］呉（江蘇省）の人。姓は言、名は偃（えん）。魯に仕えて武城の長官となる。孔門十哲の一人。文学をもって著名。礼の精神を強調した。

※子夏
［前507?～前420?］衛の人（晋の人とも）。姓はト（ぼく）、名は商。孔門十哲の一人。文学に長じ、詩を習う。礼の形式を重視した。『詩経』『春秋』などを後世に伝えたといわれる。孔子の死後

さて、孔子は諸国流浪の途次、陳で包囲され、食料がなくなり絶体絶命の窮地に立った。お供の弟子たちは疲れ果て、誰一人立つことができないほどであった。向こう気の強い子路が腹を立て、先生に食らいついた。「君子でも、窮することがあるのですか」と。先生は「君子ももちろん窮する。しかし、小人は窮すると我を忘れてたちまち乱れる」と答えた。

陳《ちん》に在《あ》りて糧《りょう》を絶《た》つ。従者《じゅうしゃ》病《や》みてよく興《た》つことなし。
子路《しろ》慍《いか》り見《まみ》えて曰《いわ》く※、君子《くんし》もまた窮《きゅう》することあるか。
子《し》曰《いわ》く、君子《くんし》固《もと》より窮《きゅう》す。小人《しょうじん》窮《きゅう》すればここに濫《らん》す※。（衛霊公編）

子路はさすがに顔を赧《あか》らめ、弟子たちも肝に銘じたであろう。危機的状況に直面して泰然自若と振る舞えるかどうかは、日頃の心がけと修行によって決まる。平穏無事の時にはわからないが、ギリギリの急場に至って、人の正札の値打ちが顕れる。ごまかしは利かないのである。諸国流浪の旅の八年目、孔子六三歳の時、子路は五四歳であった。

◉無鉄砲な子路への苦言

孔子は、子路の勇気と果断と稚気を愛し、大国の宰相も十分に務まる器と評価しながらも、直情径行で思慮の足りない点をしばしばたしなめた。

は、魏の文侯に仕えた。

※孔叔圉
衛の名門の出で、諡は文。夫人が霊公の娘だったため、専横が多かったとされるが、孔子は部下の意見を聞いたなどの美徳を弁護している。孔子は衛公や孔叔圉に乞われて、子路を推して衛に仕えさせた。

※子路慍り見えて曰く
楚が孔子を登用したら、自国が危うくなると判断した陳・蔡の大夫たちは、追手を繰り出して孔子一行を原野に包囲した。行くに進めず、食糧は底を尽き、弟子たちは飢え、疲れはてて誰ひとりとして立ち上がれない。先生だけがいつものように悠々と、詩を講じ、琴を奏で、歌をうたっている。怒った子路が、先生に食ってかかった。

※濫す
乱れる。自暴自棄に陥る。

子路《しろ》曰《いわ》く、子《し》三軍《さんぐん》※を行《おこな》わば、則《すなわ》ち誰《だれ》と与《とも》にせん。
暴虎《ぼうこ》馮河《ひょうが》※、死《し》して悔《く》いなき者《もの》は、吾《わ》れ与《とも》にせざるなり。
必《かなら》ずや事《こと》に臨《のぞ》みて懼《おそ》れ、謀《はかりごと》を好《この》みて成《な》さん者《もの》※なり。（述而編）

子路が問うた。「先生が大軍を率いるとしたら誰とともにしますか」と。弟子は数多いが、自分をおいてほかにはいないはずだと胸を張ったのである。孔子は次のように答えた。「虎に素手で対決し、大河を歩いて渡るなど、死んでも悔いないような無鉄砲な者とは一緒にやらない。行動をともにするのは、事にあたって必ず懼《おそ》れを知り、慎重に計画を練って成し遂げようとする者だ」と。

子路の行く末に心を砕いた孔子は、閔子騫・子路・冉有・子貢ら愛弟子たちに囲まれた座談の中で、「由（子路）のような男は、まともな死に方はできないだろう」（先進編）と漏らしている。後年の不幸※を予言した一節と読める。

よき師を得ることは、人生の一大事である。弟子を知ること師にしくはない。『論語』は、個性豊かな弟子一人ひとりに対する個別指導の収録でもある。孔子塾の雰囲気が目に浮かぶようではないか。

※三軍
「おおきな大名のくにの軍隊編成であって、一軍は一万二千五百人、三軍はその三倍の三万七千五百人」（吉川幸次郎監修『論語』）

※暴虎馮河
虎に素手のまま立ち向かう、徒歩で大河を渡る。血気の勇にはやること。向こうみず、無謀な行為。

※謀を好みて成さん者
計画性があって、計画を成功させる者。

※後年の不幸
衛に仕えたが、反乱の鎮定で殺されたこと。

昼寝をして大目玉

『論語』には神がかりなところが全くない。ある種の集団にある、異常な熱狂とも無縁である。原典に接する限り、強い意志と行動には心を打たれるが、諸事きわめて常識的なのである。従って、師弟の対話もいたって平易であり、今にそのまま通ずる親しみ深さと、時に厳しさに満ちている。

◉子、怪力乱神を語らず――山本七平氏

さて、三〇年ほど前、『論語の読み方』（文藝春秋）の著者山本七平※さんが、神田で少人数の夜の論語教室を開いたことがある。早速通い出した私はある日、「子、怪力乱神を語らず」（述而編）のところで、かねての疑問をぶつけた。「儒教は宗教でしょうか」と。答えは「そうは思わない」と明快であった。

山本さんは、俗解の大切さを語った。「俗解」とは俗人の解釈である。自分の人生の岐路に直面した時に、『論語』などの古典を通じて解決の鍵を得ようとするものである。自分自身の解釈を持ちなさいという心に残る教えであった。優れた古典は読めば読むほど、

※山本七平
［1921～1991］出版人、評論家。フィリピンで捕虜となり、復員。昭和33（1958）年聖書関係書を刊行する山本書店を設立。昭和45年（1970）に出版したイザヤ・ベンダサン著・山本訳『日本人とユダヤ人』がベストセラーに。独自の日本人論を展開する自著を刊行し、菊池寛賞を受ける。『論語の読み方』は昭和56年（1981）刊行。

歳を取り経験を積むほど味わいが深くなる。漢学者の著作は、言葉の由来や背景を知るには欠かせないが、読んで最も心にしみるのは、『論語』を手に人生を生き切った人の言葉である。経済人、渋沢栄一の『論語講義』や、民法学者穂積重遠※の『新訳論語』が、今も多くの人の心を捉えている理由であると思う。

孔子は天命や祖先を敬うことの大切さを語っても、鬼神、すなわち怪異現象や神秘の世界、さらには生死などの問題には深入りしなかった。

季路《きろ》、鬼神《きしん》に事《つか》えんことを問《と》う。
子《し》曰《いわ》く、未《いま》だ人《ひと》に事《つか》うること能《あた》わず、いずくんぞ能《よ》く鬼《き》に事《つか》えん。
曰《いわ》く、敢《あ》えて死《し》を問《と》う。曰《いわ》く、未《いま》だ生《せい》を知《し》らず、いずくんぞ死《し》を知《し》らん。（先進編）

子路が神霊への仕え方を質問したところ、先生は、「人に仕えることができないのに、どうして神霊に仕えることができようか」と答えた。さらに死については、「生を知らない者が、どうして死がわかろうか」と答えたのである。

◉昼寝をして大目玉をくった宰予

温良恭謙譲と評され、いつも悠々としてにこやかであった孔子が、本気で腹を立てたと

※**穂積重遠**
［1883〜1951］法学者。東京帝国大学教授。最高裁判事。家族法が専門で、封建的家父長制を批判した。著書に『親族法』『相続法』など。

思われる一節がある。

宰我※が引き起こした事件である。名は予という。四科十哲の一人、子貢と並んで、理屈が立ち雄弁であるが、それだけに先生から叱られることが多かった。口は達者でも、行動が伴わないというのである。その極めつきが、昼寝をして先生を怒らせた一幕である。

宰予《さいよ》昼寝《ひるい》ぬ。子曰《しいわ》く、朽木《きゅうぼく》※は雕《ほ》るべからず。糞土《ふんど》※の牆《しょう》※は杇《ぬ》るべからず。予《よ》においてか何《なん》ぞ誅《せ》めん。子曰《しいわ》く、始《はじ》め吾《わ》れ人《ひと》におけるや、その言《げん》を聴《き》きてその行《こう》を信《しん》ず。今《いま》吾《わ》れ人《ひと》におけるや、その言《げん》を聴《き》きてその行《こう》を観《み》る。予《よ》においてか是《こ》れを改《あらた》む。（公冶長編）

先生は語った。「腐った木は彫ることができない。ボロボロの土の垣根には上塗りができない。宰予に今さら何を叱ろうか、お手上げだ」と。さらに付け加えて、「以前の私は人に対して、言葉を聴けば行いも信じた。だが今は言葉を聴いても実際の行いまで観察する。宰予のことで、そう改めたのだ」と。

これ以上の叱責《しっせき》があろうか。昼寝ぐらいで、なぜ温良な孔子がこれほどまでに怒ったのか。ただの昼寝ではあるまい、授業に遅れたのか、それともサボったのか。約束を破って人に迷惑をかけたのか。公の仕事に穴を開けたのか。真相は謎である。昔からこの件は読者の想像力を大いに刺激するところで、議論が尽きないのである。

※宰我
三二頁参照。

※朽木
腐った木。

※糞土
汚い土。腐った土。

※牆
石、土やれんがなどで築いたへい。

◉言葉よりも行動を

言葉よりも行動を重んずること。『論語』に一貫する人物判定の基準である。子貢との間に、君子を巡る次の問答がある。

子貢《しこう》、君子《くんし》を問《と》う。
子曰《しいわ》く、先《ま》ずその言《げん》を行《おこな》い、而《しか》して後《のち》にこれに従《したが》う。※（為政編）

先生は、「言いたいことがあっても、まず実行してからにするのが君子だ」と教えている。子貢も言葉が先行しがちのため、宰予ほどではないが、先生からしばしばたしなめ諭される場面があった。

こうしたやりとりを見ていると、後進を育てるには、常にマン・ツー・マンの個別指導が必要であることを痛感する。十把一絡げというわけにはいかない。会社で若者に対するのも、寺子屋で子どもたちに接するのも同じだと思う。

※而して後にこれに従う
その後に言葉が行動を追う。

まずやってみなさい

孔子が弟子の特徴や性格を、一人ひとり的確に把握していたことには驚くほかはない。やり過ぎるタイプには抑え気味に、引っ込み思案の者には励ますように教える。同じ質問を受けても、相手次第で答えが自由自在に変わる。

孔子塾の師弟は、大教室での先生対多数ではなく、常にマン・ツー・マンの関係があったことがうかがえる。ただしカウンセラーのような個人指導とは限らず、ほかの弟子が問答を傍らで聞いているような情景も、決して珍しくはなかった。

◉過ぎたるはなお及ばざるがごとし

高弟の子貢が、ある時孔子に質問した。二人の弟弟子の優劣を比べ、どちらが優れているかと問うたのである。人口に膾炙《かいしゃ》する有名な一節である。師とは子張※の名、商は子夏※の名。

子貢《しこう》問《と》う、師《し》と商《しょう》とはいずれか賢《まさ》れる。
子曰《しいわ》く、師《し》や過《す》ぎたり、商《しょう》や及《およ》ばず。

※子張
［前503?～?］孔子の弟子。姓は顓孫（せんそん）。孔子より四八歳若く、孔子門下最年少ともいわれる。容貌が優れ、礼法に詳しかった。

※子夏
一三二頁参照。

曰《いわ》く、然《しか》らば則《すなわ》ち師《し》や愈《まさ》れるか。
子《し》曰《いわ》く、過《す》ぎたるはなお及《およ》ばざるがごとし。（先進編）

高弟の子貢が師と商とはどちらが上かと尋ねたところ、先生は「師はやり過ぎている。商はやり足りない」と答えた。「それでは師の方が商よりも優っていますか」と聞くと、「やり過ぎは、やり足りないのと同じようなもの」と答えた。どちらも中庸を得ていないから不十分、というのである。

子張は孔子より四八歳若く、性格は積極的でゆき過ぎの嫌いがある。別の所で孔子は、「師や辟《へき》※」（先進編）、則ちうわべを飾ると評している。一方の子夏は、孔子より四四歳若く穏やかな人柄で、「文學には子游、子夏」と十哲の一人に数えられた。同年配の対照的な弟子であったようだ。

◉人を批評する暇はない

子貢は、よほど怜悧《れいり》な頭脳の持ち主であったに相違ない。人の優劣を比較して、談ずる僻があった。これに対し孔子は、次のような注意を与えている。「方《くら》ぶ」とは、比較すること。

子貢《しこう》人《ひと》を方《くら》ぶ。※

※辟
「『辟』とは人べんをつけた僻、病だれをつけた癖、と意義を連関させる字であり、奇矯、誇張を意味する」（吉川幸次郎監修『論語』）

※子貢人を方ぶ
子貢は他の人物の比較批評を好む性癖があった。

子《し》曰《いわ》く、賜《し》や賢《けん》なるかな。夫《そ》れ我《われ》は則《すなわ》ち暇《いとま》あらず。（憲問編）

先生は「賜（子貢）は、何と賢いことだ。私には人を比較するような暇はない」と語った。人物の優劣を論ずるのは、自分の修養が十分にでき上がった人のすることである。私はまだ修養中の身だから、とても人を比較する余裕はないと孔子自らが言うのである。これには、さすがの子貢も恥じ入ったことであろう。

◉やらずに諦めてはいけない

冉有という、孔子よりも二九歳若い弟子がいる。名は求。孔門十哲の一人で、「政事には冉有・季路」と称された。魯国の最有力貴族、季氏の執事を務めた人物である。次のような師弟問答がある。

冉求《ぜんきゅう》曰《いわ》く、子《し》の道《みち》を説《よろこ》ばざるには非《あら》ず。力足《ちからた》らざるなり。子《し》曰《いわ》く、力足《ちからた》らざる者《もの》は中道《ちゅうどう》にして廃《はい》す。今女画《いまなんじかぎ》れり。※（雍也編）

冉有は、「先生の道を悦ばないのではありません。自分の力が足りないために、従うことができないのです」と訴えた。これに対し先生は、「本当に力が足りないかどうかは、やっ

※画る
あらかじめ限界を決める。見切りをつける。

てみなければわからない。やるだけやってみて途中で力及ばないことを知ることはあっても、やる前から諦めたのでは、やれることもやれはしない。君は能力がありながら、自分で自分を限定している。進んで実行する心を持ちなさい」と諭したのである。

◉弟子それぞれ

孔子は季康子※から、子路（由）、子貢（賜）、冉有（求）の政治能力について問われたことがある。孔子は三者の長所を挙げ、「由や果」「賜や達」「求や芸」（雍也編）と答えた。子路は果断である。子貢は事理に通達している。冉有は多方面の才能がある。だから皆、立派に政治をやれるというのである。冉有は芸の人といわれるだけに、引っ込み思案のところがあったのであろうか。右の対話にある通り、ほかの二人と比べて線が細いように私には見える。

『論語』に記された人々の言動は千差万別ながら、現代社会の中にも同じ類型を見出すことができる。二五〇〇年前と今と、似たような人間模様がある。とりわけ孔子の師弟問答は、部下を育てることに日夜腐心している経営者・管理者に、有益なヒントを与えてくれるだろう。『論語』に限らず、歴史書をはじめとする古典一般は、現在を映す鏡のように思えてならない。

※季康子
七三頁参照。

過ちはすぐに改めよう

誰でも過ちを犯す。人は完璧ではないので、避けることはできない。問題は、過ちに気づいた時にどうすればよいかである。『論語』は、こうした凡人の日常のありようについて、実に懇切丁寧な、機微をつく答えを用意している。

◉過ちは改めればよい

子曰《しいわ》く、忠信《ちゅうしん》を主《しゅ》とし、己《おのれ》に如《し》かざる者《もの》を友《とも》とすること無《な》かれ。過《あやま》てば則《すなわ》ち改《あらた》むるに憚《はばか》ることなかれ。（子罕《しかん》編）

一番基本となる言葉である。先生は説く。

「誠実であることをいつも心がけ、自分よりも劣った人を友とせず、優れた人を友として学びなさい。自らの行動に過ちがあれば、ぐずぐずしないで改めなさい」と。同じ言葉が学而編にも登場する。孔子はいつも気がかりで、折々に語っていたに相違ない。失策を人に知られたくない思いが強いと、改める時を失い、問題が大きくなる。言い訳を重ね、それが嘘の上塗りとなれば、取り返しがつかなくなるであろう。

◉改めないことが本当の過ちである

子《し》曰《いわ》く、過《あやま》ちて改《あらた》めざる、これを過《あやま》ちと謂《い》う。（衛霊公編）

孔子は念を押して言う。「過ちをしたら、すぐに改めればよい。改めないで言い訳をしたり、放置しておくことが本当の過ちなのだ」と。しまったと気づいた時に、ただちに改めれば傷は軽くてすむし、挽回《ばんかい》も容易である。世の中は善くできたもので、速い対応であれば人は許してくれるだけでなく、その率直さと正直さを観て、かえって信用を増してくれるであろう。

◉小人ほど言い訳が多い

子《し》夏《か》曰《いわ》く、小人《しょうじん》の過《あやま》つや必《かなら》ず文《かざ》る。（子張編）

ここで弟子の子夏が放った警句は、鋭く肺腑《はいふ》を抉《えぐ》る。つまらない人間ほど、失策した時の言い訳が多い。過ちを認めたくないため、言葉を飾り、悪いのは相手や環境であって自

★「お爺ちゃんの論語塾」雑感⑥
私が主宰する寺子屋「お爺ちゃんの論語塾」では、小学生に対し「間違えたと気がついたら、すぐにゴメン！　と言うのだよ」と教えている。子どもたちは素直だから、「わかった！」と元気に答える。大人になると、どうして同じようにできないのかと、自己反省をこめていつも思う。

分ではないと言い募る。

これは現代企業の危機管理にも通ずる。例えば製品事故が発生した事件で、経営者の示した言動を観ればよい。一方では、逃げずに正直に、諸事オープンに、一挙にリコールして、信用を回復した会社もある。反対に、見苦しい自己弁護を重ね、情報公開を小出しにし、信用を失い、会社を破綻に追い込んだケースもあるのだ。

◉過ちをなくす難しさ

過ちをなくすことがいかに難しいかを、孔子は熟知していた。

子《し》曰《いわ》く、已《や》んぬるかな。吾《われ》いまだ能《よ》くその過《あやま》ちを見《み》て、内《うち》に自《みずか》ら訟《せ》むる者《もの》を見《み》ざるなり。（公冶長編）

「もうどうにもならないなあ。自分の失策を見て、深く内省し、自らを厳しく責めるような人物を見ることがない」と慨嘆している。しかし、夭折《ようせつ》した顔淵だけは例外で、許すところがあった。学問の好きな弟子は誰かと魯の哀公《あいこう》※に問われ、答えた一節である。

孔子《こうし》対《こた》えて曰《いわ》く、顔回《がんかい》なる者《もの》あり、学《がく》を好《この》む。怒《いか》りを遷《うつ》さず。過《あやま》ちを弐《ふた》たびせず。不《ふ》

※哀公
［?〜前468］魯の第二五代の王。一〇歳ほどで即位。在位二五年におよび、孔子を重用しようとしたが、ついに採用できなかった。力をふるっていた三桓（さんかん＝桓公から分かれた三つの分家）に国を追われた。

幸短命《こうたんめい》にして死《し》す。今《いま》やすなわち亡《な》し。（雍也編）

「学問を好んだのは顔回である。怒りをほかに転化せず、過ちを繰り返さなかった。不幸、短命であった。今やほかに匹敵する者はいません」と答えたのである。

◉平生の心がけ

当時名望の高かった衛の大夫※蘧伯玉《きょはくぎょく》※が、使者を孔子に送った時のこと。先生はいかにお暮らしかと孔子が尋ねたところ、使者は答えた。

対《こた》えて曰《いわ》く、夫子《ふうし》はその過《あやま》ちを寡《すく》なからんと欲《ほっ》して、いまだ能《あた》わざるなり。使者出《ししゃい》ず。
子曰《しいわ》く、使《つか》いなるかな、使《つか》いなるかな。（憲問編）

「わが主は自らの過ちを少なくしようと望みながら、まだできないでおります」と。使者が退出すると、孔子は「見事な使いだ」と繰り返し感嘆した。この主にしてこの家来あり、味わい深い問答※ではないか。

人に真の自信があれば、自らの過ちを隠すことはあるまい。そうした上長がいれば、職場の風土は一変する。部下は、上長を見習って育つからである。

※大夫
卿（きょう＝貴族）に次ぐ身分。春秋時代は、卿↓大夫↓士↓民の身分に分かれていた。

※蘧伯玉
衛の大夫。蘧は姓、名は瑗（えん）。伯玉は字。孔子はその出処進退を明らかにする態度を「君子なるかな」と褒めている。詳しくは二三〇頁以下参照。

※味わい深い問答
蘧伯玉の謙虚で真摯な暮らしぶりと、それを尊敬の眼で見つめる直近の家臣の思いが、問答を通して自ずから伝わってくるようである。

酒は飲んでも呑まれるな

酒は百薬の長だが、飲み過ぎると百害となる。健康を害するだけでなく、家族や友人に迷惑をかけ、取り返しのつかない失態を演じることさえある。酒席でのよいマナーは、人が一人前になるための必要条件ともいえよう。『論語』はこの点で、孔子と酒をテーマに生きた教訓を伝えている。

◉いつからいわれるようになったか

さて、社会人になった五十数年前を振り返ると、先輩や上司から赤提灯に誘われては、「酒は飲んでも、呑《の》まれるな」と説教されたことを思い出す。限界をわきまえよ、人に迷惑をかけるなという意味に理解し、社会勉強の第一歩だと納得しながら、遠慮なくご馳走《ちそう》になったものだ。その先輩たちもかつては同じ経験をしたというから、代々長く受け継がれてきた教訓に相違ない。

では、この説教は一体いつ頃から始まったのか。昭和の戦後、とくに高度成長が始まった頃か、維新の動乱が落ち着いた明治時代か、戦国が終わり平和となった江戸時代か、あるいはそれよりもっと前だろうか。

「リーダーシップ」をテーマとする講演会で、四〇～六〇歳代の一〇〇人余の聴衆にこの質問を試み、四つの時代区分に挙手で答えてもらったことがある。大まかには戦後六割、明治三割、江戸一割、その前はほとんどゼロであった。現代のサラリーマン社会が定着した頃、という答えが大勢を占めたのである。

ここで、『論語』の次の二つの言葉に目をとめて頂きたい。説教の起源に辿《たど》り着いたと思ったのだが、どうであろうか。この推理が当たっているなら、江戸時代はおろか、二五〇〇年前から語り継がれてきたことになる。だらしない酒飲みは、昔からいた証拠ともいえる。

◉飲んでも乱れない

ただ、酒《さけ》は量《りょう》なし、乱《らん》に及《およ》ばず。（郷党編）

子曰《しいわ》く、酒《さけ》の困れ《みだ》をなさず。（子罕編）

郷党編では、孔子の暮らしぶりが事細かに描写されている。弟子たちの目に映った先生は、「酒はいくらでも飲むが、乱れることがない」のである。子罕編では、自ら「酒で人を困らせることはない」と語っている。酒は控え目にしたから、乱酔しなかったのではない。大酒を飲んでも乱れなかったのである。人類の教師と今も仰がれる人が、身長二メートルと伝わる巨躯《きょく》をくずさず、端然として飲み続ける姿が目に浮かぶ。それにしても、よほどの酒豪振りではあった。

この郷党編の一節は、孔子の食生活を記した箇所に現れる。孔子は衛生観念の発達した人で、七三歳までの長寿は偶然ではなかった。飯や魚肉の色が変わり臭いが悪くなったものは食べない、煮かたのよくないものや季節外れは食べない、肉は食べ過ぎない、添えられた生姜《しょうが》は残さないなどと記されている。その上で、「ただ、酒は量なし、乱に及ばず」が登場するのである。

◉師の平生を見習う弟子たち

弟子たちは、教室で詩書礼楽を勉強し、褒められたり叱られたりしながら、先生の平素の生活態度に身近に接し、飾らないその姿から多くのことを学んだものと思われる。酒の飲み方もその一つである。

子《し》の燕居《えんきょ》するや、申申如《しんしんじょ》たり、夭夭如《ようようじょ》たり。（述而編）

子《し》は温《おん》にして厲《れい》、威《い》あって猛《たけ》からず、恭《きょう》にして安《やす》し。（述而編）

前にも挙げたが、どちらも孔子の人となりをよく伝えている。「寛ぐ時にはのびのびと、にこやか」であり、常に「温かく厳しく、威厳があるが強圧的ではなく、恭謙で安らか」であった。こうした平生の風格が、飲んでも少しも変わらなかったに相違ない。弟子たちはそのような師匠を見て、一心に見習おうと努めたであろうと推測する。「飲んで乱れる者は、士ではない」という暗黙の理解が、そこから広がり後生に長く伝えられたとしても不思議ではない。士とは真のリーダーであって、才徳兼備であれとするのが孔子の士論の根本にある。既述の通りである。

子どもは親の背中を見て育つという。親が影響を与えるのは、一〇〇の説教よりも常々の行動や習慣で、子どもは素直に模倣する。大人になって、弟子が師匠に学んで衣鉢を受け継ぐプロセスも、同じなのではないだろうか。育てる側に本気と覚悟があり、かつ、ありのままの自分をさらけ出して恥じない自信がなければ、人が育つことはあり得ないと私は思う。

下に問うことを恥じない

だんだん歳を取り、立場が上がるにつれて、人に物を問うことが億劫《おっくう》になる。師と仰ぐ人ならともかく、自分よりも若い者、とりわけ部下に対して、教えて欲しいとは口に出せなくなるものだ。その心理を分析すれば、こんな簡単なことも知らないのかと馬鹿にされるような気がする。日頃は教え導く立場にいることから、沽券《こけん》にかかわると思うからであろう。こうした凡人の心の動きに対して、『論語』はなかなか味のあるアドバイスをしてくれる。

◉下問を恥じず

子貢《しこう》問《と》うて曰《いわ》く、孔文子《こうぶんし》※、何《なに》を以《もっ》てかこれを文《ぶん》と謂《い》うや。

子曰《しいわ》く、敏《びん》にして学《がく》を好《この》み、下問《かもん》を恥《は》じず。ここを以《もっ》てこれを文《ぶん》と謂《い》うなり。（公冶長編）

本書でもしばしば登場する高弟、秀才で大実業家でもある子貢が先生に質問をした。「衛の国の大夫である孔文子（孔叔圉《こうしゅくぎょ》）は、死後どうして文という名誉あるおくり名を得たの

※孔文子
孔叔圉（一三三頁）を参照。

でしょうか」と。孔子は、「俊敏で学問を好み、しかもわからないことがあれば、目下の者にも問うことを恥じなかった。だから文と讃《たた》えられるようになったのだ」と答えた。

二五〇〇年前の昔も、目下の者に教えを乞うことは容易ではなかった。だからこそ、どんなに偉くなっても謙虚さを失わず、学び続け、人に問うことを少しも恥ずかしいとは思わない度量に対して、人々は心から敬意を表し、文という最高級の名を死後に贈ったのである。

孔子自身も同じように、躊躇《ちゅうちょ》なく物を問う人であった。

◉事ごとに問う

子《し》、大廟《たいびょう》※に入《い》りて事毎《ことごと》に問《と》う。あるひと曰《いわ》く、たれか鄹人《すうひと》の子《こ》※、礼《れい》を知《し》れりと謂《い》うや、大廟《たいびょう》に入《い》りて事毎《ことごと》に問《と》う。子《し》これを聞《き》きて曰《いわ》く、これ礼《れい》なり。（八佾《はちいつ》編）

一国の霊廟《れいびょう》で正しく儀式を行うことは、当時最も重要な政治的行事であった。孔子は礼式の体得者として評判が高く、若くして魯国に用いられたのであるが、ここには初めて仕事をした時の模様が描かれている。

魯の始祖である周公の廟に入って式典の準備を始めた時、孔子は周りの人々にいちいち

※大廟
国の始祖の霊廟。ここでは、魯の周公旦をまつった廟。

※鄹人の子
鄹は魯の一村で、孔子の父叔梁紇（しょくりょうこつ）は、その村長を務めた武人とされる。孔子は幼少の時に父を失い、母とともに貧しい少・青年時代を送ることになった。

そのやり方を質問し、確かめながら仕事を進めた。それを見た人が、「誰が鄹人《すうひと》の子は礼を知っていると言ったのか。人に聞いているばかりだ」と批判した。これを耳にした孔子は、「何でも問うことこそが礼である」と答えたのである。なかなか機知と含蓄に富んだやりとりではないか。

「大廟に入りて事毎に問う」という言葉は、郷党編にも現れる。『論語』を編纂《へんさん》した弟子たちには、よほど心に残る場面であったのだろう。そして、たとえ熟知している事柄でも、時に人に問うことの大切さを学んだに相違ない。

◉知っていることと、知らないこと

孔子が愛弟子の子路に対し、「知る」ことの意味について語った言葉がある。子路は孔門十哲に算えられた人で、名は由《ゆう》という。

子曰《しいわ》く、由《ゆう》よ、女《なんじ》にこれを知《し》ることを誨《おし》えんか。これを知《し》るをこれを知《し》ると為《な》し、知《し》らざるを知《し》らざると為《な》す。これ知《し》るなり。

（為政編）

子路は政治家として活躍したが、直情径行で勇み足があるため、先生から時折たしなめられることがあった。先生は、「由よ、君に知るということを教えようか。知っていることは知っているとし、知らないことは知らないとする。それが本当に知るということだ」と諭したのである。

知ったかぶりの天狗《てんぐ》の鼻は、これでペシャンコに折れてしまった。子路だけのことではあるまい。現代のように、インターネットなどで情報が氾濫している時代に生きる者にとっても、身に迫る頂門の一針となった。

現代は情報過多の時代である。しかも変化のスピードが速い。企業経営者は情報を取捨選択し、よほど深く考え続けていかなければ、進路について正しい判断を見失う。最後の判断は自ら下すのがトップの責任であるが、その過程では部下の意見に耳を傾けることが必要である。面子を忘れて、日頃から知らないことは遠慮なく問う。それは、部下を育てる最高の教育の場ともなるのではないだろうか。

忠と恕――打てば響き合う師弟

若い時に生涯の師に出会うことほど、人生の幸せはあるまい。知識だけでなく見識を学び、全人格的な影響を受けて、とことん見習いたくなる人、それが真の師である。何事かを成し遂げた人物は、例外なく心服する師を持った。歴史は、その実例に事欠かない。

◉歴史を動かした出会い

明治維新の原動力となった吉田松陰※と長州の志士たち、島津斉彬《なりあきら》※と西郷隆盛、勝海舟と坂本龍馬《りょうま》など。鎌倉時代では、元寇《げんこう》を迎え撃つ北条時宗に対し「莫《まく》煩悩」、煩悩するなかれと教示した無学祖元※禅師、宋《そう》の如浄禅師とその衣鉢を継いだ道元※、さらには法然※上人と親鸞《しんらん》※など。現代でも、優れた師弟関係が人を育て、後世によきものを継承するもとになっていることに変わりはない。

『論語』には、麗しい師弟関係が数多く記されている。いくつかは紹介ずみだが、今回は曾子《そうし》を取り上げたい。

※吉田松陰
［1830～1859］幕末の尊王論者。長州藩士。欧米遊学を志し、ペリーの船で密航を企てたが失敗して入獄。出獄後、萩の松下村塾で、高杉晋作、伊藤博文らの多くの尊王攘夷の指導者、明治維新の功績者を育成した。安政の大獄で刑死。

※島津斉彬
［1809～1858］江戸末期の薩摩藩主。開国・殖産興業を幕府に提言。洋式兵備の充実につとめ、反射炉や日本初の軍艦を建造した。殖産興業では紡績機械を輸入した。将軍継嗣問題にあたり、西郷隆盛らをもちいて一橋慶喜を擁立して井伊直弼と対立。幕政改革は挫折、病死した。

◉顔淵と曾子

孔門三〇〇〇人の弟子の中で、孔子が最も信頼し、後継者として期待したのが顔淵であった。しかし、願い空しく顔淵は四一歳で夭折し、孔子は「天、予《われ》を喪《ほろ》ぼせり」（先進編）と嘆き慟哭した。七〇歳の時である。

曾子は孔子より四六歳若く、姓を曾、名を参《しん》という。俊才の多い門下中あまり目立つ存在ではなく、先生に「参や魯《ろ》※」（先進編）、のろまと評されたこともある。しかし、曾子は徳行の人として、生涯を通じて孔子の教えを実践し、後に四書の一つ『大学』や、『孝経』を著したとされる。最晩年になって、孔子はようやく若い後継者を得たのである。

孔子が死の前年七二歳の時に、二六歳の曾子と交わした問答がある。

◉まごころと思いやりと

子《し》曰《いわ》く、参《しん》よ、吾《わ》が道《みち》は一《いつ》以《もっ》て之《これ》を貫《つらぬ》く。
曾《そう》子《し》曰《いわ》く、唯《い》※。子《し》出《い》ず。
門人《もんじん》問《と》うて曰《いわ》く、何《なん》の謂《い》いぞや。
曾《そう》子《し》曰《いわ》く、夫子《ふうし》の道《みち》は忠恕《ちゅうじょ》※のみ。（里仁編）

※無学祖元
［1226〜1286］鎌倉時代、南宋から来日した臨済宗の僧。弘安2年（1279）北条時宗の招きで来日。建長寺に住み、円覚寺を開山した。当時、日本と元の間が緊迫していたが、時宗や鎌倉武士たちに禅による精神鍛練を指導。臨済宗の基礎を確立した。数年の滞在予定だったが、中国の政情不安もあり終生日本にとどまった。

※道元
［1200〜1253］鎌倉前期の禅僧。曹洞宗の開祖。内大臣久我通親の子。比叡山で学ぶ。貞応2年（1223）宋に留学。天童山住持の天童如浄に弟子入りし、三年間厳しい教導を受けた。安貞元年（1227）に帰国。京都に興聖寺を、越前に永平寺を開いた。主著『正法眼蔵（しょうぼうげんぞう）』には、道元禅の真髄が語り尽くされている。

孔子が教室で曾子に対し、「参よ、私の道は終生一つのことで貫かれている」と語った。曾子は「はい」と返事をしたが、同室の門人たちには、以心伝心の問答の意味がさっぱりわからない。孔子が部屋から出た後で、「どういう意味か」と尋ねたところ、曾子は答えた。「先生の道は、忠恕《ちゅうじょ》のみで一貫している」と。

忠はまごころ、恕は思いやりの意である。忠と恕を合わせて、孔子が最も大事にした徳目である「仁」※を指す。曾子がいかに師の教えに傾倒し、深く学んでいたかがわかる場面である。

◉一以て之を貫く

一以貫之の語は、子貢との問答にも現れる。どのような道でも最高の域に達するには、一つのことを貫く決心と実行が欠かせない。まさに終始一貫である。

子曰《しいわ》く、賜《し》や、女予《なんじわれ》を以《もっ》て多《おお》く学《まな》びてこれを識《し》る者《もの》となすか。
対《こた》えて曰《いわ》く、然《しか》り、非《ひ》なるか。曰《いわ》く、非《ひ》なり。
予《われ》は一《いつ》以《もっ》て之《これ》を貫《つらぬ》く。（衛霊公編）

孔子は子貢の名を呼んで、「賜よ、君は私を多く学んで知識を蓄えた者と思うか」と問う。

※法然
［1133〜1212］平安末期の浄土宗の僧。比叡山で天台宗や諸宗を学び、安元元年（1175）、口に仏の名をとなえ、心の内に仏を念ずる「称名念仏」に専念する立場を確立し、浄土宗を開いた。著に『選択本願念仏集』など。

※親鸞
［1173〜1263］鎌倉初期の僧。浄土真宗の開祖。二九歳の時、法然の念仏の教えに心酔して弟子となった。承元元年（1207）、念仏僧の風紀問題に端を発し、法然らが流刑になった際、親鸞も流された。浄土真宗を開き、阿弥陀による万人救済を説いた。著に『教行信証』『愚禿鈔（ぐとくしょう）』などがある。

※魯
「『魚（にぶい動物の代表＋曰（ものいう））』で、言行が魚のように大まかで間ぬけであること」（『漢字源』）

子貢は「そうです。違いますか」と答えた。そこで、師は「違うのだ。私は一つのことをずっと貫いてきたのだ」と語ったのである。

そして、次の問答は、右の内容を補っている。

子貢《しこう》問《と》うて曰《いわ》く、一言《いちごん》にして以《もっ》て終身《しゅうしん》これを行《おこな》うべきものありや。子曰《しいわ》く、それ恕《じょ》か。己《おのれ》の欲《ほっ》せざる所《ところ》、人《ひと》に施《ほどこ》すことなかれ。（衛霊公編）

子貢の問い「一言で一生をかけて行うべきことをお示しください」に対し、孔子は、「それは恕、すなわち思いやりだ。自分の望まないことを、人にしむけてはならない」と答えたのである。曾子との問答に通じている。

「お爺ちゃんの論語塾」は開設以来、二〇一九年九月で通算二三〇回を超えた。素読・暗誦という、寺子屋の再現である。『論語』『実語教』『大学』を終え、今は『中庸』に入っている。今回紹介した曾子との師弟問答は、子どもたちが大好きな一節である。「ソウシイワク、イ」の語にリズムがあって、大きな声で「イッ！」と叫ぶ。忠恕や師弟関係の意味もわかり、先生や親、友人とのことにも想像が広がるようである。七八歳の爺ちゃん先生は、教えながら教えられることが多い。

※唯
相手のことばに謹んで従うことを表わす返事のことば。はい。（『日国』）

※忠恕
自分の良心に忠実であることと、他人に対して思いやりの深いこと。忠実で同情心に富むこと。（『日国』）

※仁
思いやり。いつくしみ。なさけ。特に、儒教における最高徳目で、他人と親しみ、思いやりの心をもって共生（きょうせい）を実現しようとする実践倫理。（『大辞泉』）

第四章

自分を磨く――『大学』に学ぶ

日々新たに

四書五経の一つ『大学』は、江戸時代の寺子屋で子どもたちが、初めに必ず習うテキストであった。二宮金次郎が、薪を背負って歩きながら読んでいる本である。私の主宰する寺子屋「お爺《じい》ちゃんの論語塾」でも、『論語』と『実語教』を終えた後はこれに取り組んだ。小学校一年生から高校一年生まで、時に上の子が下の子を教えながら、素読と暗誦《あんしょう》を繰り返している。

『大学』は、曾子《そうし》とその弟子たちが孔子の亡きあと、その教えをもとに編纂《へんさん》したと伝えられている。味わい深い名言をいくつか取り上げ、順次参究したい。

◉日に新たなり

湯《とう》※は、夏※王朝の暴虐無道であった桀《けつ》を倒し、殷《いん》※王朝を開いた君主である。紀元前一四〇〇年頃のことであった。

湯《とう》の盤《ばん》の銘《めい》に曰《いわ》く、苟《まこと》に日《ひ》に新《あら》たに、日日《ひび》に新《あら》たに、又日《またひ》に新《あら》たなりと。

※湯
殷王朝の創始者。暴政で民心が離反した夏王の桀を亡ぼした。河南地方を都とし、名臣伊尹を用いる。生没年未詳。

※夏
中国最古の伝説的な王朝。始祖禹（う）が舜の禅譲（ぜんじょう）を受けて位につき、前後四七一年間続き、第一七代桀王の時、殷の湯王に滅ぼされたとされる。しかし現在までそれを実証する遺物、遺跡は現われていない。（『日国』）

※殷
紀元前一〇二七年（諸説あり）まで黄河下流域に栄えた中国最古の実在の王朝。王都の名から商ともいう。伝説上の夏王朝、次の周王朝とともに三代と総称される。（『日国』）

湯王は、水盤に右記の一文を刻印し、毎朝洗面のつど盤の文字を読み、心を洗い浄め、処世の戒めとし、為政者としての日々を過ごしたのである。

「日新」という言葉が三回繰り返される。リズミカルで、常に新しくあれというメッセージが心に強く迫ってくる。一度聴いたら忘れられない。白川静の『常用字解』によれば、新とは選ばれた木を斤《おの》で切り出すことで、「あたらしい・はじめ」という意味になったという。

どんなに高い地位に就いたとしても、日々の精進を忘れない謙虚な生き方をしなければ長続きはしない。位人臣を極めた時に、人は往々にして驕《おご》り高ぶって、多くの意見に耳を傾けなくなる。そして、いつの間にか唯我独尊の裸の王様と化す。本書でも記したように、『易経』でいう亢龍《こうりゅう》※となって、転落していくのである。

若い時に立てた志をいつまでも保持し、日日に新たにと自らに言い聞かせ、孜々《しし》として※実行する人物は、いつの世にあっても真のリーダーの名にふさわしいといえよう。昔から「初心忘るべからず」というが、続けることは決して容易ではないのである。

◉日新を生きた人——土光さんの日常

経団連会長から臨調会長に転じた土光敏夫さんは、「日新」を座右の銘とし、日々の生活の中で実践し続けた。そして、人から揮毫《きごう》※を求められれば、しばしば墨痕鮮やかに「日新、日日新」と書いて贈ったほどである。

※亢龍
九八頁参照。

※孜々として
学問、仕事などに熱心に励み、熱心につとめるさま。

※揮毫
書や絵をかくこと。「揮」はふるう、「毫」は筆の先。

土光さんは私が最も尊敬する人であるが、日々の暮らしぶりについては、直接目撃したわけではない。聞くところでは、未明には起きて仏前で読経し、庭で木刀の素振りをし、野菜の手入れをして、会社に向かうという生活であった。野菜の手入れは、主として週末の仕事だったかもしれない。なるべく夜の宴席は遠慮して、家で奥さんとともに質素な食事をし、寝る前には朝と同じように仏前で読経をしたという。土光さんは大変な読書家であったが、仏教と四書五経をはじめとする東西の古典と、経営現場での実践によって人格を錬磨したのではないかと思う。

◉本物のリーダーシップ

「メザシの土光さん」と親しまれたのは、一九八二年のNHKの放映がきっかけであった。こういう質朴な人がやっている臨調ならば、皆で応援しようという国民のコンセンサスが生まれ、至難とされた国鉄の民営化など歴史的な行財政改革が実現したのである。何事かを成し遂げるには、トップに立つリーダーの人格と識見が最後の決め手になる、これ以上にない例証となった。

読経し、独り坐《すわ》って沈思し、夜には一日を反省し、朝には今日一日に過ちなからんと決意を新たにする。八〇歳を過ぎてもなお、一日を終えては深く内省の時を持ち、夜が明けては新しい気持ちで今日を迎えるという生き様に、私は心の底から深い感動を覚える。い

自宅の土光さん

株式会社東芝提供

つまでも消えない、本物の若さがそこに輝いているではないか。

◉志を追う

偉大な人の事績は、誰しも真似ができるものではない。しかし、その人が目指した志や心の拠り所は、真似をしてでも追い求めることができる。その結果、自分なりの小さな世界において、同質の何事かを実現することができる。私にとって、土光さんはそういう人であった。年齢も立場も大きく異なったが、プリンシプルを学ぶお手本として身近な存在となったのである。

論語塾の子どもたちにも、いつの日か素晴らしい師匠に巡りあって欲しいと念願している。

独りを慎む

『大学』は、馴染《なじ》みの薄い現代人にはかなり難解だが、江戸時代の寺子屋では、六、七歳の初学の子どもらがやすやすと読みこなした。

素読・暗誦だけではない。古典の根底にある価値観、すなわち「人にとって何が大切か」についても、しっかりと理解吸収したに相違ない。「お爺ちゃんの論語塾」を主宰して、私はそう思う。

例えば忠恕《ちゅうじょ》（真心と思いやり）の大切さについて、今の子どもたちも素直に受け止めて疑わない。問題はむしろ大人の側にあり、年月とともにいつの間にか貴重な宝物を見失ってしまったのではないだろうか。

さて、ここからは「慎独」を取り上げたい。

◉独り、静かな時間を持つ

君子《くんし》は、必《かなら》ずその独《ひと》りを慎《つつし》むなり。
小人間居《しょうじんかんきょ》※して不善《ふぜん》を為《な》し、至《いた》らざる所《ところ》なし。

※間居
独りでいること。閑居。

真のリーダーは必ず静かな独りの時間を大切にし、良心あるいは天命に照らして自らを省みる。つまらない者ほど独りになると、人目につかないことを幸い、事を企み、恥を知らないから何をしでかすかわからない。

「慎独」、すなわち独りを慎む※ことは、これまで何度か取り上げた。誰にも煩わされない時間を持ち、自心に照らし静慮することは、真のリーダーの条件として欠かせない。このように自らを厳しく律するプロセスを日常的に持たない人は、本当の強さを身につけることができず、いざ鎌倉という時に周章狼狽《しゅうしょうろうばい》するほかはないのであろう。

トップリーダーは孤独だというが、その孤独を克服して難問を解決するにはどうすればよいか。課題に真正面から立ち向かうことは当然だが、それだけでは足りない。平生から静かな時間を持ち、自分を見つめ、慎独の工夫を続け、見識と胆識を養っておくことが、最後の決め手になるのではないか。

◉土光さんの人間的魅力

第二次臨調を成功に導いた土光敏夫さんは、どんなに忙しい時でも早朝に起床し、仏前で読経をし、静かな時間を持った。就寝前にもそのような一時を持ったという。若い時からの習慣として、欠かせない毎日のリズムになっていたに相違ない。そうした長年のたゆまぬ精進が、気品と迫力のある人格を形づくり、オーラとなって多くの人々を魅了したの

※早朝の慎独
私自身の「独りを慎む」時間は早朝だ。三五歳の頃に横浜市鶴見の総持寺で職場の人たちと共に坐り方を教わり、見よう見まねの坐禅をしている。谷中の全生庵にも時折通っている。海外出張の時はホテルのベッドか椅子に坐る。
メモ帳を傍に置いて良いアイデアを思いつけばメモを取る。背筋を伸ばし深い呼吸を続けていると、冬は暖房を入れていなくても体がポカポカしてくる。セロトニンという物質が出て心身の状態が良くなるといわれている（板橋興宗・有田秀穂『われ、ただ足るを知る――禅僧と脳生理学者が読み解く現代』（佼成出版社）参照）。

である。

土光さんのような人が社長になると、会社の雰囲気が一変する。毎朝七時には出社されるのだから、部下はうかうかできない。上の人ほど早く出社するようになり、東芝から重役出勤はたちまち姿を消してしまった。一九六五年のことである。そうした雰囲気は、下部まで浸透するのに時間はかからない。入社三年目で工場にいた私のレベルにも、ひたひたと伝わってきた。

◉全社員が奮起した

社長に着任してすぐに、土光さんは会社の前線を回り始めた。

私が勤務していた川崎市のトランジスタ工場（現多摩川工場）を訪れた時の模様は、既述の通りである。講堂での挨拶を聴きながら土光さんのオーラに接し、初めて「真のリーダーを見た」という深い感激を覚えた。そして、視察中の指摘の鋭さに眼を剥《む》いたのである。その日の朝、土光さんは秘書を伴わず、たった独りで来場した。もっと驚いたことがある。正門から入ってきた車は黒い煙を吐き、社長車とは思えない古ぼけた代物であった。今もまざまざとその時の光景が目に浮かぶ。

旬日をおかず兵庫県の姫路工場を訪れ、数千人の社員をグラウンドに集めて、挨拶をした時の様子が伝わってきた。当日は小雨がそぼ降る中、土光さんは壇上に立って傘も差さず濡《ぬ》れそぼちながら、会社の現状とこれからの取り組みに対する協力を求めた。何とそのうちに、傘を差した聴衆が誰言うとなく一人ひとり傘を閉じ、全員が土光さんと同じように濡れながら聴き続けたという。古稀《こき》を迎える社長が、このようにして社員に接し、人柄丸出しで自らの思いを語り続けたのである。※

当時の東芝は、身辺を飾らない社長が言行一致で率先垂範し、その姿を見て社員が奮起し、全社が一丸となって業績の回復に取り組んだのであった。

才徳兼備がリーダーの理想像だが、徳の果たす牽引《けんいん》力は限りなく大きい。土光さんの志の高さ、虚飾のない人柄、思慮の深さ、実行力の強さなど余人の遠く及ばない人格は、日々の「慎独」によって養われたものと私は確信している。

※怒号さんといわれた土光さん

土光さんは私たちのような若手にはいつも温顔で接していたが、こわい土光さんをじかに見たことがある。

　東芝の社長として最後の頃だった。役員会議室から勢いよく現れた土光さんは、右手の拳にタオルを巻きつけていた。秘書によると役員会議でテーブルを叩いて議論しているうちに、拳の皮膚が破れて血が出たので、包帯代わりにタオルを使ったそうだ。

「役員は皆首だ！」と怒鳴っている現場に居合わせたこともある。労使の立食懇親会が終わった時のことだ。最後の組合幹部が帰った時に会場に残ったのは土光さん、労務担当役員、労働課長の私だけだった。「懇親会では組合がお客さんだ。お客さんが一人でも残っている時に、ホストたる役員がさっさといなくなるとは何事か」から始まった発言であった。

大事なことから始めよう

事柄の軽重を判定する力は、真のリーダーの条件である。

難しいケースが、少なくとも二つある。一つは、問題がはっきりと形を現す前の、混沌《こんとん》とした兆しの段階にある場合である。かすかに現場が発し続けるメッセージを、きちっと聴き取れるか。よい芽は育て、悪い芽は摘むことができるか。特に不祥事は、巨大化して気がつくのでは遅い。リーダーの真価が現れるところだが、『易経※』の項などで詳述したので、ここでは繰り返さない。

二つは、リーダーに不可欠な人徳をいかに磨くかという、人生の大命題である。大局的な善悪正邪の価値観を養う必要がある。若い頃には時間がたっぷりあると錯覚し、無為に日を過ごして、後に悔やむ羽目になりがちである。この点で『大学』は、次のように説く。

◉物事に本末あり

物《もの》に本末《ほんまつ》あり。事《こと》に終始《しゅうし》あり。先後《せんご》する所《ところ》を知《し》れば、則《すなわ》ち道《みち》に近《ちか》し。

※易経　八二〜一一一頁参照。

物事には必ず本末と終始がある。根本と末節と、始めと終わりがある。何を先にし、何を後にするかをわきまえて行動すれば、道理にはずれることはない。

樹でいえば、根と枝葉の違いである。根が元気なら、枝葉は繁茂し、美しい花を咲かせる。最も重要なのは、土に潜って見えないが黙々と全体を支える根である。枝葉が多すぎると、根が弱って樹が枯れる。樹木を元気に保つには、時に思い切って剪定《せんてい》伐採する必要があるのはそのためだ。

人が大樹になるにはどうすればよいか。昔から修身・斉家・治国・平天下と言い慣わされてきた、古言の淵源《えんげん》※を訪ねてみよう。

◉身を修めることが先決

物格《ものただ》して※のち、知致《ちいた》る。知致《ちいた》りてのち、意誠《こころばせまこと》なり。意誠《こころばせまこと》にしてのち、心正《こころただ》し。心正《こころただ》してのち、身修《みおさ》まる。身修《みおさ》まりてのち、家斉《いえとと》う。家斉《いえとと》いてのち、国治《くにおさ》まる。国治《くにおさ》まりてのち、天下平《てんかたい》らかなり。

格物《かくぶつ》・致知《ちち》・誠意・正心・修身・斉家・治国・平天下。これを『大学』の八条目といい、修身を真ん中に置いて要としている。樹木なら根である。心を正しくし、思いを誠にし、本物の智恵《ちえ》を磨き、修身すなわち明徳※を蔵する本来の自分を見出すことができる。このよ

※淵源
物事の基となるところ。根源。

※格す
過ちを改め、行いを正しくする。

※明徳
天から与えられた優れた徳性。「徳は得にて、人の天より得るところをいい、明はその徳の光明赫奕（かくえき）たるを形容する語」（宇野哲人全訳注『大学』講談社学術文庫）

うに身を修めて初めて家庭の調和が整い、国が治まり、世界が平和になる。自分の身を修めえない者が、どうして多くの人を率いていけようか。まして、世界の平和などは絵空ごとである。まず何よりも身を修めよ、脚下照顧※せよ、身近な足下から始めよというのである。

◉感激した若き中江藤樹

天子《てんし》より以《もっ》て庶人《しょじん》に至《いた》るまで、壱《いっ》にこれ皆《みな》身《み》を修《おさ》むるを以《もっ》て本《もと》と為《な》す。

最高の位にある天子から名もない庶民に至るまで、身を修めることが人生を生きる第一の意義である。人の価値は出自ではなく、教育によって決まると説く『論語』の一節、「教えありて類なし※」を想い起こさせる。

この一文は、江戸時代に近江聖人と称えられた中江藤樹※が、弱冠一一歳の時に読んで発憤し、生涯の指針とした。藤樹が母親の孝養のため武士を辞め、帰郷した琵琶湖《びわこ》西岸の安曇川（現高島市）は、風紀が格段によくなり、泥棒やごまかしが姿を消し、互いに親切な平和な村となった。優れた人格が及ぼす感化力はこれほど大きい。地域だけでなく、会社や団体も同じではないか。

その本乱《もとみだ》れて末治《すえおさ》まる者《もの》はあらず。その厚《あつ》くする所《ところ》※の者《もの》を薄《うす》くして、その薄《うす》くする所《ところ》

※脚下照顧
禅宗で、足元に気をつけよ、の意。自己反省、日常生活の直視をうながす語。（『日国』）

★「お爺ちゃんの論語塾」雑感⑦
禅寺の玄関には、「脚下照顧」と書いた札が下がっている。履物を揃えよとの警告ではなく、もともとは夾雑物を捨てて本来の自分に立ち返れという意味だ、と和尚さんに教わった。「明徳を明らかにする」にも通ずるのではないか。
「論語塾」の子どもたちには、わが家の玄関で靴を揃えなさいと教え、毎回『大学』を冒頭から大きな声で素読させている。その深い意味は、大きくなれば必ず会得できる日が来るだろうと信じて疑わない。

※教えありて類なし
一二三頁参照。

の者《もの》を厚《あつ》くするは、未《いま》だこれ有《あ》らざるなり。

そして、根本が乱れて結果が治まることはない。厚くすべきを薄くし、薄くすべきを厚く扱うことは、本末転倒で、もともとあってはならないことだ。楽な見栄えのよいことを先にし、地味だが大事なことを後回しにしがちな怠け者には、頂門の一針として耳に痛い。他人ごとではないのである。

◉修身とは何か

修身という言葉は、戦前の教育への反動から敬遠され、永く死語となった。しかし、自分を磨くことの重要性は、時代が変わっても変わるはずがない。また人格の完成に終点はないから、修身とは一生修行というに等しい厳しさがある。

問題は、何をもって身を修めるかである。単に規律をわきまえたマナーのよい青少年を育てることであろうか。それは外部に現れた結果にすぎないのではないか。修身とは、人生の志を立て、自らを錬磨し続けることではないかと私は思う。次項でもう少し掘り下げてみたい。

※中江藤樹
［1608～1648］江戸前期の儒学者。近江（おうみ）の人。名は原。字（あざな）は惟命。日本陽明学派の祖。初め朱子学を修め、のち、陽明学を首唱して近江聖人とよばれた。熊沢蕃山・淵岡山（ふちこうざん）はその高弟。著『鑑草』『翁問答』など。（『大辞泉』）

※厚くする所
「厚うする所＝家をいう。国と天下に比すれば、家はすなわち父子骨肉の恩あり、そのこれを厚うして彼を薄うするは人情の自然なるべし」（宇野哲人全訳注『大学』講談社学術文庫）

衆目の一致するところ

世間の評判は、誰しも気になる。
政治家は支持率を、経営者は株主の声を、テレビ局は視聴率を、出版元は発行部数を、学者は論文への反響を、芸人は客の拍手を気にする。

◉認められたい思い

よい評価を得たい、認められたいという思いは、世を捨てた人であれば別だが、社会生活を営む上では自然で健全な欲求といえる。なぜなら、過度にならない限り、切磋琢磨《せっさたくま》して自分を高めようとする動機となり、世の中に役に立つ仕事につながるからである。しかし一方では、思いが募って目先の損得に目がくらみ、選挙違反、談合、賄賂、粉飾決算、不正会計、八百長、盗作など常軌を逸した行動となって、世論の厳しい批判に晒《さら》される結末になる。

人にはいろいろな生来の欲求がある。マズローの欲求段階説※が示す通り、食欲から始まってだんだん高度化するが、中でも強いのが「認められたい」という、渇くような思いでは

マズローの欲求段階説

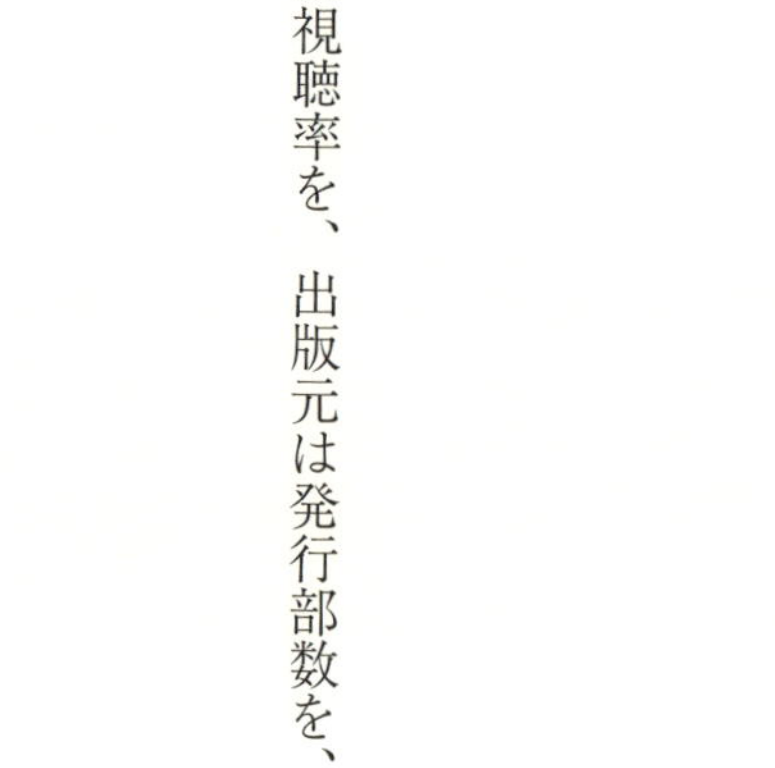

※マズローの欲求段階説
アルフレッド・マズロー［1908〜1970］アメリカの心理学者。人の欲求を5段階に分け、低次元の①生理的欲求から始まり、②安全への欲求、③社会的欲求、④尊敬への欲求と次第に高度化し、最後に⑤自己実現の欲求に至るとする。人の満足度やモチベーションの基礎となる理論で、企業の人事労務管理にも活用できるとした（A.

なかろうか。そしてそれにも増して、「愛されたい、褒められたい、お役に立ちたい、自由でありたい」と熱願する。満たされれば幸福になり、さもなければ諸々の葛藤を生み出す。これには老若男女の違いはない。子どもでも同じである。『論語塾』で小・中学生を教えながら、そう実感する。

『大学』は、世評について次のように述べている。

◉衆目の厳しさ

曾子《そうし》曰《いわ》く、十目《じゅうもく》の視《み》る所《ところ》、十手《じゅっしゅ》の指《さ》す所《ところ》、それ厳《げん》なるかな。

曾子《そうし》は、孔子が最晩年に得た弟子であり、師よりも四六歳若い。素直で親孝行な青年であった。後継者と目した顔淵《がんえん》が夭折《ようせつ》し、深い喪失感の中にあった孔子にとっては、教え甲《が》斐《い》のある、頼もしい若者の出現であったに相違ない。

「一〇人の視るところ、一〇人の指すところは、実に厳しいものだなあ」と曾子はしみじみ述懐する。衆目の一致する指摘は、的を射て厳しい。疎かにしてはならないと説く。世論は時々の環境によって左右に揺れるので、長い目で見た時に只今《ただいま》現在の多数意見が全て正しいかどうかはわからないが、多くの人の意見には謙虚に耳を傾けなさいというのである。また、

マズロー／金井壽宏監訳『完全なる経営』（日本経済新聞社）参照）。

衆《しゅう》を得《う》れば則《すなわ》ち国《くに》を得《え》、衆《しゅう》を失《うしな》えば則《すなわ》ち国《くに》を失《うしな》う。

衆望を得れば国が興り、衆望を失えば国を失う。その例として本文の前段で、殷《いん》王朝の興亡を挙げている。殷を興したのは『日々新たに』で有名な湯王であり、夏王朝の桀《けつ》を倒した。しかし、殷も紂《ちゅう》※の代になって周の武王に亡ぼされた。桀も紂も歴史上最も暴虐な君主として知られ、国民の信望を失ったために滅びたのである。

衆望ある者には天命が下る、という思想が背景にあるように思う。

一方、『論語』には、次の一節がある。

◉自分の心に問え

司馬牛《しばぎゅう》※君子《くんし》を問《と》う。

子曰《しいわ》く、君子《くんし》は憂《うれ》えず、懼《おそ》れず。

曰《いわ》く、憂《うれ》えず、懼《おそ》れず、これを君子《くんし》と謂《い》うべきか。

子曰《しいわ》く、内《うち》に省《かえり》みて疚《やま》しからずんば、それ何《なに》をか憂《うれ》え何《なに》をか懼《おそ》れん。（顔淵編）

司馬牛という弟子が、君子とはどういう人かと問うたら、孔子は「心配も恐れもしない人だ」と答えた。では、心配と恐れのない人は君子かと重ねて問うたところ、「自分の心

※紂
古代中国の殷王朝30代目となる最後の王。名は辛（しん）。妲己（だっき）を溺愛し、政治を顧みず、酒色にふけった。忠臣の比干（ひかん）を殺すなど、暴虐の限りを尽くして周の武王の軍と戦い、滅ぼされた。夏の桀（けつ）王とともに暴君の代表。紂の宴会から「酒池肉林」の言葉が生まれた。

※司馬牛
［?～前481］孔子の弟子。名は、犂（り）、または耕。孔子を殺そうとした司馬桓魋（かんたい）（二二七頁参照）の弟といわれる。

に省みて疚《やま》しいところがなければ、一体何を心配し、何を恐れることがあろう」という答えが返ってきた。君子とは人の模範となる士、真のリーダーを指す。

『孟子《もうし》』に「自らを反《かえり》みて縮《なお※》くんば、千万人と雖《いえど》も吾往《われゆ》かん」という言葉があるが、相通ずるところがある。


新しいことを始めるには勇気がいる。時流に乗るとは限らないし、時流そのものも変わる。昔から、リーダーの決断のしどころであった。

古典の言葉は味わい深い。右記の孔子と曾子の言葉には、呼応するものがある。結果に対する人の評価を気にする前に、何のためにやるかを自分の心に問い、疚しいところがないかを確かめよ。静かな時間をもって、内なる良心の声に耳を傾け、動機や目的で恥じるところがなければ、勇気をもって実行せよ。後の世評は謙虚に受け止め、次の行動に生かせばよいと教えている。

孤独な経営者にとっては、何よりの励ましの言葉ではないだろうか。

※縮
正しい。

徳が本で、財は末である

東洋の人物学は、真のリーダーの条件として、常に才徳兼備を求めている。理路整然と弁舌爽やかなのは、リーダーの必要条件ではあっても、十分条件ではない。人徳が備わってなければ、人はついてこないからである。すでに取り上げた『易経』の説く龍《りゅう》の盛衰も、武士道が廉恥※を、仏教が自利利他を説いているのも、基本は同じだと思う。『大学』には次の一節がある。

◉本末を転倒してはならない

徳《とく》は本《もと》なり。財《ざい》は末《すえ》なり。
本《もと》を外《そと》にして末《すえ》を内《うち》にすれば、民《たみ》を争《あらそ》わしめて奪《うば》うことを施《ほどこ》す。

徳が本で、財は末である。上に立つ者がその本末を転倒したらどうなるか。廉恥心をかなぐり捨て、功を焦り、人を押しのけてでも目先の利得や名誉のために奔走すれば、下に従う者はたちまちそれを見倣って行動するようになる。お互いに争い始め、われ先にと奪

※廉恥
心が潔白で、恥を知る心が強いこと。

い合って、組織は収拾がつかなくなることは必定である。国は乱れ外国の乗ずるところとなり、会社や団体は内部分裂を起こし衰退するだろう、と警告を発しているのである。

二〇〇〇年以上前のメッセージとは思えないほど、今も新鮮に輝いている。それだけ人は進歩していない証拠なのかもしれないが、近頃の世の不祥事を見るたびに、こうした古典の言葉が身にしみる。

近年の歴史を振り返ってみれば、どの分野でも事例には事欠かない。どれほど歴史と伝統のある声望高い会社・団体であっても、トップリーダーの姿勢一つで転落していくのである。倫理観の薄い徳のないリーダーが続けば、企業経営の土台とも言うべき企業風土が、もろくも崩れていくことを示している。

『論語』は次のように語る。

◉自利は怨みを招く

子曰《しいわ》く、利《り》によりて行《おこな》えば、怨《うら》み多《おお》し。（里仁編）

子曰《しいわ》く、利《り》を見《み》ては義《ぎ》を思《おも》い、危《あや》うきを見《み》ては命《めい》を授《さず》く。（憲問編）

利益だけで行動していると、人の怨みをかうことが多い。また、利益を前にしたならば正義・信義に照らして受けるべきかどうかを思い、公の危急に直面しては一命を捧《ささ》げる。士はかくあるべしと孔子は説いている。

里仁編にある利と怨みの関係は確かにその通りで、一九八〇年代の日本経済はまさにこのような状況にあった。当時の世界経済は日本の一人勝ちで、欧米から顰蹙《ひんしゅく》と怨嗟《えんさ》の的となり、貿易・経済摩擦という形で日欧・日米関係がギクシャクした。日米構造協議や一九八五年のプラザ合意※で日本が打撃を受け、挽回《ばんかい》に大汗をかいたことはご記憶の方も多いと思う。「実力で勝ったのが、なぜ悪いのだ」という意見もあったが、日本はエコノミック・アニマルと強く批判され、危うく世界の孤児になりかかったのである。

日本がバブル経済の真っ盛りであった一九八六年に、オランダのフィリップス社会長、F・フィリップス氏の提言で日米欧のトップ経営者がスイスに集まり、貿易摩擦の解決策を論じ合った。レマン湖畔のコーという地名をとって、経済人コー円卓会議※（CRT）と名付けられた。その結論が、一九九四年に公表された競争と協調をベースとする企業行動基準である。

一人勝ちで怨みを買うのは、何も経済関係だけではない。単なる遊びにすぎない室内ゲームでも同じで、勝ってばかりでは友情を失うのである。

バブルの時には、飽くなき欲望の追求を続けるのではなく、国の将来を見据え、潤沢な資金を用いて首都移転、電線の地中化、インフラの整備など思い切った国内投資にギアチェンジをしておけばよかったのではないか。そうすれば、その後の経済社会の混乱を防

※プラザ合意
1985年9月にニューヨーク・プラザホテルで行われた日本・米国・英国・フランス・西ドイツの先進五カ国の財務相・中央銀行総裁会議で出された声明。過度のドル高を是正し、貿易収支の赤字で苦しむ米国を支援するために主要国間の為替レートの協調介入を打ち出した。ドル相場は一挙に下落したが、急激な円高となった。円高不況を懸念する日銀の金融緩和は、金融機関による過剰な貸し出しをもたらし、不動産や株式が騰貴。その後のバブル経済を引き起こした。

※経済人コー円卓会議（CRT：Caux Round Table）
1986年設立。日本と欧米との経済貿易摩擦解消のため、日米欧のトップ経営者が、スイス・レマン湖畔のコーに参集した。日本からはキヤノンの賀来龍三郎会長ほかパ

ぎ、日本は大化けできたのではないか。結果論の後知恵で今さら詮ないが、そう思えてならない。

◉自利と利他とは一つ

ところで、自分の利益を得るために努力すること、すなわち自利を求めることは、一概に非難されることなのだろうか。私はそうは思わない。問題は自利だけにとどまっているところにある。自利だけでなく利他を思う心、それが大事なのではないか。自利を図る時に、同時に利他を思うのである。自分だけが得をするのではなく、同時に周りの人が得になる道はないかを求める。そうしてこそ、多くの人の幸せが実現し、利他を図れば、それが自利となって返ってくることも、また経験的な事実である。お客様に喜んでもらうことによって、初めて自社の繁栄が約束されるからである。

「自利利他」という言葉を、道元禅師や親鸞《しんらん》聖人の文章の中に見つけ、私は経営者の一人として深く感銘を受けた覚えがある。先達の知恵は、現代の問題を解く鍵を私たちに与えてくれているのである。

ナソニック、東芝などの経営者が参加。1994年に企業行動基準を発表、民間版の世界的CSR基準となる。ISOのSR26000、日本経団連の企業行動憲章にも反映。コーはMRA(Moral Re-Armament、道徳再武装、現IC：Initiatives of Change)の本部所在地。

切磋琢磨

「切磋琢磨《せっさたくま》」とは、学問修養に励み、見識と徳性を磨くことをいう。有名な箴言《しんげん》となって、今も広く人口に膾炙《かいしゃ》している。『詩経』※衛風淇澳篇《えいふうきいくへん》に収録された詩の一節であり、『大学』にもそのままの引用がある。

◉切磋琢磨とは

彼《か》の淇《き》の澳《いく》※をみれば、緑竹猗猗《りょくちくいい》※たり。斐《ひ》※たる君子《くんし》有《あ》り。
切《せつ》するが如《ごと》く磋《さ》するが如《ごと》く、琢《たく》するが如《ごと》く磨《ま》するが如《ごと》し。

あの淇水《きすい》※のほとりを眺めれば、緑の竹が美しく繁茂している。そのように、優れた君子がいる。あたかも骨や象牙や玉や石を、とことんまで磨き上げたかのようである。

淇水とは衛国（現在の河南省）を流れる川である。「切」は刀で骨を切り、「磋」はやすりで象牙を擦り、「琢」は槌《つち》やのみで玉を打ち、「磨」は金剛砂や砥石《といし》で石を磨くことを指す。

切磋琢磨はその結果、学問修養に励むことを意味するようになった。しかも、それは一時

※詩経
中国最古の詩集。五経の一。孔子編といわれるが未詳。周の初めから春秋時代までの詩三〇五編を国風・雅・頌（しょう）の三部門に大別。国風は諸国の民謡で一五の風、雅は朝廷の音楽で小雅・大雅の二つ、頌は宗廟（そうびょう）の祭祀（さいし）の音楽で周頌・魯頌・商頌の三つがある。漢の毛亨（もうこう）らが伝えたものだけが現存するので「毛詩」ともいう。（『大辞泉』）

※澳
くま。水が奥ふかくはいりこんだ所。（『漢字源』）

※猗猗
木の葉の美しく茂るさま。（『日国』）

※斐
あやのあるさま。美しいさま。りっぱなさま。（『新選漢和』）

の精進ではない。切って、擦って、打って、その上にさらに磨くという段階を経て、人は時とともに成長し一人前になっていく。人格も徳行も上には上があるのであって、人生修行には終点がない。そのようにこの一文を読んでみたいと私は思う。

『論語』に、これについて興味深い師弟問答がある。

◉君はともに詩を語るに足る！

子貢：貧《まず》しくして諂《へつら》うことなく、富《と》みて驕《おご》ることなきは、如何《いかん》？
孔子：可《か》なり。未《いま》だ貧《まず》しくして道《みち》を楽《たの》しみ、富《と》みて礼《れい》を好《この》む者《もの》に如《し》かず。
子貢：詩《し》に云《い》う、切《せっ》するが如《ごと》く、磋《さ》するが如《ごと》く、琢《たく》するが如《ごと》く、磨《ま》するが如《ごと》しとは、其《そ》れこれを謂《い》うか。
孔子：賜《し》や、始《はじ》めてともに詩《し》を言《い》うべきのみ。これに往《おう》を告《つ》げて来《らい》を知《し》る者《もの》なり。

（学而《がくじ》編）

子貢が、「貧しくても卑屈に諂《へつら》うことなく、富んでも驕《おご》り高ぶらなければ、いかがでしょうか」と尋ねた。先生は、「まずまずだが、まだ貧富にこだわっている。貧乏を忘れて道を楽しみ、金持ちになっても礼を好むには及ばない」と答えた。子貢が即座に「詩にある切磋琢磨とは、そのことですね」と述べたところ、先生は大変喜んで、「賜よ、君は本当

※淇水
中国、河南省安陽市の南西を流れる川。衛河に注ぐ。淇。淇河。（日国）

に詩をともに語ることができる男だ。前のことを告げれば、後のことがすぐにわかるのだから」と絶賛した。

師匠と気鋭の弟子が、打てば響くようにニッコリと、心を通わせている光景が目に浮かぶ。子貢は名を賜という。一を聞いて十を知ったという顔回には及ばないとしても、「一を聞いて二を知る」(公冶長編)と自負し、才気にあふれ、実業家として活躍し富豪となった。おそらく陰に陽に、孔子塾を財政面から支えたに相違ない。徳行という点では先生からなかなか合格点をもらえず、「言葉よりも行動を先にせよ」などと注意されることが多かった。叱《しか》られてばかりいる生徒が褒められたこの時、その嬉《うれ》しさは層一倍のものであっただろう。

詩については、味のある章句が『論語』にある。

◉思いの強さ

唐棣《とうてい》※の華《はな》、偏《へん》としてそれ反《かえ》れり。※豈《あ》※に爾《なんじ》を思《おも》わざらんや。室《しつ》のこれ遠《とお》ければなり。

子曰《しいわ》く、未《いま》だこれを思《おも》わざるなり。それ何《なん》の遠《とお》きことかこれ有《あ》らん。(子罕《しかん》編)

〝にわざくらの花がひらひらと。お前恋しと思っても、家が遠くてどうにもならぬ〟という古謡がある。『詩経』には収められていない。これに対し孔子は、「思いが足りないのだよ。慕る思いがあるならば、何の遠いことがあるものか」と語った。本当に思いが強けれ

※唐棣
すももの一種。にわざくら。

※偏としてそれ反れり
ひらひら揺れている。

※豈(あに)
あとに推量を表す語を伴って、反語表現を作る。どうして…か。(『大辞泉』)

ば、千里の道も遠しとはしないはずだというのである。

道の深奥を極めるには強い思いが必要だなどと、難しく解釈する必要はあるまい。恋歌として、そのまま素直に読めばよい。酸いも甘いもかみ分けた老先生が、ゆったりと寛いで一夕、若者を相手に炉辺談話を楽しんでいる情景を想像してみよう。盃《さかずき》を手にした人生談義だったかもしれない。孔子は、決して道徳が氷の塊になったような、堅苦しい人ではなかったのである。

★「お爺ちゃんの論語塾」雑感⑧

切磋琢磨は、『お爺ちゃんの論語塾』でも温故知新、剛毅木訥などと並んで人気の高い四字熟語の一つである。語呂がよいせいか、小学校低学年でもすぐに覚えてしまう。パソコンに馴れた先生の方が字画を忘れ、たじたじとなる始末である。言葉のリズムは、素直な童心に直接働きかけるように見える。

含蓄ある曾子の言葉

『大学』を著した曾子は、孔子が最晩年に得た弟子である。名は参《しん》。年齢では四六歳も若いが、徳行に優れた青年で、師の志を後世に伝えた。ここでは、『論語』にも記された曾子の言葉を取り上げてみたい。

◉人との出会い

青年時代に師と仰ぐ人物に出会うことは、生涯最高の幸せといえよう。師にとっても、後継者を得た喜びは深いに相違ない。それだけに、顔淵を失って「天、予《われ》を喪《ほろ》ぼせり」（先進編）と慟哭《どうこく》した孔子の悲しみを察することができる。孔子七〇歳の時であった。そしてまもなく、古稀を過ぎた孔子と二六歳の曾子とが出会ったのである。

曾子は必ずしも俊敏な青年ではなかったらしい。孔子も「参《しん》や魯《ろ》」（先進編）、鈍いと評しているほどである。目立たないが、ひたむきに師の教えを学び、実行したのであろう。『論語』に次の一章がある。

◉曾子の三省

曾子《そうし》曰《いわ》く、吾日《われひ》に三《み》たび吾《わ》が身《み》を省《かえり》みる。
人《ひと》の為《ため》に謀《はか》りて忠《ちゅう》ならざるか。
朋友《ほうゆう》と交《まじ》わりて信《しん》ならざるか、
習《なら》わざるを伝《つた》うるか。（学而編）

曾子が言った。「私はわが身を振り返って日に三度、次のことを反省する。真心をもって人の為に考えているか。信義と誠実をもって友人と接しているか。聞きかじりを受け売りで人に伝えていないか」と。日に三度とは必ずしも回数ではなく、しばしばという意味に用いられる。

渋沢栄一は『論語講義』の中で、これを最もわが意を得た言と尊重している。そして、「一日に数度吾《わ》が身を省みるというまでには参らずとも、夜間床につきたるのち、その日になしたることや、人に応接したる言説を回想し、省察するに怠らぬつもりである」と述べている。これによって事柄や印象が整理され、「記憶力を強健にする効能もまたある」とも述懐している。この偉大な実業人にしてこの日常生活があったのか、と深い親しみを覚える。

◉任重くして道遠し

曾子《そうし》曰《いわ》く、士《し》は以《もっ》て弘毅《こうき》※ならざるべからず。任重《にんおも》くして道遠《みちとお》し。仁以《じんもっ》て己《おの》れが任《にん》と為《な》す、また重《おも》からずや。死《し》して後已《のちや》む、また遠《とお》からずや。（泰伯編）

曾子は言った。「士は、心広く強くなければならない。その任務は重く、その道はあくまでも遠い。仁をもって自らの任とする、また何と重いことではないか。死ぬまで続く道である、また何と遠いことではないか」と。

仁とは何かについては、『論語』の中に数多くの問答があるが、先生は人によって答え方を変えている。中で最もわかりやすいのが、曾子の言う「夫子の道は忠恕《ちゅうじょ》のみ」（里仁編）ではないかと思う。孔子が「吾が道は一以て之《これ》を貫く」と門弟たちに語った時に、その意味を理解しかねたほかの門人たちに意味を聞かれて、「先生の道は、忠恕のみ」と答えたのである。忠恕とは、真心と思いやりである。公私ともにそれで一貫せよと、孔子は教えているのである。

この点について、徳川家康の「遺訓」を引用したい。家康は『論語』をはじめ四書五経を深く学んだ人物であった。

※弘毅
心が広くて、意志が強固なこと。（『日国』）

◉徳川家康の遺訓

人《ひと》の一生《いっしょう》は重荷《おもに》を負《お》うて遠《とお》き道《みち》を行《い》くが如《ごと》し。急《いそ》ぐべからず。不自由《ふじゆう》を常《つね》と思《おも》へば不《ふ》足《そく》なし。心《こころ》に望《のぞ》みおこらば困窮《こんきゅう》したる時《とき》を思《おも》ひ出《だ》すべし。堪忍《かんにん》は無事《ぶじ》長久《ちょうきゅう》の基《もと》、怒《いか》りは敵《てき》と思《おも》へ。勝《か》つ事《こと》ばかり知《し》りて、負《ま》くる事《こと》を知《し》らざれば害《がい》その身《み》に到《いた》る。己《おのれ》を責《せ》めて人《ひと》を責《せ》むるな。及《およ》ばざるは過《す》ぎたるよりまされり。（家康遺訓※）

冒頭の「人の一生は、重荷を背負って遠い道を行くようなものだ」には、曾子の「任重くして道遠し」の影響があるのではないか。そして、末尾の「及ばないことは、やり過ぎるよりも優る」は、「過ぎたるはなお及ばざるがごとし」（先進編）、という孔子の言葉を敷《ふ》衍《えん》したのではあるまいか。

二〇一五年は徳川家康の没後四〇〇年にあたる。ゆかりの深い岡崎、浜松、静岡などでは、遺徳を慕って様々の行事が行われた。家康は馬上天下を平定し、二六〇年続く平和な江戸時代を築いた英傑である。類い希な武将であったが、その華々しさの陰に、このような堅実な信念があったことを忘れてはなるまい。

常在戦場という戦国武将は、日常が生死をかけたものであっただけに、かえって静かな茶や坐《ざ》禅《ぜん》を好み、地味な自律ある生活を通じて、平生の覚悟を磨いていったことが伝わってくるようである。

※家康遺訓
徳川家康遺訓として世に知られたこの言葉は、「徳川光圀作として伝えられていた『人のいましめ』の教訓文を、幕末期に一部改め、『東照宮遺訓』と改題して民間に流布せしめ、今日に至ったものである」（『国史大辞典』）とされ、家康のものではないともいわれる。しかし、この言葉が広く人口に膾炙（かいしゃ）しているのは、多くの人々が家康の生涯を映していると見ているからではないか。

大人への道を求めて

『大学』※は、大人《たいじん》となる道を示す。

大人とは、徳と才とを兼ね備えた真のリーダーを指す。自利のみではなく利他を志し、多くの人を率いて先頭に立ち、世の中のために働く人である。

目を覆うような不祥事が頻発している昨今、真のリーダーの育成は社会全体の急務である。『大学』は修己治人の書として、現代にもその懇切な解を与えてくれている。

◉明徳を顕在化する

大学《だいがく》の道《みち》は、明徳《めいとく》※を明《あき》らかにするに在《あ》り。民《たみ》に親《した》しむに在《あ》り。至善《しぜん》に止《と》まるに在《あ》り。

大学の道は、明徳を明らかにすることである。明徳が顕れれば、人々との一体感が生じ、親しみが増し、常に情理にかなう判断ができるようになる。冒頭に掲げられた、この明明徳・親民・止至善は『大学』の三綱領と呼ばれ、全体の主題となっている。

「明徳」は全ての人に生まれながら備わっているが、放置したままでは現れてこない。「明

※大学
二六頁参照。

※明徳
一六九頁参照。

らかにする」とは、人それぞれが具有する無限の可能性を、自ら認め、信じ、磨くことによって、顕在化させることをいう。『論語』に「性相近し、習い相遠し」（陽貨編）とあるように、素質は皆同じであっても、学び修行することによって人格や能力に大きな差が生じるのである。また、禅は発心※を百千万発繰り返し、悟った後でも修行せよと厳しく迫る。明徳の顕在化は、誰しもの終生の課題といえよう。

◉修身・斉家・治国・平天下

古《いにしえ》の明徳《めいとく》を天下《てんか》に明《あき》らかにせんと欲《ほっ》する者《もの》は、先《ま》ず其《そ》の国《くに》を治《おさ》む。
其《そ》の国《くに》を治《おさ》めんと欲《ほっ》する者《もの》は、先《ま》ずその家《いえ》を斉《ととの》う。
其《そ》の家《いえ》を斉《ととの》えんと欲《ほっ》する者《もの》は、先《ま》ず其《そ》の身《み》を修《おさ》む。
其《そ》の身《み》を修《おさ》めんと欲《ほっ》する者《もの》は、先《ま》ず其《そ》の心《こころ》を正《ただ》しうす。
其《そ》の心《こころ》を正《ただ》しうせんと欲《ほっ》する者《もの》は、先《ま》ず其《そ》の意《こころばせ》を誠《まこと》にす。
其《そ》の意《こころばせ》を誠《まこと》にせんと欲《ほっ》する者《もの》は、先《ま》ず其《そ》の知《ち》を致《いた》す。
知《ち》を致《いた》すは、物《もの》を格《ただ》すに在《あ》り。

明徳を天下に明らかにして平和をもたらそうとした昔の王者は、まず自分の国をよく治めた。自分の国をよく治めるために、まず自分の家をよく斉えた。自分の家庭を調和させ

※発心
道元『正法眼蔵』の「発菩提心」の巻に「一発菩提心を百千万発するなり。修証もまたかくのごとし」とある。

るために、まず自分自身を修めた。身を修めるために、まず自分の内なる心を正しくした。心を正しくするために、まず喜怒哀楽の意識を誠にした。意識を誠にするために、まず良心に照らして知恵を極めた。知を極めるとは、自己を正して本来にかえることである。明徳の士が天下に平安を与えるために、どう心がけたかが説かれている。平天下・治国・斉家・修身・正心・誠意・致知・格物の八段階を、『大学』の八条目という。

そして、平天下を実現する道筋は、反転して格物致知から始まる。

◉実践の道筋

物格《ものただ》してのち、知至《ちいた》る。知至《ちいた》りてのち、意誠《こころばせまこと》なり。意誠《こころばせまこと》にしてのち、心正《こころただ》し。心正《こころただ》してのち、身修《みおさ》まる。身修《みおさ》まりてのち、家斉《いえととの》う。家斉《いえととの》いてのち、国治《くにおさ》まる。国治《くにおさ》まりてのち、天下平《てんかたいら》かなり。

天子《てんし》より以《もっ》て庶人《しょじん》に至《いた》るまで、壱《いっ》にこれ身《み》を修《おさ》むるを以《もっ》て本《もと》となす。其《そ》の本乱《もとみだ》れて末《すえ》治《おさ》まる者《もの》は否《あら》ず。


自己を正せば、知恵が極まる。知恵が極まれば、意識が誠となる。意識が誠になれば、心が正しくなる。心が正しくなれば、己の身が修まる。自分の身が修まれば、家が調和する。一家が調和すれば、一国が治まる。一国が治まれば、天下が平安となる。

天子から庶民に至るまで、ひとえに己を修めるのが本であって、その大本である自分自身が乱れては、家も国も、ましてや天下が治まるはずがない。格物・致知・誠意・正心・修身が本で、斉家・治国・平天下は大事だが末である。三綱領を実践するための方法が八条目である。才知に偏った、近頃の軽薄なリーダー論とは対極を為す。

ここに東洋が養ってきた才徳兼備の人物論のエッセンスがある。

どうすれば身を修められるか

人が生まれながらに具有している「明徳」を明らかにすることが、人生の究極の目的であることを、『大学』は繰り返し説いている。そして、それが現れるに従って、自分自身が確立し、家庭が調和し、国が治まり、世界が平安になるという。この書が、修己治人の書と呼ばれる所以である。

中でも一番の基本となる修身、すなわち自己を確立するにはどうすればよいのか。終わりのない一生の課題であるが、『大学』は身を修めるためには、何よりも心を正すことが必要であると説く。どういう意味であろうか。

◉心を迷わす元凶は何か

いわゆる身《み》を修《おさ》むるには、その心《こころ》を正《ただ》しうするに在《あ》りとは、身忿懥《みふんち》※する所《ところ》あれば、すなわちその正《ただ》しきを得《え》ず。恐懼《きょうく》※する所《ところ》あれば、すなわちその正《ただ》しきを得《え》ず。好樂《こうらく》※する所《ところ》あれば、すなわちその正《ただ》しきを得《え》ず。憂患《ゆうかん》※する所《ところ》あれば、すなわちその正《ただ》しきを得《え》ず。

※忿懥
「忿」はかっとなる。急激な怒り。「懥」はいかる。胸がつかえて腹が立つ。(『漢字源』)

※恐懼
おそれておどおどすること。

※好樂
好み楽しむ。道楽。(『新選漢和』)

※憂患
心配して、心を痛めること。心痛。

身を震わせるような怒りに取りつかれたら、とうてい正しい判断のできるはずがない。心が恐れおののくような状態になったら、「幽霊の正体見たり、枯れ尾花」となって、正しい判断から遠ざかる。好きなことや楽しいことに偏すれば、ともすれば心が浮ついて正しい判断はできない。趣味や遊び事は一服の清涼剤となって人生を豊かにしてくれるが、度を過ごすとかえって害を為すことがあろう。また、心配事や悲しみに心がいっぱいになれば、物事に対して悲観的で消極的になり、正しい判断はできない。このように、怒り、懼《おそ》れ、好み、憂いにおかされた時に、心は平常心を失ってしまうのである。

平常心を失うとは、どういう状態であろうか。本文には、次の一節が続く。

◉視て見えず、聴いて聞こえず

心《こころ》ここに在《あ》らざれば、視《み》て見《み》えず、聴《き》きて聞《き》こえず、食《くら》いてその味《あじ》を知《し》らず。これを身《み》を修《おさ》むるには、その心《こころ》を正《ただ》しうするに在《あ》りと謂《い》う。

心の居場所が定まらず、喜怒哀楽によって右往左往するようでは、対象を客観的にしかも奥深く洞察することができるだろうか。視ても何やら目に映るだけで、真実を見ることはできない。聴いても音がするだけで、真実の声は聞こえない。また、せっかくのご馳走《ちそう》を食べても味がしない。

曾子は、喜怒哀楽という人の自然な感情を否定しているのではない。枯れ木のような人間になれ、と推奨しているのではむろんない。ひとたび心が揺れ動いても、もとに戻るバランスを求めているのではないかと私は思う。そのために、格物・致知・誠意・正心・修身という、自分の本質を見極めるところから始まって順次修身に至る、人間形成の道筋を示しているのである。

そして『大学』は、次の痛烈な警告を発する。

◉小人間居して不善を為す

小人間居《しょうじんかんきょ》して不善《ふぜん》を為《な》し、至《いた》らざる所《ところ》なし。中《うち》に誠《まこと》あれば外《そと》に形《あら》わる。故《ゆえ》に君子《くんし》は必《かなら》ずその独《ひと》りを慎《つつし》むなり。

「慎独《しんどく》」については、これまでも何度か取り上げてきた。騒がしさから離れ、わが身を慎んで独り静かな時間を持ち、静慮内省しながら内なる声に従って行動する。これこそが人の上に立つ君子、すなわちリーダーの欠かせない条件である。内に誠があれば、それは自ずから風格・行動として外に現れてくる。

一方、つまらない小人は暇ができると独りを慎むどころか、欲にかられて善からぬことを企て、何をしでかすかわからない。孔子も「飽食して終日、心を用いる所なきは難いかな」（『論語』陽貨編）と嘆き、碁や双六をやる方がまだましだと述べている。碁好きの筆者には、少々耳が痛い。

◉人知るもよし、知らぬもよし

塩野七生氏の『ローマ人の物語』に、ユリウス・カエサルの「人間ならば誰にでも、現実のすべてが見えるわけではない。多くの人は、見たいと欲する現実しか見ていない」という言葉が紹介されていた。強い願望や思い込み、屈託や先入観念があると、真実が見えなくなるという意味で、曾子の言葉に似ている。自分の確固とした座標軸、プリンシプルがなければ、目前の動揺に翻弄されてしまうのである。

ここで、武者小路実篤※が絵に自賛した言葉「人知るもよし　人知らぬもよし　我は咲くなり」を思い出す。平常心あるいは不動心は、日常の常住坐《じょうじゅうざ》臥《が》の中で黙々と養うしかない。一生修行の課題である。

※武者小路実篤［1885～1976］詩人、小説家、劇作家。志賀直哉らと雑誌「白樺」を創刊。トルストイに傾倒し、人道主義を実践するため「新しき村」を建設。小説『お目出たき人』『友情』など。

曾子の人となり

『大学』紹介の最後に、曾子の人となりを『論語』から探ってみたい。

　曾子は顔淵亡き後、孔子最晩年の弟子として入門した。最愛の弟子で後継者と目した顔淵を失った時の、孔子の悲しみはどれほど深かったか。『論語』には、「ああ、天予《われ》を喪ぼせり」（先進編）とまで嘆いたとある。しかし、天は孔子を見捨てなかった。曾子が現れ、孟子に連なる系譜において『大学』や『孝経』を編纂し、顔淵に代わって孔子の思想を後代に伝えたのである。

　あまりに若いために、孔子十哲には名を連ねていない。しかし、孝養心が厚い人で、『論語』に登場する回数もかなり多い。孔子塾における存在感の大きさを、うかがい知ることができる。

◉参は鈍い

　曾子は、才走った若者ではなかったらしい。孔子は弟子の批評を至るところで行っているが、次の一節がある。

柴《さい》※や愚《ぐ》、参《しん》や魯《ろ》※、師《し》や辟《へき》※、由《ゆう》や喭《がん》※。（先進編）

柴《さい》（子羔《しこう》）は愚かで、参《しん》（曾子）は鈍く、師《し》（子張）は見かけ倒しで、由《ゆう》（子路）はがさつだ、と評したのである。なかなか辛辣で厳しい。目上の人が目下の者を呼ぶ時は、その名を用いる。参は曾子の名である。孔子の眼には、ボーッとして鈍いと映ったのであろう。ところが、見かけと違って曾子は、孔子の教えの真髄を捉えていた。次の一節がそれを示している。

◉師の道は一筋に忠恕

子曰《しいわ》く、参《しん》よ、吾《わ》が道《みち》は一以《いつもっ》て之《これ》を貫《つらぬ》く。曾子曰《そうしいわ》く、唯《い》。子出《しい》ず。門人問《もんじんと》うて曰《いわ》く、何《なん》の謂《い》いぞや。曾子曰《そうしいわ》く、夫子《ふうし》の道《みち》は忠恕《ちゅうじょ》のみ。（里仁編）

本書ではすでに取り上げたので、重複をお許し願いたいのであるが、ここに最も曾子らしさが現れていると私は思う。「一以貫之」※でも有名な一文である。

ほかの学生たちも同席している教室で、曾子に向かって孔子は、私の道は生涯をかけて一つのことを貫いてきたと語った。曾子はその言葉を聞き、おそらくにっこり笑って「はい」と答えたのである。ほかの門人たちには、何のことやらチンプンカンプンである。そ

※柴（子羔）［前521?〜?］姓は高、名は柴。孔子より三〇歳（四〇歳とも）若い。篤行の人。

※魯　一五七頁参照。

※辟　一四〇頁参照。

※喭　いかつい。かどばってたるみがない。（『漢字源』）

※一以貫之　「一以貫之」は必ずしも「恕」と結びつける必要はなく、独立して幅広くいろいろな使い方があってよいと私は思う。終始一貫して何事かを実行しようとする時など、自由に活用してみてはどうだろうか。気持ちが盛り上がり、で、気持ちが盛り上がり、強い決意を伝えることができる。

こで先生が教室を出た後で曾子に尋ねた。「どういう意味なのか」と。曾子は、「先生の道は、忠恕のみ」と説明したのである。忠はまごころ、恕は思いやりである。

孔子は常日頃、「仁」の徳を説いてやまなかった。才徳兼備の士、すなわち真のリーダーの育成に腐心した孔子であるが、その徳の根本に仁がある。仁とは何かについて、数多くの師弟問答が『論語』の中に登場するのは、それだけ真の意味を掴みにくい言葉であったのだろう。しかし曾子は、師匠が最も大事にする「仁」の徳を、自分の言葉で「忠恕」と置き換えて語り、師匠はそれを全面的に許したに相違ないと私は思う。古稀を過ぎた孔子と二〇代の青年曾子との間に、深い心の交流が感ぜられる。

◉顔淵を偲んだ曾子

同学の先輩を懐かしんで、曾子が語った言葉が『論語』にある。

曾子《そうし》曰《いわ》く、能《のう》を以《もっ》て不能《ふのう》に問《と》い、多《おお》きを以《もっ》て寡《すく》なきに問《と》い、有《あ》れども無《な》きがごとく、実《み》つれども虚《むな》しきがごとく、犯《おか》されて校《むく》いず。昔《むかし》、吾《わ》が友《とも》、嘗《かつ》てここに従事《じゅうじ》せり。

（泰伯編）

才能があるのにない者に問い、知識が豊かなのに乏しい者に問い、有ってもないかのように、充実しているのに空っぽのように、非難や攻撃を受けても争わない。昔、そのような友人がいた、と曾子は回顧する。友人とは顔淵を指す。顔淵は、孔子も感心するほど貧乏を苦にせず、道を求めてやまず、謙虚で偉ぶらない人であった。それを懐かしむ曾子の人となりもまた推察できよう。

◉曾子の描いたリーダーとは

また、曾子は真のリーダー像を明快な語調で説いている。

曾子《そうし》曰《いわ》く、以《もっ》て六尺《りくせき》の孤《こ》※を託《たく》すべく、以《もっ》て百里《ひゃくり》の命《めい》※を寄《よ》すべく、大節《たいせつ》※に臨《のぞ》んで奪《うば》うべからず。君子人《くんしじん》か、君子人《くんしじん》なり。（中略）士《し》は以《もっ》て弘毅《こうき》ならざるべからず。任重《にんおも》くして道遠《みちとお》し。（泰伯編）

小さな孤児の養育を託すことができ、国家の政治を任せることができ、大事難事にあたっても志を奪うことができない。そういう人物こそ、君子の名に値する。士は、心広く強くなければならない。任は重く道は遠いのである。

『大学』で修身・斉家・治国・平天下を説いた人ならではの、重みある言葉の数々である。曾子もまた、終始一貫した生涯を送ったのである。

※六尺の孤
六尺は当時の中国で約一・二二メートルで、子どもの身長にあたる。幼くして父を失った者。幼少で父を失い即位した君主を指す。

※百里の命
百里四方の国の政治。諸侯の国の統治。一説に、百里四方の人民のいのち。（『日国』）

※大節
国家の存亡にかかわる重大事。（『日国』）

第五章
詩と音楽

詩に興り、礼に立ち、楽に成る

詩と音楽は、孔子の人生を形づくる柱であった。これらを抜きにして、孔子を語ることができないと私は思う。

個人の内面生活を支えただけではない。門弟三〇〇〇人という孔子塾では、人間形成の必修科目として奨励された。『論語』を繙《ひもと》いて、しばらく孔子の思いにふれてみたい。まず、表題の一文から始めよう。

◉三段階の人間形成プロセス

子曰《しいわ》く、詩《し》に興《おこ》り、礼《れい》に立《た》ち、楽《がく》に成《な》る。（泰伯編）

士すなわち真のリーダーの人間形成は、詩を学ぶことによって始まり、礼によって確立し、音楽によって完成する。詩・礼・楽の三つは、その順序にということでは必ずしもなく、前後しながらも同時に並行して養われるものではあるまいか。

古来の「詩」は、『詩経』の中に三〇〇余編が収録されている。孔子が自ら取捨、編纂《へんさん》したと伝えられている。「礼」とは、単なる儀式・礼儀作法だけではなく、もっと広く社会のルール全般を指す。法令・規則などに加え、社会常識という書かれざるルールも含まれる。十分咀嚼《そしゃく》しなければ、一人前とはいえない。そして、最終的に人を完成させるのが「楽」である。孔子はいつどこで音楽に接し、感動し、生涯の友としたのか。興味が尽きないテーマである。

◉詩の素晴らしさ

子曰《しいわ》く、詩三百《しさんびゃく》、一言以《いちごんもっ》てこれを蔽《おお》えば、曰《いわ》く思《おも》い邪《よこしま》なし。（為政編）

詩は一口で言えば純粋で、心の思いに邪念がない。歴史ある国には優れた詩人が輩出し、受け継がれ唱われてきた。中国では漢詩が発展し、日本では和歌が源流となって今に至っている。素直な心の表出と、韻律ある言葉の響きは、青少年の情操や知性を養う上で欠かせない。孔子は強く奨めて言う。

子曰《しいわ》く、小子《しょうし》、何《なん》ぞかの詩《し》を学《まな》ぶことなきや。詩《し》は以《もっ》て興《おこ》すべく、以《もっ》て観《み》るべく、以《もっ》て群《むれ》すべく、以《もっ》て怨《うら》むべし。近《ちか》くは父《ちち》に事《つか》え、遠《とお》くは君《きみ》に事《つか》え、多《おお》く鳥獣草木《ちょうじゅうそうもく》の名《な》を識《し》る。（陽貨編）

君たちはどうしてあの詩を学ばないのか。詩は心を奮い立たせ、物事を丁寧に観察し、仲間とは同好の誼《よしみ》を通じ、恨みごとも上手に表現できる。近くは父に仕え、遠くは君に仕え、鳥獣草木の名を識ることができるではないか。

私は、国内にある無数の短歌や俳句の結社の存在を聞くにつけ、日本は世界に例のない「詩人の国」だと思う。しかも、名もない庶民が喜々として参画している。皇室における正月の歌会始は、年始めの国民的な大イベントである。万葉集の時代から、絶えることなく文化が継承されてきた証しである。

孔子は一方で、詩の教養が知識にとどまる危険性を警告する。

子曰《しいわ》く、詩三百《しさんびゃく》※を誦《しょう》し、これに授《さず》くるに政《せい》を以《もっ》てして達《たっ》せず、四方《しほう》に使《つか》いしてひとり対《こた》うること能《あた》わざれば、多《おお》しといえどもまた何《なに》を以《もっ》て為《な》さん。（子路編）

詩三〇〇を暗誦《あんしょう》できても、重要な政務を与えて責任を果たせず、諸国に使いして独り堂々と応対ができないのでは、いくら丸覚えしても無意味である。詩という基礎教養が身につかず、表現力が未熟で、まして人格形成には遠いとなれば、単なる付け焼き刃で、何の役にも立たないのである。

※詩三百
「『詩三百』は教養として記憶すべき三百篇の歌謡の意味あって、いまの『詩経』は、あたかも三百五篇である」（吉川幸次郎監修『論語』）

◉国際舞台と詩文の教養

ここで孔子が子貢の問いに答えて、才徳兼備の第一級のリーダーとして描いた人物像を思い起こして頂きたい。

子曰《しいわ》く、己《おのれ》を行《おこな》いて恥《はじ》あり、四方《しほう》に使《つか》いして君命《くんめい》を辱《はずかし》めず。（子路編）

行動は自分の良心に照らして恥ずることなく、外国に使いして国命を辱めない人物こそ第一級の士だ、と孔子は断言した。

当時の国際交渉の舞台では、一国を代表する者は、単に実務能力に優れているだけでは務まらなかった。古今の詩・文化・歴史に通じ、高い見識を備え、それらを駆使して堂々の論陣をはり、相手を説得することが必要であった。とりわけ小国の代表は、大国の君主に一目置かれて初めて、対等の条約を結ぶことができたに相違ない。教養が借り物の間は、とてもそれどころではなかったであろう。記憶力偏重の秀才タイプでは、国家の危難に際してモノの役には立たないのである。

『詩経』の詩文は、『論語』にも『大学』にも数多く登場する。塾生たちにとって、身近なテキストであったことがわかる。

音楽に感動する心

孔子は、物事に深く感動する、感性豊かな人であった。弟子に対するマン・ツー・マンの指導ぶりを見ても、ある時は褒め、悦び、叱《しか》り、嘆く、その振幅の大きさが温かい肉声となって伝わってくる。筋を通す厳しさの中に、あふれんばかりの優しさ、思いやり、慈愛があったからこそ、弟子たちは全幅の信頼を置いて師に従ったのである。

人は、理屈だけでは動かない。真のリーダーは、公平で的確な判断のできる高い知性が必要だが、それだけでは不十分である。知性は氷山の一角にすぎず、深く隠れた心の中に豊かな徳性が備わっていなければならない。孔子は、音楽が人の情緒や感性を磨くものと信じ、自らも修得に努めた。そして何よりも、音楽を心から愛し楽しんだのである。次の一節を読んでみよう。

◉ご馳走の味がわからないほど感動！

子《し》、斉《せい》にありて韶《しょう》※を聞《き》く。三月《さんがつ》、肉《にく》の味《あじ》を知《し》らず。

※**韶**
伝説上の古代の帝王、舜帝がつくったといわれる音楽。

曰《いわ》く、図《はか》らざりき、楽《がく》を為《な》すことのここに至《いた》らんとは。（述而編《じゅつじ》）

司馬遷※の『史記※』によると、三〇歳代に孔子は隣の大国、斉を訪れた。そこで聞いたのが、韶《しょう》という名の管弦楽である。当時からみても大昔、伝説の舜《しゅん》の時代につくられたクラシック音楽である。現代ならさしずめ、グレゴリオ聖歌、バロック音楽、モーツァルトやベートーヴェンなどに相当しようか。それを初めて耳にした孔子は感動のあまり、しばらくの間どんなに美味しいご馳走《ちそう》を食べても味がわからないほどであった。味覚が麻痺《まひ》するほどのショックとは、並大抵なものではない。そして、若き孔子は述懐した。「予想もしなかった。音楽をすることがこれほど素晴らしいものであるとは」と。

この率直な感想に私は深く心を打たれ、孔子は音楽によって、人生が様変わりするほどの衝撃を受けたに相違ないと確信した。

◉聞くことから弾くことへ

注目したいのは、孔子は単に曲想の凄さと名演奏を「聞くこと」に感動しただけではない。「為すこと」、すなわち楽器を演奏する素晴らしさに目覚めたのである。これは、私にとっては大発見であった。爾来《じらい》『論語』は一段と精彩を放ち始め、孔子は格段に身近で親しみ深い存在となった。世界の聖人として並び称される釈迦《しゃか》やキリストと比べて、より世

※司馬遷
［前145頃〜前86頃］
中国、前漢の歴史家。父の司馬談を継いで朝廷の記録をつかさどる太史令となった。漢の将軍として匈奴討伐の兵を率い投降した友人の李陵を弁護したため、武帝の激怒を買い宮刑に処せられた。これに屈せず、『史記』一三〇巻を完成させた。

※史記
中国の正史。上古の黄帝から前漢武帝までの二千数百年にわたる通史。司馬遷の著。漢書をはじめ後世の正史、日本の『日本書紀』などの模範となった。

俗的で人間的なのである。

孔子と音楽との関係については、深い研究が為されているのだろうか。浅学ながら数多くの注釈書に接したが、いずれも通り一遍の解説ですませている。もともとは『楽経《がくけい》※』という書物があり、いつの間にか失われてしまったという。もし発見されれば、もっと深い意味が明らかになるだろうと心が躍る。

ともあれ孔子は、名曲を聴いて感動し、そこから一歩進んで自ら楽器の演奏を志した。そして時の経つのも忘れ、食べ物の味がわからないほどに没頭したのである。きっと名人に師事して、徹底的に練習に励んだものと思う。

孔子の演奏技術のレベルはどうであったか。三〇歳代から始めたのでは、プロの域には達しなかったと思う。しかし、終生自ら楽しみ、弟子たちに奨め、合奏もし、名演奏家を尊敬し、その教えを受け続けたことであろう。苦難の多かった諸国遍歴中にも楽器を手放さなかったのだから、その傾倒ぶりは徹底していた。音楽は、日々の生活の欠かせない一部となっていたのである。

◉楽しんでこそ身につく

子《し》曰《いわ》く、之《これ》を知《し》る者《もの》は之《これ》を好《この》む者《もの》に如《し》かず。

之《これ》を好《この》む者《もの》は之《これ》を楽《たの》しむ者《もの》に如《し》かず。（雍也《ようや》編）

※楽経（經）　がくけい　儒家の経典の一つ。音楽について述べたというが伝わらない。五経（ごきょう）とあわせて六経（りくけい）とされる。（『新選漢和』）

何事によらず、知る者は好む者に及ばない。好む者といえども楽しむ者には及ばない。諺《ことわざ》に「好きこそものの上手なれ」とあるが、好きを超えて楽しむ境地になってこそ、教養が付け焼き刃を脱して、自分の血となり肉となるというのである。

ある時、ビオラの世界的演奏家、今井信子※さんに質問した。「お弟子さんに一番教えたいことは何ですか。どんな学生が伸びますか」と。答えは「音楽を心から楽しむことを教えたい。そういう子はどこまでも伸びます。コンクールで受賞するくらいの子の技術レベルは、皆さん相当に高いのです。その後、成長するかどうかは、その子が心の底から音楽を愛し、楽しんでいるかにかかっているのです」であった。

上達のプロセスは、学問も芸術も変わりはなさそうだ。一芸を極めた人には、飾らないのびのびした人柄が多い。そして、「一芸は萬《まん》芸に通ず」（宮本武蔵『五輪書』）で、観察の鋭さと的確さにしばしば驚かされる。例えば、ビオラの今井さんは大相撲の実戦を見て、「立ち合いが素晴らしい。あのぶつかりは、合奏の出だしの呼吸と同じです」と、述べた感想が心に残っている。

※今井信子
［1943〜］ビオラ奏者。桐朋学園大学を卒業後、ジュリアード音楽院で学ぶ。1967年ミュンヘン、1968年ジュネーブの両国際コンクールで最高位入賞。欧米を拠点としてソリスト、室内楽奏者、教育者として国際的に活躍。
カザルスホールの音楽アドヴァイザーを務めたほか、二〇年に及ぶ「ヴィオラスペース」の企画・演奏に携わる。東京、ロンドン、ニューヨークの3都市で開催された「インターナショナル・ヒンデミット・ヴィオラ・フェスティバル」音楽監督、若手演奏家の登龍門である東京国際ヴィオラコンクール審査委員長を務め、アムステルダム音楽院、クロンベルク・アカデミー、ソフィア王妃高等音楽院教授、上野学園大学特任教授。

道に志し、芸に遊ぶ

先にも、「子曰《いわ》く、詩に興り、礼に立ち、楽に成る」（泰伯編）という『論語』の一節を引用し、孔子が理想型として描く人間形成のプロセスを紹介した。

この世に誕生した人は、それだけでは単に生物的な存在に過ぎない。

誰しもに宿る無限の可能性は、人物学を修めることによって初めて顕現する。そして、社会人として完成するには、詩に感興して言語を深く学び、礼、すなわち社会ルールを身につけ、さらに音楽をマスターすることだ、というのである。

孔子は自らも詩と音楽を心から愛し、弟子たちにもその習得を強く奨めたのであった。

◉芸に遊ぶ

子《し》曰《いわ》く、道《みち》に志《こころざ》し、徳《とく》に拠《よ》り、仁《じん》に依《よ》り、芸《げい》に遊《あそ》ぶ。（述而編）

この一節は、士人すなわち真のリーダーのあり方を説いている。士たる者は道理に適った正しい道を求め、常々自らの在りようの根本に徳をおき、とりわけ真心や思いやりとい

※六芸
周代に士が学ぶべき科目として六種の技芸。礼（礼儀）・楽（奏楽）・射（弓）・御（馬術）・書（書写）・数（算数）。

う仁の徳を拠り所として行動し、しかも独り自分の時間には芸に遊ぶゆとりを持ちたいものだ、と。芸とは教養全般を指す言葉で、しばしば六芸《りくげい》※と称されるように幅が広い。詩や音楽や書画などの文芸的な分野だけではなく、弓を射たり馬車を御したりという武芸も含まれている。文武両道に秀でるという意味が、「芸」の一字に含まれていると考えたい。
このように教わった弟子たちは、孔子塾を卒業し政治の場に職を得て、師の教えを忠実に実行し、音楽も含めて民の教化に努めたのである。とはいえ、弟子たちの進歩の程度や取り組み方は一様ではなかった。

◉子路よ、奥義にはもう一息だ

由《ゆう》は、孔子門の高弟であり武人政治家であった子路を指す。衛国の大臣を務めたほどの人物であるが、直情径行で武骨な人柄であったので、その弾く瑟《しつ》※（大琴）はごつごつとして調和に欠けていた。

子曰《しいわ》く、由《ゆう》の瑟《しつ》、なんすれぞ丘《きゅう》※の門《もん》に於《お》いてせん。門人《もんじん》、子路《しろ》を敬《けい》せず。
子曰《しいわ》く、由《ゆう》や堂《どう》※に升《のぼ》れり。未《いま》だ室《しつ》※に入《はい》らざるなり。（先進編）

これを評して孔子が、由の瑟は吾《わ》が門にはふさわしくないと漏らしたので、門人たち

台南孔子廟にて
展示されている瑟

Zeze0729／ウィキメディア・コモンズ
（Wikimedia Commons）

※瑟
中国古代の弦楽器の一つ。箏（そう）の大きいもので、長さ一～二メートル、幅四〇～五〇センチメートル、普通は二五弦で、二三弦、二七弦などもある。周代から常に琴と合奏するときにつかわれた。柱（じ）で調弦し、両手で弦をつまんで弾奏する。わが国には奈良時代に伝えられ、正倉院に二四弦瑟の残欠がある。しち。（『日国』）

は子路を尊敬しなくなった。

そこで先生は、門人たちをたしなめたのである。「子路の学問は大いに進んで、家に喩えればすでに表座敷には入っている。音楽のレベルも然り。奥座敷、言い換えれば最奥義に達していないだけなのだよ」と。子路がほかの門弟たちから軽んぜられるのは、師の本意ではなかったのである。

同じような微笑ましい一節が次にある。

◉鶏を割くのに、なぜ牛刀を用いるのか

これは、師が弟子の子游《しゆう》※（名は偃《えん》）に一本取られた図である。君の言う通りだなと、師が頭を掻《か》いている場面であろうか。

子《し》、武城《ぶじょう》※にゆきて弦歌《げんか》※の声《こえ》を聞《き》く。
夫子《ふうし》※莞爾《かんじ》として笑《わら》って曰《いわ》く、鶏《にわとり》を割《さ》くにいずくんぞ牛刀《ぎゅうとう》を用《もち》いん。
子游《しゆうこた》対えて曰《いわ》く、昔者《むかし》偃《えん》※やこれを夫子《ふうし》に聞《き》く。曰《いわ》く、君子《くんし》道《みち》を学《まな》べば則《すなわ》ち人《ひと》を愛《あい》し、
小人道《しょうじんみち》を学《まな》べば則《すなわ》ち使《つか》い易《やす》しと。
子《し》曰《いわ》く、二三子《にさんし》※よ、偃《えん》の言是《げんぜ》なり。前言《ぜんげん》はこれを戯《たわむ》れしのみ。（陽貨編）

※丘
孔子の名。孔子の生地は魯の陬（すう）で、「陬人孔丘（すうひとこうきゅう）」ともいわれる。

※堂
正堂、客間。

※室
奥の間、小部屋の私室。

※子游
一三二頁参照。

※武城
魯の国の町。子游はその宰（さい＝長官）となり、礼楽をもって治めた。

※弦歌
弦楽器を演奏して歌うこと。

※夫子
孔子を指す。孔子は、魯の大夫になったので夫子と呼ぶ。転じて、一般的に弟子が師を呼ぶ時の尊称になった。

※偃
子游の名。

孔子はある日、子游が長官を務める魯《ろ》の武城という町を訪れた時に、雅楽を演奏する音と歌声を町中に聞いて、ニッコリと笑いながら言った。「小さな鶏を割くのに、どうして牛を切る大きな刀を使う必要があるのだろう」と。国家の儀礼を司る音楽がどうしてこんな小さな町に、というわけである。そこで子游は答えた。「昔、わたくしは先生に教わりました。礼楽という道は、人の心を和らげる。為政者は道を学べば人を愛するようになり、庶民は道を学べば為政者を信頼し、使いやすくなる、と言われたではありませんか」と。そこで孔子は周りの者に言った。「君たち聞きなさい、偃の言う通りだ。先ほどの私の言葉は、少しからかっただけなのだ」と。忖度《そんたく》するに、孔子は若い弟子が現場で真剣に教えを実践している姿を見て、心から嬉しく思ったに相違あるまい。

当時、礼楽を修めることが士人、すなわち真のリーダーの人間形成上いかに重要視されたかがわかる。そのようにして培われた士人の人徳が民心に大きな影響を与え、治世の要となったのである。

今の世でも同様であって、上に立つ者の心の姿勢と人格がいかに決定的な影響力を持つか、その基本構図に何ら変わりはない。リーダーの責任は、時代を超えて常に限りなく重いのである。

※二三子
二、三人の者。

音楽と人の心

音楽を言葉で表現する難しさは、昔も今も変わりがない。

まして、古代の楽器や曲がどんなものであったかは、多分に想像の域を出ないのであるが、音楽への孔子の深い思いは、『論語』を通じ十分に伝わってくる。

◉上手に弾くだけでは不十分

子曰《しいわ》く、人《ひと》にして仁《じん》ならずんば、礼《れい》を如何《いかん》せん。

人《ひと》にして仁《じん》ならずんば、楽《がく》を如何《いかん》せん。（八佾《はちいつ》編）

礼の作法は、いかに形が整っていても、とり行う人に仁の心がなかったら、一体何の意味があろうか。同じように、いかに楽器を上手に弾いても、その演奏家に仁の心がなかったら、一体どんな意味があろうか。

「仁」とは、孔子自らが一生を貫く課題とした「忠恕《ちゅうじょ》」の意味に解したい。

誠実な真心と、他への思いやりである。そうした心のない演奏は、たとえ超絶技巧を駆使して人の耳目を驚かしても、心を揺さぶるような感動を与えることはできない、と孔子は語ったのである。

現代でも、確かに思い当たる節がある。音楽コンクールを例に取ればよい。そこで入賞するほどの演奏家は、技術的にはほとんど完璧の域に達している。どんな難曲でも楽々と弾きこなす。しかし、彼らが音楽家として大成するには、さらに脱皮し、人を感動させる何ものかを身につけねばならない。この何ものかは芸術性と呼ばれるが、人の心がわかる深みと温かみであり、それが聴く者の心を打ち共感を誘うのである。

◉古代のオーケストラの響き

子曰《しいわ》く、師摯《しし》※の始《はじ》め、関雎《かんしょ》※の乱《おわ》りは、洋洋《ようよう》※乎《こ》として耳《みみ》に盈《み》※てるかな。（泰伯編）

摯という名の師、すなわち宮廷楽長の歌に始まり、『詩経』にある関雎《かんしょ》を楽器の全奏によって弾き終えるまで、その流れは大海原のように広くのびのびとして、聴く者の耳いっぱいにみちてくるようだ。

どんな曲をどんな編成で演奏したかは、雅楽によって今に伝わる楽器類を手がかりに想像するしかないが、曲に応じて大編成のフル・オーケストラも、小ぶりな室内楽も、あるいはソリストによる演奏もあったのであろう。

※師摯
魯の宮廷楽長。

※関雎
詩経の第一篇の名。その詩の冒頭の「関関雎鳩」の句の略。「関関」は鳴く声の和らぐさま。「雎鳩（しょきゅう）」はみさごで、夫婦仲がよいとされる水鳥。詩は五章で、君子と淑女の愛情をうたっている。（『日国』）

※洋洋
水があふれるばかりに満ちているさま。水が広々と広がっているさま。「―たる大海」（『大辞泉』）

※盈
いっぱいになる。

大分前のことになるが、曾侯乙墓《そうこういつぼ》※の発見が話題になった。二四〇〇年前の楽器の数々が発掘されたのである。曾侯の乙は戦国時代の人だが、孔子の生きた春秋末期を偲《しの》ぶには十分である。複製品が上野の東京国立博物館に展示され、当時の音を再現してくれた。磬《けい》という「へ」の字の形をした石の打楽器や、鐘と呼ばれるお寺の鐘のような金属製の打楽器が、大から小までずらりと並び、いんいんと響き渡るのは、なかなかの壮観であった。

◉宮廷楽長との音楽談義

子《し》、魯《ろ》の大師《たいし》に楽《がく》を語《かた》りて曰《いわ》く、楽《がく》はそれ知《し》るべきのみ。始《はじ》めて作《おこ》すに翕如《きゅうじょ》※たり。これを従《はな》ちて純如《じゅんじょ》※たり、皦如《きょうじょ》※たり、繹如《えきじょ》※たり。以《もっ》て成《な》る。（八佾編）

ある日孔子は、魯の宮廷楽長に音楽について語った。「音楽は流れがあるのでわかりやすい。合奏の始めは全楽器が一斉に音を放ち、それがハーモニーをもって響き合い、管弦打楽器それぞれが濁らない明瞭な音を奏で、ずっと続いて曲の終わりに至る」と。当時の管弦楽を髣髴《ほうふつ》とさせる一節である。

音楽愛好家は生涯に何度か、心に響く名演奏に接していると思う。それが人生の節目であれば、一生忘れることのできないものとなる。孔子は聴くだけでなく、楽器を手にした人である。音のシャワーの中に自分の身を置いて、合奏する楽しみは、また格別の味わい

※曾侯乙墓
1978年に中国湖北省随県で発掘された戦国（紀元前475～221年）早期の大型木槨墓。副葬品には七〇〇〇点あまりの文物があった。管弦打楽器がそろい、六五点の鐘から成る編鐘の保存状態はきわめてよく、中国楽器史研究の上での重大な発見だった。複製が昭和女子大学人見記念講堂に展示されている。墓主の曾侯乙は諸侯国の国君で、曾は国名、侯は爵位、乙は名字。

※翕如
音楽がいっせいに起こるさま。（『新選漢和』）。「翕」は「『羽＋（音符）合（コウ）』で、鳥が羽をあわせて飛びたつ用意をすることをあらわす」（『漢字源』）

※純如
おだやかなさま。ゆったりしたさま。（『新選漢和』）

であったに相違ない。

◉徳ある人を育てるには

孔子は、なぜ詩と音楽を塾の必修科目にしたのか。思うに、人が真に人らしくなるには、人物学の基礎教養を身につけ、詩と音楽を通じて感性を磨くことが不可欠と考えたからではないか。これは、現代の徳育教育にもあてはまる。子どもの頃からできるだけ、古典に親しみ先人に学びつつ、音楽・美術・演劇など本物の芸術に接し、感性と情操を磨くことの意義は計りしれない。

教育は文化の継承でもある。そのためにも、文（学問）・武（スポーツ）・芸（芸術）の各分野における一流人物に、教育の場に参画して頂きたいと願う。とりわけ、自分の時間ができた定年退職者に登板してもらいたい。未来を担う青少年の育成は、学校だけに任せるのではなく、社会総がかりで取り組む必要があると思うのである。

※皦如
音曲の音色がはっきりしているさま。（『新選漢和』）

※繹如
ひきつづいて絶えないさま。（『新選漢和』）

一人ひとり志を述べよ

ある日の昼下がり、孔子は四人の弟子たちに囲まれて、寛いだ一時を持った。孔子はこの四人に、各々の抱負を自由に述べなさいと言った。以下はその対話であるが、塾生の多様性がわかるので、少し長くなるが引用したい。

◉遠慮せずに希望を述べなさい

子路《しろ》・曾皙《そうせき》※・冉有《ぜんゆう》・公西華《こうせいか》※、侍座《じざ》す。子曰《しいわ》く、吾《わ》が一日爾《いちにちなんじ》より長《ちょう》ずるをもって、吾《われ》をもってするなかれ。居《お》れば則《すなわ》ち曰《いわ》く、吾《われ》を知《し》らずと。もし爾《なんじ》を知《し》る者《もの》あらば、則《すなわ》ち何《なに》をもってせんや。（先進編）

曾皙《そうせき》は、『大学』を編纂した曾子の父親であり、子路と並んでかなりの年配であった。冉有《ぜんゆう》は孔子より二九歳、公西華は四二歳若い弟子である。

先生は懇ろに語りかけた。「私が年上だからといって、遠慮することはないよ。君たちは普段から〝世間は自分の真価を知らない〟と嘆いている。もし知る人がいて用いられた

※曾皙
姓は曾、名は点。皙は字。曾子の父で父子ともに孔子の弟子だった。謹厳な息子と違って自由奔放な人物だった。『論語』ではこの一章にだけ登場する。

※公西華
［前509～?］姓は公西、名は赤（せき）。字は華。魯の人。儀式、礼法に通じる。孔子の死の際には葬儀委員長を務めた。

ら、何をやろうとするのかね」と。世に出ようとする者が抱く認められないことへの悩みは、昔も今も変わりがないようだ。

◉子路——大国を治めて、平和にする！

子路《しろ》、率爾《そつじ》※として対《こた》えて曰《いわ》く、千乗《せんじょう》の国《くに》、大国《たいこく》の間《かん》に摂《せっ》し、これに加《くわ》うるに師旅《しりょ》※をもってし、これに因《よ》るに飢饉《ききん》をもってするに、由《ゆう》やこれを為《おさ》め、三年《さんねん》に及《およ》ぶころあい、勇《ゆう》ありてかつ方《ほう》を知《し》らしむべきなり。（先進編）

由は子路の名。常に堂々として勇ましい。子路は、いきなり次のように述べた。「兵車千台を有する諸侯の国を宰し、万台を出すことのできる大国の間に挟まり、さらには戦争が起こり飢饉《ききん》が重なるという困難な時にあっても、私が治めれば、三年も経つ頃には、国民に勇気を与え、道をわきまえさせることができます」と。孔子は、次に冉有に発言を求めた。

◉冉有——小国を治め、民を満足させる！

求《きゅう》よ、爾《なんじ》は何如《いかん》。対《こた》えて曰《いわ》く、方《ほう》の六七十《ろくしちじゅう》、もしくは五六十《ごろくじゅう》、求《きゅう》やこれを為《おさ》め、三年《さんねん》

※率爾
にわかに。突然。

※師旅
①軍隊。昔、二千五百人を師、五百人を旅といった。②戦争。（『新選漢和』）

に及《およ》ぶころあい、民《たみ》をして足《た》らしむべきなり。その礼楽《れいがく》のごときは、以《もっ》て君子《くんし》に俟《ま》たん。（先進編）

求は、冉有の名。子路に比べると遠慮深く、次のように答えた。「六、七〇里か、五、六〇里四方の小さい邦を私が治めれば、三年も経つ頃には、人々を豊かにし満足させることができます。礼楽のことは、君子を招いて指導させます」と。

孔子は、次に公西華に問うた。

◉公西華——宗廟や諸侯の会合で働く！

赤《せき》よ、爾《なんじ》は何如《いかん》。対《こた》えて曰《いわ》く、これを能《よ》くするというには非《あら》ず。願《ねが》わくは学《まな》ばん。宗《そう》廟《びょう》のこともしくは会同《かいどう》に、端章甫《たんしょうほ》※して、願《ねが》わくは小相《しょうしょう》たらん。（先進編）

赤は、公西華の名。曾子とほぼ同世代の若者である。彼はさらに遠慮深く、次のように述べた。「できるというのではなく、学びたいのです。宗廟《そうびょう》の務めや諸侯の会合の時に、礼式に則った端の服や章甫《しょうほ》の冠をつけて、いささかなりともお役に立ちたいと思います」と。

最後に孔子は、曾皙に問うた。

※端章甫
端は玄端（げんたん）の服。周代に着用した黒色の服。章甫は、殷（いん）代の礼式用の冠。（『新選漢和』）

◉曾晳——春の日を散策し、音楽とともに過ごしたい！

点《てん》よ、爾《なんじ》は何如《いかん》。瑟《しつ》をひくことをやめ、鏗爾《こうじ》※として瑟《しつ》をおきて作《た》ち、対《こた》えて曰《いわ》く、三《さん》子者《ししゃ》の撰《せん》に異《こと》なれり。子曰《しいわ》く、何ぞ傷《いた》まんや。また各々《おのおの》その志《こころざし》を言《い》うなり。曰《いわ》く、暮《ぼ》春《しゅん》には春服《しゅんぷく》すでに成《な》り、冠者《かんじゃ》※五六人《ごろくにん》・童子《どうじ》六七人《ろくしちにん》を得《え》て、沂《き》※に浴《よく》し、舞雩《ぶう》※に風《ふう》して、詠《えい》じて帰《かえ》らん。夫子《ふうし》、喟然《きぜん》※として歎《たん》じて曰《いわ》く、吾《われ》は点《てん》に与《くみ》せん。（先進編）

点は、曾晳の名。孔子に聞かれて曾晳は、爪弾いていた瑟（多弦の琴）をかたりと置き、立ち上がって「三人とは異なります」と答えたところ、「気にすることはない。それぞれに抱負を語っているのだ」と言われ、改めて次のように述べた。「晩春になって春着も整い、五、六人の青年と六、七人の少年を伴って、沂水《きすい》で水浴びをして、雨乞いに舞う台地で涼み、歌いながら帰って来るような生活をしたいと思います」と。孔子は「ああ！」と感歎《かんたん》して、「私も点と同じ考えだよ」と語った。

一国の政治家を目指す三人の熱い思いに深い理解を示しつつ、孔子は、飄々《ひょうひょう》として欲のない曾晳の願望を全面的に肯定し、自分もそうありたいと語ったのである。楽器を携えて歩く、のどかな春の風景が目に浮かぶ。この一節に、老子的な世界を垣間見るような気がするのは、やや詮索に過ぎるだろうか。

※鏗爾
琴（こと）や瑟（しつ）などをカチャリと下に置く音。（『新選漢和』）

※冠者
元服をすませた男子。元服した若者。（『新選漢和』）

※沂
川の名。沂水。山東（さんとう）省曲阜（きょくふ）市に発し、西に流れ、泗水（しすい）にそそぐ。（『新選漢和』）

※舞雩
雨乞いの祭壇。

※喟然
ためいきをつく様子。嘆息するさま。（『日国』）

なぜ、孔子は国を捨てたか

音楽は、政治の駆け引きにも用いられた。

孔子は五六歳の時に魯を去り、一四年にわたって諸国を遍歴した。ついに志を得ることなく再び魯に戻り、余生を後進の育成に努めたが、なぜ一旦は故国を捨てたのか。そのきっかけを、『論語』は簡潔に次の通り語る。

◉斉人、女楽を贈る

斉人《せいひと》、女楽《じょがく》を帰《おく》る。季桓子《きかんし》※これを受《う》く。三日《みっか》朝《ちょう》せず。孔子《こうし》行《さ》る。（微子編）

隣国の斉が、女楽すなわち女性の歌舞団を魯に贈った。魯の君主、定公に次ぐ最高の名家であった季桓子《きかんし》はこれを受けて、見物にうつつを抜かし、三日も朝廷に出なかった。孔子は、失望して国を去った。

司馬遷の『史記』によれば、定公一四（紀元前四九六）年のこと。孔子は魯の大司寇《だいしこう》、すなわち司法長官の職にあり、宰相の職務代行をも務めていた。采配を任された孔子は、国

※季桓子
［?～前４９２］魯の上卿。季孫氏の六代目。名は斯（し）。孔子を用いた。季康子（七三頁参照）の父。

政を乱す大夫の少正卯《しょうせいぼう》※を成敗し、積極的な改革を進め業績を上げた。わずか三カ月間のうちに、商売人は暴利をむさぼらなくなり、風紀の乱れが正され、治安がよくなり、落とし物を着服する者がいなくなったという。それを見て斉は、孔子の政治力によって魯が強大化すれば、自国の存立が危うくなると懼《おそ》れ、女楽を贈り魯の人心の攪乱《かくらん》を謀ったのである。より抜きの美女八〇人が、飾り立てた三〇台の馬車に乗って、きらびやかに魯都に到着する。季桓子は、美しく官能的な歌舞にたちまち心を奪われ、三日間も政務をそっちのけにして惑溺した。

◉計略にはまった！

孔子はついに職を辞し、国を去る決心をする。国境の村、屯《ちゅん》にさしかかったところで、見送りにきた楽師の己《き》と問答を交わす。

孔子《こうし》ついに行《さ》り、屯《ちゅん》に宿《やど》す。しかして師己《しき》、送《おく》りて曰《いわ》く、夫《ふう》子《し》はすなわち罪《つみ》にあらず。
孔子《こうし》曰《いわ》く、われ歌《うた》わん、可《か》ならんか。歌《うた》いて曰《いわ》く、かの婦《ふ》の口《くち》、もって出《い》で走《はし》るべし。
かの婦《ふ》の謁《えつ》、もって死《し》し敗《やぶ》るべし。なんぞ優《ゆう》なるかな遊《ゆう》なる

斉から魯に「女楽」が贈られる

『東方』440号　瀧本弘之「中国古版画散策」

※少正卯
［?～前496］魯の大夫。司法・警察を統べる大司寇（だいしこう）となった孔子は「政を乱す」と殺した、と伝えられる。

かな、ここにもって歳《さい》を卒《お》えざる。（『史記』孔子世家、以下同）

己《き》は問う。「先生は罪を犯したわけではないのに、なぜ去るのです」と孔子は歌に託して思いを語るが、深い落胆ぶりがうかがえる。「女を使った計略さ　これに乗ったら身の破滅　国の柱があのさまなら　逃れてゆうゆう過ごしたい」と。西野広祥・藤本幸三訳『史記（Ⅶ）』（徳間書店）の訳をそのまま示す。

◉斉・魯の会盟での一喝

遡って定公※一〇（紀元前五〇〇）年に、斉と魯は講和条約を結んだ。斉の景公※は会盟を口実に、魯の定公を夾谷《きょうこく》に招いた。大司寇の孔子は定公を補けて会盟の地に赴いたが、危惧した通り物騒な出来事が起こった。

斉《さい》の有司《ゆうし》趨《はし》りて進《すす》みて曰《いわ》く、請《こ》う、四方《しほう》の楽《がく》を奏《そう》せん。景公曰《けいこういわ》く、諾《だく》。ここにおいて旌旄羽祓《せいぼううふつ》※、矛戟※剣撥《ぼうげきけんばつ》※、鼓噪《こそう》※して至《いた》る。孔子《こうし》趨《はし》りて進《すす》み、歴階《れきかい》※して登《のぼ》り、一等《いっとう》を尽《つ》くさず、※袂《たもと》を挙《あ》げて言《い》いて曰《いわ》く、わが両君《りょうくん》、好会《こうかい》をなす。夷狄《いてき》の楽《がく》、なんすれぞここにおいてせん。請《こ》う、有司《ゆうし》に命《めい》ぜん。

旌

羽

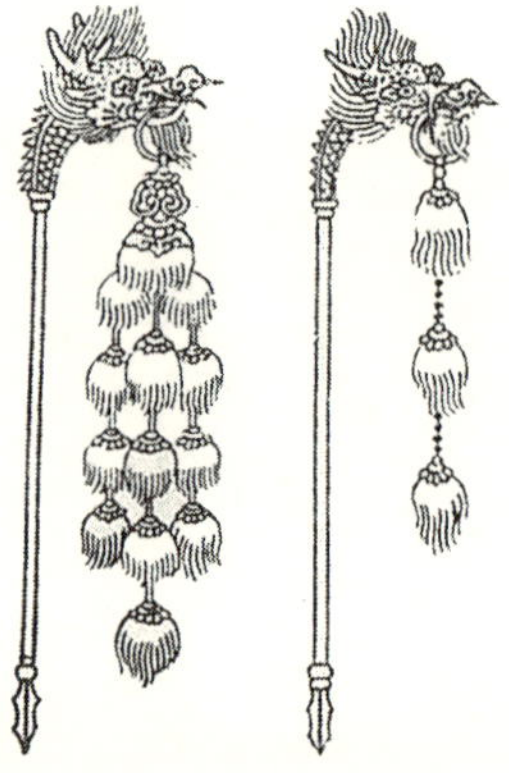

『論語と孔子の事典』（大修館書店）

※定公
［?〜前495］魯の君。名は宋。襄公の子で昭公の弟。孔子を重用した。

※景公
［前547〜前487］五八年間、斉に君臨した。人民には過酷で、国の混乱を収拾せず、凡庸な君主だったといわれる。

※旌旄羽祓
獣の毛や鳥の羽のついた旗。

礼法に従って会見が進んだところで、斉の役人が小走りに現れ、「友好を祝って珍しい音楽と踊りを披露したい」と言う。景公が頷《うなず》くや、太鼓が鳴り響き、矛や剣など様々な武器を持った踊り手が登場した。危険を感じた孔子は小走りに進み、階段を駆け上って、袖のたもとをあげて叫んだ。「厳粛な会見の場に、夷狄《いてき》の音楽とは何ごとか。役人に命じて取りやめよ」と。

景公は中止を命じたが、その後も斉側に無礼な振る舞いが続いた。

景公《けいこう》懼《おそ》れて動《うご》き、義《ぎ》のしからざるを知《し》る。その群臣《ぐんしん》に告《つ》げて曰《いわ》く、魯《ろ》は君子《くんし》の道《みち》をもってその君《きみ》を補《たす》く。しかるに子《し》はひとり夷狄《いてき》の道《みち》をもって寡人《かじん》※に教《おし》え、罪《つみ》を魯君《ろくん》に得《え》しむ。これを為《な》すことをいかんせん。

景公は恐れて動揺し、義で負けたと悟り、宮廷に戻って臣下を叱《しか》った。「魯には君子の道をもって補佐する臣下がいる。それに比べて、私の臣下は野卑な道しか知らない。魯君に対してどう罪を償ったものか」と。その結果、斉はかつて奪った土地をいくつか返還して、魯に謝罪の意を表したという。

歴史の教訓は重い。会盟から四年後の女楽事件で、魯の弱体化を図る斉の策謀が実った。時代を超えた権謀術数がここにある。国を守るのは指導者の資質による。優れた指導者がおれば、小国といえども侮られることはないのである。

※矛戟
「矛」は長い槍、「戟」は矛にかぎ形の刃をつけたほこ。

※剣撥
剣と長大なたて。

※鼓噪
太鼓を打って騒ぎ立てる。

※歴階
一段ごとに両足を揃えずに、片足をかけて階段を昇る。尊者の前では、一段ごとに両足を揃えてから上段に昇るのが礼の作法だった。

※一等を尽くさず
最上段まで登らず一段を残して。

※寡人
天子や王侯の自称。(『日国』)

苦難にみちた遍歴の旅

孔子は五六歳の時に魯を去り、弟子たちを連れて諸国遊説の旅に出た。孔子の徳治主義はしかし、弱肉強食と下剋上《げこくじょう》の世には受け入れられなかった。失意を抱いて再び故国に戻ったのは、一四年後のこと。この間多くの苦難に遭遇するが、孔子は常に詩と音楽を楽しみ、うまず教え続けたのである。

◉演奏に屈託がある

子《し》、磬《けい※》を衛《えい》に撃《う》つ。蕢《あじか※》を荷《に》ないて孔氏《こうし》の門《もん》を過《す》ぐる者《もの》あり。曰《いわ》く、心《こころ》あるかな、磬《けい》を撃《う》つこと。既《すで》にして曰《いわ》く、鄙《いや》しきかな、硜硜乎《こうこうこ》たり。※己《おの》れを知《し》ることなくんば、これ已《や》まんのみ。深《ふか》ければ厲《れい※》し、浅《あさ》ければ掲《けい※》す。子曰《しいわ》く、果《か》なるかな、難《かた》きことなきかな。（憲問編）

孔子が衛の国都で、「へ」の字の形をした打楽器「磬《けい》」を弾いている時、もっこを担いで門前を通り過ぎた男が、「心のこもった演奏だ」と褒めた。ところが、しばらくして一

磬

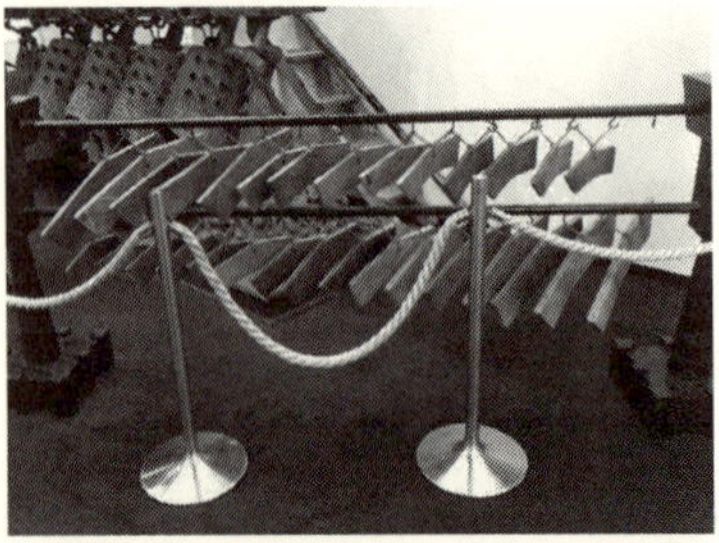

昭和女子大学提供

※磬
中国古代の打楽器。枠の中に「へ」の字形の石板をつり下げ角（つの）製の槌（つち）で打ち鳴らすもの。石板が一個だけの特磬と、十数個の編磬とがある。宋代に朝鮮に伝わり雅楽に使用。日本では奈良時代以降、銅・鉄製の特磬を仏具に用いる。（『大辞泉』）

※蕢
わらなどで作った、土を運ぶもの。（『新選漢和』）

転、次のように言った。「俗っぽいな。堅苦しい音だ。自分を認めて貰《もら》えなければ、已《や》めて去ればよい。詩にも〝深い川ならざんぶりと、浅い川なら裾をつまめ〟（『詩経』邶風《はいふう》）とある」と。この批評を耳にして孔子は、「思い切った意見だ。世の中を見限って孤高を保ち、自分独りを潔しとするのは難しくないが、そうはいかないのだ」と語った。批評家は隠者であろうか。

◉天命——文化継承者の自負

孔子の一行は宋《そう》の国を旅している時に、桓魋《かんたい》※に襲われ、命の危険にさらされた。桓魋という人は宋の軍務大臣で、孔子を殺そうと謀ったのである。

天《てん》、徳《とく》を予《われ》に生《しょう》ず。桓魋《かんたい》それ予《われ》を如何《いかん》せん。（述而編）

その絶体絶命の時に孔子が述べた言葉は、「天がわが身に徳を授けている。桓魋ごときが、私をどうこうできるはずはない」であった。さらに、匡《きょう》※の国において、

子《し》、匡《きょう》に畏《おそ》る。
曰《いわ》く、文王既《ぶんおうすで》に没《ぼっ》したれども、文《ぶん》ここに在《あ》らずや。

※硜硜乎たり
音が硬い。

※厲
衣全体をまくりあげる。

※掲
衣のすそを持ちあげる。

※桓魋
姓は向（しょう）、名は魋。桓公の子孫なので桓魋。宋の景公に重用された。孔子が宋にいる時、孔子を殺害しようと大樹を引き倒した。景公と対立し、斉の陳成子の次卿となった。司馬桓魋ともいう。

※匡
中国河南省北部、長垣県の西南の地。春秋時代の衛の国の邑（ゆう）で、孔子が通りかかったとき、陽虎という悪人と間違えられて迫害されたところ。（『日国』）

天《てん》のまさにこの文《ぶん》を喪《ほろ》ぼさんとするや、後死《こうし》の者《もの》、この文《ぶん》に与《あずか》ることを得《え》ざるなり。
天《てん》の未《いま》だこの文《ぶん》を喪《ほろ》ぼさざるや、匡人《きょうひと》それ予《われ》を如何《いかん》せん。（子罕編）

孔子は、匡で非常な危険に遭遇した時に、次のように語った。「周を興した武王の父文王は、大昔に亡くなっている。しかし、その築いた文化は私を通して今に伝わっている。今ここで私が死んで、天がこの文化を滅ぼすならば、後世の人々はその恩恵にあずかれない。天がこの文化を亡ぼすつもりがないのなら、どうして匡人ごときが、私を滅ぼすことができようか」と。

『史記』によれば、孔子が襲われた理由は、かつて匡を荒らし回った魯の将軍陽虎《ようこ》※に風貌が似ていたからだという。とんだ誤解であるが、陽虎は土地の人たちによほど憎まれていたに相違ない。

孔子の旅は、文字通り命がけであった。

※陽虎
魯の大夫。字は貨。権力者季平子に仕え、死後に反乱を起こし、政権を握ったが、三年で失脚し斉に逃れた。

★『お爺ちゃんの論語塾』雑感⑨
寺子屋『お爺ちゃんの論語塾』でも、子どもらは孔子の苦難に心配げながら興味津々の顔を見せる。お爺ちゃん先生はそのつど、「吾十有五にして学に志す（志学）」（為政編）から始まり、而立（三〇歳）、不惑（四〇歳）、知命（五〇歳）、耳順（六〇歳）、従心（七〇歳）と続く有名な一節を引用しながら、孔子の生涯を語っている。志を立て邁進することの重要性が、子どもたちの心に永く刻まれればよいと思うのである。

第六章 孔子の人物評

蘧伯玉

『論語』には数多くの人物が登場する。

一番多いのは孔子の弟子たちだが、『論語』は弟子の見た敬愛する師匠の言行録なのだから、しごく当然のことといえる。興味深いのは、孔子が親しんだ他国の同時代人である。弟子たちは師匠の批評を聴いて、人物のありようを学んだに相違ない。

まず手始めに、衛の賢大夫、蘧伯玉《きょはくぎょく》※を取り上げたい。『淮南子《えなんじ》※』という本に、その人となりを示す有名な一文がある。『荘子』にも同旨の一節がある。

◉五〇にして四九年の非を知る

蘧伯玉《きょはくぎょく》、行年《こうねん》五十《ごじゅう》にして四十九年《しじゅうくねん》の非《ひ》を知《し》り、六十《ろくじゅう》にして六十化《ろくじゅうか》す。（『淮南子』）

蘧伯玉《きょはくぎょく》、行年六十《こうねんろくじゅう》にして六十化《ろくじゅうか》す。（『荘子』則陽篇《へん》）

この人物は五〇歳になった時に、これまでの四九年間の非を悟り、過去をご破算にして

※蘧伯玉
一四六頁参照。

※淮南子
中国、前漢時代の哲学書。淮南（わいなん）王劉安（りゅうあん）が多くの学者に命じて、各自の説を記録させたもの。現存するものは二一巻。正式の書名は『淮南鴻烈解』。

再出発をした。そして六〇歳になった時も同じように、全く新しい気持ちでやり直そうとしたのである。その先七〇、八〇歳となっても同様であった。このようにして彼は、日々新たならんとする気概をもって、倦《う》まずたゆまず長命な生涯を全うしたのである。

五〇歳といえば、『論語』でいう「知命」の年、人生の峠に差しかかった頃合いである。家族や社会的関係も安定して気の緩みが出始める一方、将来への一段の飛躍を志して奮い立つ思いにもかられる。

誰しもこうした岐路に差しかかった時には、蘧伯玉の人生は文字通り生きた教訓となるだろう。

◉出処進退のわきまえ

子曰《しいわ》く、直《ちょく》なるかな史魚《しぎょ》※。邦《くに》に道《みち》あるも矢《や》の如《ごと》く、邦《くに》に道《みち》なきも矢《や》の如《ごと》し。君子《くんし》なるかな蘧伯玉《きょはくぎょく》。邦《くに》に道《みち》あれば則《すなわ》ち仕《つか》え、邦《くに》に道《みち》なければ則《すなわ》ち巻《ま》きてこれを懐《ふところ》にすべし。（衛霊公編）

二人とも衛の大夫として名をなした人物であるが、生き方には大きな違いがあり、孔子が比較して論評したのである。

史魚は一本槍《やり》の人で、国に正道が有ろうとなかろうと、言動に変わるところがなかった。

※史魚
衛の大夫、史鰌（ししゅう）の字。世襲の歴史官だったが、主君の霊公が人材を用いないので、死んで諫めた。
「霊公が蘧伯玉を用いないで弥子瑕（びしか）に任ずるのを諫めて用いられず、のち、屍諫した」（『中国古典名言事典』）

死を賭してまで時の君主霊公※を諫《いさ》めたともいわれる。矢のように真っ直ぐな人物であった。

これに対して蘧伯玉は、国に道が行われていれば仕えて働き、無道が支配すれば巻物を懐に入れるように表立たず控え目にしていたのは、いかにも君子らしい。現に霊公に嫌われ地位を追われても、悠々として少しも騒ぐところがなかったという。

出処進退の二つの事例は、鮮やかな対照を示す。どちらが優るというのではないが、孔子はいずれかといえば後者に軍配を上げ、志を遂げるには急がずに時を待つ必要があると説いているように思える。

絶対君主制の下での身の処し方は、現代のような自由な世界に暮らす者にはなかなか理解しがたいが、ともに命がけであったことは確かである。

心機一転という言葉がある。誰しも人生の転機に直面し、志を立て、勇猛心を奮い立たせる時がある。問題は、どこまで持続できるかにある。「六十にして六十化す」という蘧伯玉の生き方は、『大学』にある「日に新たに、日々に新たなり」とともに、われわれ凡人の心を励ましてくれる。

この「日新」はまた、土光敏夫さんの座右の銘でもあった。

※霊公
衛の公。七歳で即位し在位四二年。夫人の南子(なんし)に溺れて政治を顧みなかった。

子産

孔子が敬愛した人物に、鄭《てい》※の名宰相であった子産※がいる。『春秋左氏伝』※によれば、没年はＢＣ五二二年。孔子三一歳の時であった。別説もあるが、いずれにせよかなりの先輩にあたる。『論語』は次のように語る。

◉恵み深い人

或《あ》る人《ひと》、子産《しさん》を問《と》う。子曰《しいわ》く、恵人《けいじん》なり。（憲問編）

ある人が鄭の子産はいかなる人かと問うたところ、孔子は「恵み深い人だ」と答えた。春秋時代の鄭は、古代中国を二分して覇権を争う北の晋《しん》と南の楚《そ》という二大国に挟まれ、翻弄され続けていた。大波に漂う小舟を想像すればよいかもしれない。鄭自身も生き残るために向背常ならず、ある時は晋に付いて楚に攻められ、ある時は楚と同盟して晋に攻められるという風であった。そのような時に子産が登場し、三〇余年にわたり国を安寧に導いた。

※鄭
春秋時代の諸侯国。周の宣王の弟、恒公が、西周末、鄭に封じられたのに始まる。子産が国政を改革したが、韓の哀侯によって滅ぼされた。

※子産
［前585?～前522］鄭の大夫。中国最初の成文法を作った。教養人で優れた政治家。晋、楚両国に挟まれた鄭の国力を保ち、平和を実現した。

※春秋左氏伝
「春秋」の注釈書。30巻。魯（ろ）の左丘明（さきゅうめい）著と伝えられる。春秋三伝の一。歴史的記事に富み、説話や逸話を多く集め、また、礼制に詳しく国家興亡の理を説く。左伝。左氏伝。『大辞泉』

子産が改革に着手して三年後には、国内で次の賛歌が歌われたという。

われに子弟《してい》あり。子産《しさん》これを誨《おし》える。
われに田疇《でんちゅう》※あり。子産《しさん》これを殖《ふ》やす。
子産死《しさんし》せば、たれかこれを嗣《つ》がん。

子産は私たちの子弟を教え、田畑を増やしてくれた。子産が死ねば誰が後を継げるのか。宮城谷昌光《まさみつ》※『子産』（講談社）からの引用だが、人の育成や経済の発展に力を注いだのである。農政は、当時の経済の要であった。安全保障や外交面での成功の裏に、国力の充実があったことがわかる。

◉恭・敬・恵・義の人

子《し》、子産《しさん》を謂《い》う、君子《くんし》の道四《みちよっ》つあり。その己《おの》れを行《おこな》うや恭《きょう》、その上《かみ》に事《つか》うるや敬《けい》、その民《たみ》を養《やしな》うや恵《けい》、その民《たみ》を使《つか》うや義《ぎ》。（公冶長編）

孔子はまた、次のように絶賛した。「子産の行いは、君子の四つの道に適っている。振る舞いは恭謙で驕《おご》らず、目上には尊敬の礼を失わず、人々には恩恵をほどこし、使役する

※田疇
田畑。耕作地。田畑のあぜ。疇はうね、あぜ道。

※宮城谷昌光
［1945〜］愛知県出身。出版社勤務を経て『夏姫春秋』で直木賞を受賞。古代中国を題材とした作品を多く発表している。『晏子』『玉人』『史記の風景』『楽毅』『侠骨記』『孟夏の太陽』『沈黙の王』『奇貨居くべし』『管仲』『香乱記』『三国志』などの著書がある。

には農閑期を待って公平にする」と。子産の人柄が彷彿《ほうふつ》とする。孔子を弟子の子貢が評した言葉、「温良恭倹譲※」（学而編《がくじ》）と重なるように響く。子産は孔子にとって、模範となるよき先輩だったに相違ない。

この一文については、渋沢栄一『論語講義』に興味深い評言がある。

恭敬《きょうけい》※の二徳《にとく》は、人《ひと》の処世上《しょせいじょう》に欠《か》くべからざる美徳《びとく》である。文明《ぶんめい》の紳士《しんし》は恭敬《きょうけい》ならずんばあるべからず。しかるに維新以来書生風《いしんいらいしょせいふう》と称《しょう》して、一種《いっしゅ》の粗野放縦《そやほうじゅう》の行動《こうどう》が流行《りゅうこう》し、これを以《もっ》て独立自尊《どくりつじそん》であるかのごとくに心得《こころえ》、人《ひと》に対《たい》する恭敬《きょうけい》を以《もっ》てすれば、その独立自尊《どくりつじそん》をやぶるがごとくに思《おも》う人《ひと》あるは、以《もっ》ての外《ほか》のことである。

渋沢の生きた明治・大正時代は、今を生きるわれわれの現代にも通じており、この評言は少しも色あせない。頂門の一針として耳を傾けたいと思う。

◉人智の及ばざるところ

子産の事績については、『孟子《もうし》』『韓非子※』など後世の書物にも数多く記されているが、『春秋左氏伝』にある逸話を一つだけ取り上げてみたい。

前年に彗星《すいせい》が現れ、諸国に火災が発生するという予言が広く行われ、鄭の天文占星の官

※温良恭倹譲
一二八頁参照。

※恭敬
慎み。敬うこと。

※韓非子
中国の思想書。紀元前二世紀末にかけて成立。二〇巻五五編。一部は韓非の著とされるが編者不詳。民は支配と搾取の対象であり、君主に奉仕すべきものとし、厳格な法治を説く。

が子産に対して、「宝物の玉を捧《ささ》げて天に祈れば、災いを免れることができる」と進言した。これに対する子産の答えは、

天道《てんどう》は遠《とお》く、人道《じんどう》は邇《ちか》し。
及《およ》ぶところにあらざるなり。
何《なに》をもってかこれを知《し》らん。（昭公一八年、BC五二四年）

「天の働きは果てしなく深遠である。人智《じんち》の及ばざる世界だ。人間の働きには限りがあり、天の意志を全て推測はできない」と。迷信を排除して、人事を尽くすべきことを教えたのである。現に大火災は起こらなかったと記されている。

◉祈りの経営

私自身は、中日本高速道路（株）の経営に携わった時に、天災に何度も遭遇し、大自然に対して畏敬の念を覚えるとともに、人智の及ばない世界があることを痛感し、謙虚に経営にあたらねばならないと心に誓った。

「想定外」の事態をなるべく少なくするように、日頃から備えを徹底することは当然だが、全てを「想定内」にすることは不可能なのである。そうはいいながらも一方で、「想定内」

を少しでも増やすことができれば、「想定外」の天災事変が発生した時の対処が的確で速くなることも体験した。

人智の限界を知れば知るほど、謙虚に「祈りの経営」に徹したいと考えた。運を天に任せるのではなく、むろん弱気になるのではなく、「天命を信じて人事を尽くす※」思いが日増しに高まっていった。

子産は、現代にも豊かな示唆を与えているのである。

※天命を信じて人事を尽くす
三四三～三四六頁参照。

晏平仲

斉の名宰相に、晏平仲《あんぺいちゅう》※という人がいた。

春秋末期の人で、孔子にとっては先輩にあたるが、前項で紹介した子産よりも少し若い。晏は姓、平はおくり名、仲はあざ名で、名は嬰《えい》という。晏子《あんし》あるいは晏嬰《あんえい》とも呼ばれる。『論語』には一回だけ登場する。

◉よく人と交わる

子曰《しいわ》く、晏平仲《あんぺいちゅう》、善《よ》く人《ひと》と交《まじ》わる。久《ひさ》しくしてこれを敬《けい》す。（公冶長編）

孔子は、晏子について次のように語った。「晏平仲は立派に人と交際した。親しくなっても、いつまでも相手を尊敬し続けた」と。とかく昵懇《じっこん》になると、慣れ親しんで節度を失いがちになるものだが、相手に対して変わらずに敬意を表し続けた。なかなかできることではない、と高く評価したのである。

斉は魯《ろ》の北東に位置する隣国である。孔子も若い時に仕官への希望を抱き、生まれ育っ

※晏平仲
［?～前500］春秋時代、東方の大国だった斉（せい）の名臣。司馬遷の『史記』第二巻「夏本紀」は晏平仲を描いている。クーデターの続く危機を緩和した。節約家として知られる。『晏子春秋』はその言行を記している。

た魯を出て斉に滞在したことがあった。魯に比べれば大きいが、当時の超大国であった晋と楚に比べれば、海辺の中規模国という存在であり、国際政治情勢には常に翻弄され続けていた。

司馬遷は、斉の宰相晏子を有名な管仲※と並べて、『史記』管晏列伝に取り上げているが、それはなぜだったのか。序文の中で、司馬遷は次のように述べている。「晏子は倹約を旨とした。夷吾《いご》（管仲）は豪奢《ごうしゃ》であった。斉の桓公《かんこう》※は管仲の働きで覇者となり、景公※は晏子の助けで国が治まった。だから管・晏列伝第二をつくる」と。晏子が活躍したのは、管仲の一〇〇年後のことであった。

この『列伝』と『晏子春秋』に記されたエピソードをもとに、晏子の人となりを探ってみたい。

◉直言し、社稷を支えた晏子

晏子は斉の霊公・荘公・景公という三代の君主に仕え、名利を追わず、節倹を旨としていたため、内外の信望を集めた。上に立つ者が贅沢《ぜいたく》をしたのでは、下の者はそれを見倣い、奢侈《しゃし》の風が起こると考えたのであろう。宰相になってからも、食事にはご馳走《ちそう》の肉はほんのわずかしか使わなかった。贅沢三昧に流れた多くの貴族たちとは、比べものにならない質素な生活振りであったという。

※管仲
［６５４?～前６５４］斉の政治家。河南の人。名は夷吾（いご）。鮑叔牙（ほうしゅくが）の推薦で斉の大夫に。富国強兵策で、桓公を助けて覇者にした。『管子』を著したといわれる。

※桓公
［?～前６４３］斉の君主。管仲を登用し、国力を充実させ即位七年で覇者になった。

※景公
二二四頁参照。

※晏子の一代記については、宮城谷昌光『晏子』（新潮社）の一読をお薦めしたい。

しかし、ひとたび社稷《しゃしょく》※すなわち国家を揺るがすような大問題が起これば、あるべき道理に基づいて直言し、真正面から対して一身を省みることがなかった。主君の顔色をうかがうこともなかった。内政・外交ともにそれで一貫していたので、斉にこの人ありと諸侯からも名声を博したのである。

◉荘公が殺された時の振る舞い

荘公が崔杼《さいちょ》の反乱※によって殺害された時のエピソードは、筋を通すこの人の本領を示すものとして語り継がれている。宮殿に一人駆けつけた晏子は、荘公の死骸を膝に抱き上げて慟哭《どうこく》したという。誰一人として味方のいない反乱軍のまっただ中で、危うく殺されかかったが、信望のある晏子を殺すのは得策ではないと、崔杼が止めたので助かったのである。たとえ暗愚で酷薄な君主であっても、反乱は許されるべきではないという思いをそこにぶつけたのだろう。

身の安全のために長いものには巻かれるなどは、この人の頭には全くなかったように思える。『列伝』はこの行為を、「義を見てせざるは勇なきなり」（為政編）という『論語』の一節を引いて評価している。

※社稷
（1）古代の中国で、建国のとき、君主が壇を築いてまつる土地の神（社）と五穀の神（稷）。この二神を宮殿の右に、宗廟（そうびょう）を左にまつり、国家の最も重要な守り神とした。また、広く、国の守り神である天地の神、国家の尊崇する神霊。（2）転じて、国家。朝廷。（『日国』）

※崔杼の乱
斉の荘公は、臣下崔杼の美人妻と密通し、病気見舞いに訪れた崔杼の邸で殺害された。

◉孔子のこだわり

孔子は斉の景公に仕えようとしたが、晏子の反対によって志を得なかった。儒教は堅苦しい礼式に偏りすぎて、利と自由を重んじる斉の風土には合わないと晏子は判断したのだろうか。起用を断念した景公の言葉が、『論語』の中にある。

斉《せい》の景公《けいこう》、孔子《こうし》を待《ま》つに曰《いわ》く、季氏《きし》の若《ごと》きは則《すなわ》ち吾《わ》れ能《あた》わず。季孟《きもう》の間《あいだ》を以《もっ》てこれを待《ま》たん。曰《いわ》く、吾《わ》れ老《お》いたり、用《もち》うること能《あた》わず。孔子《こうし》行《さ》る。（微子編）

景公は「魯の上卿《しょうけい》季氏のような待遇は無理だが、季氏と下卿孟《もう》氏との中間で処遇しよう」と一旦は決めた。ところが後になって、「自分は老いたので、用いることはできない」と断ったのである。

失意とともに斉を去った孔子にとっては、この経緯には心穏やかでない屈託が残ったのではないかと推測する。冒頭の引用文を読みながら、淡々とした口調の中に、蘧伯玉や子産を褒めるような調子の高さがないのは、そのせいではないかと思う。

管仲

管仲《かんちゅう》※は春秋時代の斉の名宰相である。管子とも呼ばれる。

斉の桓公※（在位BC六八五～六四三）は、その管仲の補佐を得て、春秋五覇の筆頭に数えられる存在となった。周王室の力が衰え、諸侯が覇を競い合い、異民族の襲来が激化した時代に、管仲は自国の富国強兵策を推進し、「尊皇攘夷《そんのうじょうい》」の旗を掲げながら、武力を用いずに諸侯を糾合したのである。

管仲の偉業は、後代にまで語り継がれている。『論語』の一節を見よう。

◉管仲は仁の人か？

子路曰《しろいわ》く、桓公《かんこう》、公子糾《こうしきゅう》※を殺《ころ》す。召忽《しょうこつ》※これに死《し》し、管仲《かんちゅう》は死《し》せず。曰《いわ》く、未《いま》だ仁《じん》ならざるか。子曰《しいわ》く、桓公《かんこう》、諸侯《しょこう》を九合《きゅうごう》※して、兵車《へいしゃ》※を以《もっ》てせざるは、管仲《かんちゅう》の力《ちから》なり。その仁《じん》に如《し》かんや、その仁《じん》に如《し》かんや。（憲問編）

子路が質問した。「桓公が（斉の君位を争った兄の）公子糾を殺した時、（ともに糾に仕えてい

※管仲
二三九頁参照。

※桓公
二三九頁参照。

※公子糾
［?～前685］桓公の異母兄。桓公と君主の座を争い殺される。管仲も召忽も公子糾の補佐役だった。

※召忽
公子糾の補佐役。斉の内乱の時、公子糾を助けて魯に逃げた。斉の公になった桓公が、魯に糾を殺させた際、召忽は殉死した。

※九合
集める。糾合。

た）召忽《しょうこつ》は殉死し、管仲は死ななかった。しかも（仇敵《きゅうてき》の）桓公に仕えたことは、仁者の行いではありませんね」と。これに対し孔子は、「桓公が諸侯を糾合し会盟した時に武力を用いなかったのは、管仲の力量であった。誰がその仁に及ぼうか。誰がその仁に及ぼうか」と答え、殉死をしなかったことよりも、天下を安定させたことを高く評価したのである。

憲問編には、ほかにも同じような問答がある。子貢の問いに対し、孔子は「管仲がいなければ夷狄《いてき》に征服され、ざんばら髪で着物を左前に着る野蛮な風俗にされていただろう。殉死にこだわるのは、小人の思いだ」と答えた。

この章句を読むたびに、私は元寇《げんこう》※の役でわが国が元に征服されていたらどうなっていたか、という思いを禁じ得ない。渋沢栄一は『論語講義』の中で、「漢・唐・宋《そう》みな夷狄にくるしめられ、ついに一たび元に蹂躙《じゅうりん》され、再び清のため中国を席巻せられて、永く弁髪の民と化し終わりたるに視れば、管仲の大功ますます彰著なるに至れり」と語っている。

◉器が小さい

だが、孔子は管仲の人物を全面的に認めていたのではない。管仲は贅沢好みで、同じ斉の名宰相でも、倹約の人晏子（前項参照）とは対照的である。※

子曰《しいわ》く、管仲《かんちゅう》の器《うつわ》は小《しょう》なるかな。或《あ》るひと曰《いわ》く、管仲《かんちゅう》は倹《けん》なるか。曰《いわ》く、管氏《かんし》に三帰《さんき》あ

※兵車　戦闘に用いる車。ここでは武力。

※元寇　鎌倉時代の文永11年（1274）と弘安4年（1281）に、元が日本に攻めてきた戦役。日本側の応戦と季節的な暴風雨による被害によって、蒙古軍はいずれも敗退した。

※管鮑の交わり　管仲を知るには、「管鮑（かんぽう）の交わり」と讃えられる鮑叔牙（ほうしゅくが）との厚い友情が欠かせない。両人は貧しい青年時代からの友情を生涯保ち続け、苦難にめげずともに助け合って桓公の施政を支えた。管仲は贅沢が玉にきずだったが、抜群の志気と信義と人間的魅力の持ち主であったものと思う。

り、官《かん》のことは摂《か》ねず、いずくんぞ倹《けん》なるを得《え》ん。然《しか》らば則《すなわ》ち管仲《かんちゅう》は礼《れい》を知《し》るか。曰《いわ》く、邦君《ほうくん》、樹《じゅ》して門《もん》を塞《ふさ》ぐ、管氏《かんし》もまた樹《じゅ》して門《もん》を塞《ふさ》ぐ。邦君《ほうくん》、両君《りょうくん》の好《よしみ》を為《な》すに反坫《はんてん》※あり、管氏《かんし》もまた反坫《はんてん》あり。管氏《かんし》にして礼《れい》を知《し》らば、たれか礼《れい》を知《し》らざらん。（八佾《はちいつ》編）

孔子は、「管仲の器量は小さい」と述べた。そこである人が「管仲は倹約の人でしたか」と問うと、「三帰台という贅沢な台を持ち、大勢の家臣を兼務させずに使ったのだから、倹約とは言えまい」と答えた。重ねて「礼を知る人でしたか」と問うと、「陪臣でありながら、国君なみに塀を立てて門の目隠しとし、二国の君主が修好する時に用いる盃《さかずき》の台を使っている。管子が礼を知っているとするなら、礼を弁《わきま》えない者は一人もいないだろう」と答えたのである。

政治の実権が周王室から諸侯へ、諸侯から貴族へ、貴族から大夫へと移行する、当時の下剋上《げこくじょう》の風潮がどういうものであったかが推測できる。

それにしても、なかなか手厳しい批評である。天下国家への貢献や国政の充実は高く評価する一方で、暮らしぶりには問題ありということであろう。

◉一〇〇年の計は人材の育成にあり

『管子』※という書物に、次の名言がある。

※反坫
周代、諸侯の会見のとき、宴会に用いた杯を返して置く土製の台。さかずき台。（『新選漢和』）

※管子
中国、古代の政治論書。管仲の著ともされるが、戦国時代末から漢代にかけて成立したとみられる。法家、道家、儒家思想などに基づき政治、経済、倫理を述べる。八六編のうち、七六編が現存。

一年《いちねん》の計《はかりごと》は、穀《こく》を樹《う》うるに如《し》くはなし。
十年《じゅうねん》の計《はかりごと》は、木《き》を樹《う》うるに如《し》くはなし。
終身《しゅうしん》の計《はかりごと》は、人《ひと》を樹《う》うるに如《し》くはなし。

一年の計を立てるなら、その年に収穫できる穀物を植えればよい。一〇年の計を立てるなら、木を植えるのがよい。生涯の計、一〇〇年の計画を立てるなら、人を植える、すなわち人材を育成するのが何よりも優る。

国や会社を経営する者にとって、この言葉は実に味わい深い。

左丘明

左丘明《さきゅうめい》※という人物は、『論語』に一回だけ登場する。経歴ははっきりしない。有力な説として、孔子と同時代の魯の人で、孔子が纏《まと》めた歴史書『春秋』についての論、『春秋左氏伝』を著したとされる。『春秋』は下剋上が横行した諸侯乱立の時代において、歴史的事件の是非と大義名分を明らかにした書で、邪《よこしま》な野望家たちは一読肝を冷やしたといわれる。『春秋左氏伝』が明治維新の志士たちの必読書となったのも頷《うなず》ける。

◉巧言令色を恥じる思い

子曰《しいわ》く、巧言令色足恭《こうげんれいしょくすうきょう》※なるは、左丘明《さきゅうめい》これを恥《は》ず。丘《きゅう》もまたこれを恥《は》ず。怨《うら》みを匿《かく》してその人《ひと》を友《とも》とす。左丘明《さきゅうめい》これを恥《は》ず。丘《きゅう》もまたこれを恥《は》ず。(『論語』公冶長編)

左丘明の人柄を伝える『論語』の一節である。巧言令色とはうわべを飾るお世辞と顔つき、足恭とは度を超えた丁寧さである。いずれも実のない、卑屈で空虚なお追従をいう。孔子

※左丘明
姓は左丘。名は明。魯の大夫というが未詳。「左丘明とは、『春秋左氏伝』の著者であり、盲人の学者であったとする説と、それとこれとは別人だとする説がある」(吉川幸次郎監修『論語』)

※足恭
過度にうやうやしいこと。馬鹿丁寧。「足」は度が過ぎること。

は、「左丘明はこのことを恥じたが、私（丘）もまたこれを恥ずかしいと思う」と語った。恥を知る人のとる道ではない。両者にとって、人のそのような振る舞いはまた、見るに耐えなかったことであろう。

孔子は、巧言令色を特に嫌った。「巧言令色、鮮《すくな》し仁」（学而編、陽貨編）と述べ、「巧言は徳を乱す」（衛霊公編）と説いているように、このような者にリーダーとしての価値を認めなかった。むしろ、「剛《ごう》毅《き》木《ぼく》訥《とつ》仁に近し」（子路編）と、外見ではなく内実のある人物を高く推している。

さらに加えて、孔子は次のように語った。「相手を怨み嫌っているのに、それを隠して親しげに友だちづきあいすることを、左丘明は恥じたが、私もまたこれを恥ずかしいと思う」と。

孔子と左丘明とは、人のあるべき姿について共通する価値観があった。強烈な「恥」の観念である。二人が出会ったかどうかはわからないが、左丘明の評判が高く、少なくとも孔子の耳には入っていたに相違あるまい。

◉左丘明の人物

左丘明は、盲人の学者ともいわれた。『史記』の太史公自序、すなわち著者司馬遷の序文の中にその名がある。

けだし文王《ぶんおう》は拘《とらわ》れて周易《しゅうえき》※を演《の》べ、仲尼《ちゅうじ》は厄《やく》して春秋《しゅんじゅう》を作《つく》り、屈原《くつげん》※は放逐《ほうちく》せられてすなわち離騒《りそう》※を賦《ふ》し、左丘《さきゅう》は明《めい》を失《うしな》いてそれ国語《こくご》あり。

困難災厄を乗り越えて、またそれがあったればこそ、偉人たちは大事を成し遂げた。周の文王が『易経』に深い解釈を与えたのは、殷《いん》の暴君紂《ちゅう》によって獄舎につながれた時だ。仲尼（孔子）が『春秋』を編纂《へんさん》したのも、陳蔡《ちんさい》※の厄難に遭ってからだ。屈原の『離騒』は、地方に追放され不遇の中に生まれた。そして、左丘明は失明して史書『国語』を著した。司馬遷自身も、李陵《りりょう》を庇《かば》ったために宮刑に処せられたが、かえってそれをバネとして、信念に従い、親の遺志を継いで大著『史記』を完成することができたのである。

左丘明は歴史に残る学者であり、しかも「恥」を体得した人であった。孔子がこの人を高く評価したことは、『論語』の中で「己を行いて恥ある」（子路編）者こそ第一級の人物としたことからも明瞭である。申すまでもなく、恥とは世間体ではなく、自らの良心に照らして恥じることを指す。

※周易
古代中国の三易の一。易経。周の文王や孔子によって大成されたとされる。

※屈原
［前３４０頃〜前２７８頃］楚の政治家・詩人。楚の王族の出身。懐王、頃襄（けいじょう）王に仕えたが、讒言（ざんげん）で追放され、放浪の末、汨羅（べきら）という川に身を投じた。楚の民謡を基にする詩「楚辞」の創造者。五月五日は命日と信じられ、慰霊のため、ちまきを水に投じた中国の風習が伝来し、日本では端午の節句にちまきを食べるようになった。

※離騒
《「離」は遭う、「騒」は憂え。憂えに遭（あ）う意》「楚辞」の代表的な長編詩。中国の戦国時代、楚（そ）の屈原の詩で、讒言（ざんげん）によって王に追放され、失意のあまり投身を決するまでの心境を夢幻的にうたったもの。（『大辞泉』）

長沮・桀溺

この二人は、世を捨てた隠者である。

現実世界で奮闘する孔子から見れば、尊敬できる相手ではないが、かといって完全には無視し切れない存在として登場する。両者との遭遇を取り上げてみよう。

◉世を変えるのは諦めよ——隠者

長沮《ちょうそ》・桀溺《けつでき》※、耦《ぐう》して※耕《たがや》す。孔子《こうし》これを過《す》ぐ。子路《しろ》をして津《しん》※を問《と》わしむ。長沮《ちょうそ》曰《いわ》く、夫《か》の輿《よ》を執《と》る者《もの》は誰《だれ》となす。子路曰《しろいわ》く、孔丘《こうきゅう》となす。曰《いわ》く、是《こ》れ魯《ろ》の孔丘《こうきゅう》か。対《こた》えて曰《いわ》く、是《こ》れなり。曰《いわ》く、是《こ》れならば津《しん》を知《し》らん。桀溺《けつでき》に問《と》う。桀溺曰《けつできいわ》く、子《し》は誰《だれ》とかなす。曰《いわ》く、仲由《ちゅうゆう》※となす。曰《いわ》く、是《こ》れ魯《ろ》の孔丘《こうきゅう》の徒《と》か。対《こた》えて曰《いわ》く、然《しか》り。曰《いわ》く、滔々《とうとう》たる者《もの》、天下皆是《てんかみなこ》れなり。而《しか》して誰《だれ》か以《もっ》てこれを易《か》えん。かつ而《なんじ》その人《ひと》を辟《さ》くるの士《し》に従《したが》わんよりは、あに世《よ》を辟《さ》くるの士《し》に従《したが》うに若《し》かんや。耰《ゆう》※して輟《や》※まず。（微子編）

長沮《ちょうそ》と桀溺《けつでき》が耕しているところに、孔子が通りかかり、弟子の子路に川の渡し場を尋ね

※陳蔡
周の二つの小国、陳と蔡のこと。孔子は流浪の途中、この辺りで食糧もとだえ苦難にあった（一三三頁参照）。

※長沮・桀溺
春秋時代の隠者。隠者は俗世間をすてて、山野にかくれ住む人。「長」は背が高い、「沮」は沼地、「桀」は肥えている、「溺」は人間の排泄物の意味。農民らしい仮の名前を与えられた賢者とされる。

※耦して
ふたり並んで。

※津
船着き場。

※仲由
子路の姓と名。

※耰
種をまき、土をかける。

させた。長沮はあの馬車の手綱を取っている者は誰かと聞いたので、子路は孔丘（孔子）だと答えたところ、魯の孔子ならあちこち巡り歩いていて、場所は知っているだろうと言って後ろを向いてしまった。そこで桀溺に同じ質問をしたところ、「君が孔子の弟子なら知っていよう。滔々《とうとう》と流れる川のように、世の中の動きをせき止めることは出来ない。誰がこの乱世を変えることができようか。諸国を遍歴して、あの侯も駄目この伯も駄目と選り好みして人を捨てる人に従うよりは、いっそ世を捨てる人についたほうがよいのではないか」と答え、種の土かけをやめなかった。

◉世を捨てられようか——孔子

子路《しろ》以《もっ》て告《もう》す。夫子《ふうし》憮然《ぶぜん》として曰《いわ》く、鳥獣《ちょうじゅう》は与《とも》に群《むれ》を同《おな》じくすべからず。吾《わ》れこの人《ひと》の徒《と》と与《とも》にするに非《あら》ずして誰《だれ》と与《とも》にかせん。天下《てんか》道《みち》あらば、丘《きゅう》は与《とも》に易《か》えざるなり。（微子編）

子路の報告を聞いて、孔子はやり切れない思いを隠さずに語った。「鳥や獣とは一緒に暮らすわけにはいかない。自分は現実世界の人たちとともにせずして、ほかの誰と一緒にいることができようか。天下に道が行われているのなら、丘（自分）はそれを変えようとする必要はないのだ」と。道が行われていないからこそ、諸国を遍歴しながら諸侯に道義

※輟　やめる。中止する。

国家の道を説いているのだ、という孔子の思いが伝わってくる。

◉大義は何のために――子路

同じ微子編には、別の逸話※が記されている。やはり諸国遍歴の途上、孔子一行に遅れた子路が農夫に出会い、二人の子を紹介され、一夕泊まった上ご馳走になった。そのことを孔子に報告したところ、それは隠者だ、もう一度会ってきなさいと言われ、翌日再び訪ねた時のエピソードである。その農夫には会えなかったが、子路は次のように二人の子に語ったのである。

子路《しろ》曰《いわ》く、仕《つか》えざれば義《ぎ》なし。長幼《ちょうよう》の節《せつ》※は廃《はい》すべからざるなり。君臣《くんしん》の義《ぎ》はこれを如何《いかん》ぞそれ廃《はい》すべけんや。その身《み》を潔《きよ》くせんと欲《ほっ》して大倫《たいりん》を乱《みだ》る。君子《くんし》の仕《つか》うるや、その義《ぎ》を行《おこな》わんとなり。道《みち》の行《おこな》われざるや、已《すで》にこれを知《し》れり。

「諸侯に仕えて国政に携わらねば、大義すなわち道を国において発揮する場はない。親子などの長幼の折り目が捨てられないように、君臣の義をどうして捨てることができようか。これを捨てるのは、自分の一身のみを清くして、人としての大事な道を失うことになる。君子が仕えるのは、その大義を行うのである。世の中に道が行われてないことは、とっ

※隠者の逸話
『論語』には長沮・桀溺など、ところどころで世を捨てた隠者が出てくる。孔子は「隠者の言うようなことをやっていたら世の中は変わらない」と否定する立場だが、自然のままに生きていくことに憧れたのかもしれないと思ってしまう。

弟子の曾晳が「春の日を散策し、音楽と共に過ごしたい」と志を語ったのに対し、孔子は感嘆して、共感している(二二一頁参照)。「川上の感」(二五二頁参照)も含め、仏教的な世界、老子に近いものも感じる部分がある。

論語には「子、怪力乱神を語らず」という言葉もあり、宗教性を避けているが、孔子は隠者のことを熱心に弟子たちに話したのではないか。論語はそのように幅が広くて、そこが面白いと思う。

くにわかっている」と。

◉天の理と人の行動

このような隠者を持ち出すまでもなく、『論語』の中でふと漏らす孔子の言葉の端々に、老子の世界につながる呟《つぶや》きのようなものを感ずることがある。

子《し》、川《かわ》の上《ほとり》に在《あ》りて曰《いわ》く、逝《ゆ》く者《もの》※は斯《か》くの如《ごと》きか。昼夜《ちゅうや》を舎《や》めず。（子罕《しかん》編）

子《し》曰《いわ》く、天何《てんなに》をか言《い》うや。四時《しじ》行《おこな》われ、※百物《ひゃくぶつ》生《しょう》ず。※天何《てんなに》をか言《い》うや。（陽貨編）

この川上の感には、古来いろいろな説がある。新注※は川が流れ続けるように勉学せよという励ましと読み、古注※は自身の不遇に対する嘆きと解釈している。

しかし、それほど堅苦しく受け止めなくてもよいのではないか。私には自然の偉大さ、悠久な天の理に対する心からの詠嘆のように聞こえる。とりわけ、陽貨編の一節と読み合わせるとその感が深い。様々な人の営みにかかわらず、大自然は何一つものを言わずに山川や動植物の一切を生み育んでいる。それは人への励ましでもあり、同時に人智の及ばざる世界に対して謙虚であれ、と語っているように私には思われるのである。

※長幼の節
「長幼の順序」。子路は、農夫が息子を紹介したことを引き合いに出し「長幼の順序はなくすことができない」とした上、「君臣の正しい道も捨てられない」と説いた。農夫は前日、子路に「手足を動かさずに、五穀の見分けもつかない者なのにそれがどうして先生なのか」と問いかけた。

※逝く者
過ぎ去る者。

※四時行わる
四季は移り変わる。

※百物生ず
もろもろの生物が育つ。

※新注
宋代以降になされた注釈。

※古注
漢代・唐代になされた注釈。

葉公

葉公《しょうこう》※は、楚の葉県の長官を務めていた。

姓は沈《しん》、名は諸梁《しょりょう》、あざ名は子高という。著名な人ではないが、『論語』にも登場して孔子と問答を交わしている。

◉何が本当の正直さか

葉公《しょうこう》、孔子《こうし》に語《かた》って曰《いわ》く、吾《わ》が党《とう》に躬《み》※を直《なお》くする者《もの》あり。その父《ちち》、羊《ひつじ》を攘《ぬす》みて、子《こ》これを証《しょう》す。孔子《こうし》曰《いわ》く、吾《わ》が党《とう》の直《なお》き者《もの》はこれに異《こと》なり。父《ちち》は子《こ》のために隠《かく》し、子《こ》は父《ちち》のために隠《かく》す。直《なお》きことその中《うち》にあり。（子路編）

葉公が孔子に話した。「私の党類に正直な若者がいる。父が羊を盗んだ時に、子がその証人となって訴えた」と。孔子は答えた。「私の村の正直者は異なる。父は子のために隠し、子は父のために隠す。正直さはその中にある」と。

法理と人情との狭間にある、奥深い問題である。法律学者の穂積重遠氏※は、「〃大義親を

※葉公
七七頁参照。

※躬
自分自身。

※穂積重遠
一三六頁参照。

滅す〟ることももちろんあり得るが、祖国や同胞の欠点・悪事を外国に向かい摘発暴露して自ら快しとするような近頃の風潮については、〝わが党の直き者はこれに異なり〟と言いたくなる」(『新訳論語』)と述べている。一家言である。

◉本物の龍を怖れる

余談になるが、葉公にまつわる一風変わった伝説を紹介したい。

葉公は龍《りゅう》が大好きで、その絵や彫刻を山ほど集め、家中に飾り立てては悦に入り、人にも見せて自慢していた。これを聞きつけた本物の龍が、その熱烈な愛好心にむくいようと、ある日天上から降りてきて、巨大なしっぽを振り回して邸宅の壁を叩《たた》き、窓から中をのぞき込んだ。さあ見てくれというわけである。当然ながら嵐と雷を従えて現れた巨龍が、らんらんたる目を光らせて窓から中をのぞいている。それを見た葉公は驚き怪しみ、あまりの怖しさに腰を抜かし、気を失ってしまった。どこか滑稽味にあふれた物語である。

この逸話を取り上げて、永平寺の開祖である道元禅師は、次のように弟子たちに語った。

久《ひさ》しく摸象《もぞう》に習《なら》うて、真龍《しんりゅう》を恠《あや》しむことなかれ。(『普勧坐禅儀《ふかんざぜんぎ》』)

彫龍《ちょうりゅう》を愛《あい》するより、すすみて真龍《しんりゅう》を愛《あい》すべし。(『正法眼蔵坐禅箴《しょうほうげんぞうざぜんしん》』)

偽物（イミテーション）にかかわっていては駄目だ、本物を疑うな、本物を愛せよ、本物を掴《つか》め、さらには虚飾を捨てて本来の自分に還れというのである。禅堂での修行の厳しさは実感がわかないが、道元禅師の言葉には、門外漢の襟をも正させる単刀直入で爽やかな響きがある。

本物と偽物、この二つを見分ける眼力はどうすれば養えるのか。リーダーを志す者にとっては一生の課題であるが、本物の人、本物の物、本物の書物に数多く接して学ぶほかに近道はないのではあるまいか。また、その時々に遭遇する出来事の中にも、真贋《しんがん》を判別すべき場面は多い。長期的かつ根本的な視点で真っ向から解決に取り組めば、必ず本物の答えを掴めるに違いないと思う。

郷原

郷原《きょうげん》※とは、特定の個人の名前ではない。取り立てて欠点はなく見かけも宜しいが、内実には何のとりえもない八方美人のような人を指す。そういうタイプが昔も多かったのだろうか。これに対する孔子の手厳しい批評が、『論語』の中にある。

◉八方美人では役に立たない

子曰《しいわ》く、郷原《きょうげん》は徳《とく》の賊《ぞく》なり。（陽貨編）

どこにでも、またいつの時代にも、善人といわれる人がいるが、とかく誰にも好い顔をしがちで、本当の人徳あるリーダーとしては疑問が残る場合が多い。孔子は、このように見かけはよいが中味のない人を「徳の賊」とまで決めつけている。有徳者を装った偽物を糾弾しているのである。孔子は実行の伴わない口舌の徒を最も嫌ったから、そのタイプの人を指しているのかもしれない。陽貨編にはこの一言に続いて、孔子が人徳について語った一章がある。同じ時に語られたかどうかはわからないが、関連しているような気がする。

※郷原
善良を装い、村で好評を得ようとする偽善者。

子曰《しいわ》く、道《みち》に聴《き》きて塗《みち》※に説《と》くは、徳《とく》をこれ棄《す》つるなり。（陽貨編）

孔子は言う。「誰かに聞いた話を、すぐにほかの人にとくとくと語るような者は信用ならない。徳を捨てるようなものだ」と。確かにどんなによいことでも、十分に咀嚼《そしゃく》し、温め、実行して、初めて自分のものとなるものだ。受け売りを戒める一文だが、情報氾濫の中に生きる現代人にも耳の痛い指摘である。

郷原という言葉は、『論語』には一回しか出てこないが、『孟子』が「徳の賊」について詳しく取り上げている。

◉似て非なるものを悪《にく》む

孟子曰《もうしいわ》く、郷原《きょうげん》の人《ひと》、これを非《そし》※らんと欲《ほっ》するも挙《あ》ぐべきものなく、これを刺《そし》※らんとするも刺《そし》るべきものなし。流俗《りゅうぞく》に同《おな》じくし、汚世《おせい》に合《あ》わせ、居《お》ること忠信《ちゅうしん》に似《に》、おこなうこと廉潔《れんけつ》に似《に》たり。衆《しゅう》はみな悦《よろこ》び、自《みずか》らも是《よし》とおもえるも、しかも与《とも》に堯舜《ぎょうしゅん》※の道《みち》には入《はい》るべからず。その故《ゆえ》に『徳《とく》の賊《ぞく》』といいたまえるなり。（尽心下篇）

これといって非の打ち所はない。忠信廉潔な徳ある君子のように見える。だが、それは表面だけのことで、内実は取るべきものがなく、世俗におもねりへつらうだけにすぎない。

※塗・道
「『塗』はすなわち『途』の字であり、意味は『道』と同じ。…『道』といい『塗』というのが比喩的ないいかたであることは、いうまでもない」（吉川幸次郎監修『論語』）

※非
そしる。みとめない「非難」（『新選漢和』）

※刺
〈そし・る〉なじる。そしり。「風刺（ふうし）」（『新選漢和』）

※堯舜
中国古代の伝説上の帝王、尭と舜。徳をもって天下を治め、後世の帝王の模範とされた。

庶民は喝采し、本人も自ら許す風があるが、聖人の道からはほど遠い。だから孔子は「徳の賊」と評したのだ。

続いて、孟子は次のように説く。

◉リーダーは王道を歩め

孔子《こうし》曰《いわ》く。「似《に》て非《ひ》なるものを悪《にく》む。莠《はぐさ》※を悪《にく》むは、その苗《なえ》を乱《みだ》るを恐《おそ》るればなり。佞《くちよ》※きひとを悪《にく》むは、その義《ぎ》を乱《みだ》るを恐《おそ》るればなり。利口《ことばたくみ》なるひとを悪《にく》むは、その信《しん》を乱《みだ》るを恐《おそ》るればなり、鄭声《ていせい》※を悪《にく》むは、その正《ただ》しき楽《がく》を乱《みだ》るを恐《おそ》るればなり。紫《し》を悪《にく》むは、その朱《しゅ》を乱《みだ》るを恐《おそ》るればなり。※郷原《きょうげん》を悪《にく》むは、その徳《とく》を乱《みだ》るを恐《おそ》るればなり」と。君子《くんし》は経《みち》にたち反《かえ》るのみ。経正《けいただ》しければ庶民《しょみん》も興《おこ》り、庶民興《しょみんおこ》ればすなわち邪慝《よこしま》なし。（尽心下篇）

孔子は、「一見よさそうで実はそうでないもの、すなわち似非で偽物を何よりも憎む。例えば、稲に似た雑草で稲をそこなう莠《はぐさ》、口達者で実行の伴わない巧言令色の徒、鄭の国に流行っている卑俗な音楽、朱と紛らわしい紫など。郷原もまさにそのようなものだ」と語った。孟子は説く。「士君子すなわち真のリーダーたる者は、常に正道を歩き王道を実践すればよい。そうすれば人々は自ずから発憤興起して、世の邪道も行われなくなるであ

※莠
稲に似た雑草。えのころぐさ。（『新選漢和』）

※佞
①口がうまい。弁説が巧みである。②よこしま。口先で人をだます者。③〈おもね・る〉へつらう。おべんちゃらをいう。（『新選漢和』）

※鄭声
鄭の国の歌謡がみだらであったことからみだらで野卑な俗曲。

※紫を悪むは、その朱を乱るを恐るればなり。
『論語』陽貨編には「子曰く、紫の朱を奪うを悪む」（「間色である紫色が正色である朱色を圧倒することを私は憎む」と先生は言われた）がある。偽物が本物を乱すたとえ。

ろう」と。

うわべを飾るだけの郷原は、企業を率い、その持続可能性を願う経営者にとっては、いわば格好の反面教師ということができる。トップに立つリーダーの如何によって、企業の将来は決まるからである。偽物ではいずれ馬脚を現す。風通しのよい企業風土をつくるのもトップ、社内外の信望を得るのもトップ次第であることを、経営者は心に深く銘ずる必要がある。

古来「勇将の下に弱卒なし」という言葉がある。知・情・意の三拍子揃った将軍の下にあって、兵は運命をともにしようとする。このことは、企業組織においても変わりがないのではあるまいか。

東洋の英知は、リーダーの条件として「才徳兼備」を説いてやまない。リーダーたる者はまず何よりも自ら徳を磨け、そして知性を高めよ、少しでも本物になるよう日々努めよと説いている。人格に完成はない。しかし、棺を覆うまで孜々《しし》として精進するトップの姿勢が、初めて多くの人々の共感を呼ぶ因になるのではないかと思う。

柳下恵

柳下恵《りゅうかけい》※は、魯の国の賢大夫といわれ、孔子よりも一五〇年ほど前の人である。上司に認められなかったにもかかわらず、自国を去ることなく、淡々平然としていたと伝えられる。『論語』に三回も登場するのは、この人の進退について孔子が高く評価していた現れであろう。

◉三たび退けられても去らず

柳下恵《りゅうかけい》、士師《しし》となり三《み》たび黜《しりぞ》けらる。人《ひと》の曰《いわ》く、子《し》未《いま》だ以《もっ》て去《さ》るべからざるか。曰《いわ》く、道《みち》を直《なお》くして人《ひと》に事《つか》うれば、焉《いず》くに往《ゆ》くとして三《み》たび黜《しりぞ》けられざらん。道《みち》を枉《ま》げて人《ひと》に事《つか》うれば、何《なん》ぞ必《かなら》ずしも父母《ふぼ》の邦《くに》を去《さ》らん。（微子編）

柳下恵は士師という罪人を扱う官になったが、三度もその地位を退けられた。ある人が、「いつまでここにいても埒《らち》があかないのに、まだ他国に去ろうとはしないのか」と尋ねたところ、次のように答えた。「道をまっ直ぐにして人に仕えれば、どこの国に行っても同

※柳下恵
春秋時代魯の賢者。姓は展、字は禽（きん）。柳下（地名）に住み、恵と諡された直道を守って君に仕えたが、臧文仲に用いられなかった。

じ結果になるだろう。退けられないように道を曲げて仕えようとするなら、何も父母の国を去る必要はない」と。

偉くなろうと思わず、従って阿諛追従《あゆついしょう》することもなく、淡々と務めを果たすなどは、誰にでもできるわけではない。孔子もそう感じたのか、彼を認めて登用しようとしなかった、時の上司を厳しい言葉で批判している。

◉部下を認めないのは位を盗む者だ

子曰《しいわ》く、臧文仲《ぞうぶんちゅう》※はそれ位《くらい》を窃《ぬす》む者《もの》か。柳下恵《りゅうかけい》の賢《けん》を知《し》りて与《とも》に立《た》たず。（衛霊公編）

孔子は、「臧文仲《ぞうぶんちゅう》は位を盗む者に等しい。柳下恵が賢人であることを知っていながら、君主に推薦して一緒に仕えようとしなかった」と語った。臧文仲という人もひとかどの政治家であったのだろうが、優れた部下が自分を超えることを怖れたのかもしれない。今でもままあることだ。

部下または後進の者を、どこまで挙げることができるか。後継者の育成という意味において、組織や社会が活性化する大元がここにあると私は思う。この点で渋沢栄一は『論語講義』の中で孔子の思いに同感した上で、日本の例を挙げて次のように述べている。「維新以来大久保侯の伊藤公を挙げ、伊藤公の西園寺公を推し、西園寺公の原敬氏を挙げ、山

※臧文仲
［?～前617］姓は臧孫、字は仲。魯の四代の君主に大夫として仕えた。君主の一族。孔子の生まれる六五年前に死んだ。

県公の桂《かつら》公を薦める…等、皆よく賢者を薦めたる者というべし」と評しているのである。

明治時代という、興隆期の日本の姿を示すよい事例ではあるまいか。

孔子はまた、柳下恵を逸民（世捨て人）とも評している。

◉世捨て人のひとり

逸民《いつみん》は、伯夷《はくい》、叔斉《しゅくせい》※、虞仲《ぐちゅう》※、夷逸《いいつ》※、朱張《しゅちょう》※、柳下恵《りゅうかけい》、少連《しょうれん》※。子《し》曰《いわ》く、その志《こころざし》を降《くだ》さず、その身《み》を辱《はずかし》めざるは、伯夷《はくい》・叔斉《しゅくせい》か。柳下恵《りゅうかけい》・少連《しょうれん》を謂《い》わく。志《こころざし》を降《くだ》し身《み》を辱《はずかし》む。言《げん》、倫《りん》に中《あた》り、行《こう》、慮《りょ》に中《あた》る。…我《われ》は則《すなわ》ちこれに異《こと》なり。可《か》もなく不可《ふか》もなし。（微子編）

孔子が世捨て人として名を挙げたのは、伯夷《はくい》・叔斉《しゅくせい》以下、柳下恵も含めて七人を数える。そして、伯夷・叔斉はその志を高く掲げて、わが身を辱めなかった。柳下恵については、志を下し身も辱めたが、言葉は道理にかない、行いも思慮の深さを示していた、と評価している。

なお、伯夷・叔斉は殷末の人で、兄弟で邦の後継ぎを譲り合い、殷の紂王を伐とうとする周の武王をいさめ、ついには山に隠れて餓死した。清廉の士として後世に伝えられる。

孔子は自らの行動について、「私はこれらの人たちとは異なる。進退は可もなし不可も

※伯夷、叔斉
人名。伯夷と叔斉の兄弟。殷（いん）時代、孤竹君の二王子。潔白さで知られる。弟の叔斉をあとつぎにするという父の遺言にもかかわらず、二人は互いに譲りあって国を去り、周の文王を慕（した）って周に行き、武王が殷の紂王（ちゅうおう）を討ったとき、これをいさめて聞き入れられず、首陽山にこもって餓死した。（『新選漢和』）

※虞仲
人名。周の大王の次男。弟の季歴（きれき）を相続させるため、兄の太伯と、呉の国に逃げて隠れ住んだ。（『新選漢和』）

なし、どちらかに進もうとはあらかじめ決めず、道義に従って自由自在でありたい」と述べた。

『孟子』には、柳下恵を高く評した次の一文がある。

◉聖の和なる者

柳下恵《りゅうかけい》は汚《あ》しき君《きみ》をも羞《は》じず、小《いや》しき者《もの》をも辞《じ》せず、進《すす》められては賢《けん》を隠《かく》さず必《かなら》ずその道《みち》を以《もっ》てし、遺《わす》れ佚《す》てらるるも怨《うら》まず、阨《くる》しみ窮《きゅう》すれども悶《うれ》えず、郷人《さとびと》※と処《お》るも由由然《おうよう》※にして去《さ》るに忍《しの》びざるなり。…柳下恵《りゅうかけい》は聖《せい》の和《わ》なる者《もの》なり。（万章下篇）

道をはずれた君主の下であっても厭《いと》わず、自らは汚濁にまみれることなく、世俗の者とも交わってそれを捨てることなく、世間から忘れられようとも怨むことなく、苦境に立っても憂えることなく、悠々としてその節を守り抜いた。そのような人物こそは、「和する聖者」であると孟子は賞賛したのである。

※夷逸
周の逸民。隠居して仕えず、世を軽んじ志をほしいままにした。（『中国古典名言事典』）

※朱張
不詳。

※少連
不詳。

※郷人
村の人々。故郷の人。

※由由然
①自分で満足するさま。②ゆったりしたさま。（『新選漢和』）

憧れの人・周公旦

周公旦《しゅうこうたん》※は、魯国の始祖である。ＢＣ一〇二七に周王朝を開いた武王の弟で、王業創成に功あって魯に封ぜられた。人徳が高く、周の文化の基盤を確立したとされる。孔子（ＢＣ五五二〜四七九）より五〇〇年も遡る時代である。仁を説いた孔子が生涯の目標とし、憧れ続けた人であった。『論語』は語る。

◉夢にまで見た人

子曰《しいわ》く、甚《はなは》だしいかな、吾《わ》が衰《おとろ》えたるや。久《ひさ》しく吾《わ》れ復《ま》た夢《ゆめ》に周公《しゅうこう》を見《み》ず。（述而《じゅつじ》編）

孔子が述懐した。「ひどいものだ。私も衰えたものだよ。久しく私は、夢に周公を見なくなってしまった」と。孔子は若い時から周公に心酔してきたので、しばしば夢にまで現れてきたのだろう。それなのにああ、いたずらに齢を重ねているうちに、あの烈々たる理想の炎はどこへ行ってしまったのか、とつぶやいたのである。この言葉を聴いた弟子たちは粛然として襟を正し、この一文を残したに相違ない。

※周公旦
周の文王の子。武王の弟。兄を助けて殷を滅ぼし、周王朝の基礎を固めた。武王の没後、幼少の成王を助けて反乱を鎮圧した。洛邑（洛陽）を建設。諸侯として魯の最初の君主に封ぜられた。礼楽・冠婚葬祭の儀などを制定し孔子に尊崇された。生没年未詳。

聖人と称えられた人物の、温かい生身に接するようだ。寝ても覚めてもという思いのひたむきさは、現代でも偉業を成し遂げた経済人、政治家、科学者、教育者などに共通する熱情である。功成り名遂げた後でもこのような反省があれば、人は晩節を汚すことはないのではあるまいか。

◉人に完璧を求めるな

周公《しゅうこう》、魯公《ろこう》に謂《い》いて曰《いわ》く。君子《くんし》はその親《しん》を施《す》てず、大臣《だいじん》をして以《もち》いざるに怨《うら》みしめず、故旧《こきゅう》※大故《たいこ》なければ則《すなわ》ち棄《す》てず、備《そな》わるを一人《ひとり》に求《もと》むることなかれ。（微子編）

周公旦が、後継ぎとなった息子の魯公伯禽《はくきん》※に、人としてのあり方や政治の要諦として与えた言葉である。「上に立つ者は、身近な親族をいたわって忘れることなく、大臣たちは重用されなくても怨みを募らせないように配慮し、昔からの仲間はよほどのことがない限りは見捨てず、一人の人に完璧を求めてはならない」と語った。

この言葉も、現代においてマネジメントに腐心している経営者には、いちいち胸に響くところがあるのではないだろうか。職場の人間関係において、あるいは家庭においても、まことに示唆に富んだアドバイスである。人を適材適所に配置してそれぞれの力量を発揮させること、また、誰しも一長一短があるのだから、完璧（備）であることを一人の人に

※故旧
昔からの知り合い。旧知、旧友。

※伯禽
周公旦の息子。周公旦はその功績により魯に封ぜられたが、魯国（山東省曲阜）に行かず都にとどまって周王を補佐し、息子の伯禽が初代の魯公となった。

求めるなというのは、確かにその通りだと思う。

◉長所を見て人を育てた松陰

松下村塾で高名な吉田松陰※に、この「備」について語った言葉がある。

人《ひと》、賢愚《けんぐ》ありといえども、各々《おのおの》一二《いちに》の才能《さいのう》なきはなし。湊合《そうごう》して大成《たいせい》する時《とき》は必《かなら》ず全《ぜん》備《び》するところあらん。これまた年来《ねんらい》人《ひと》をして実験《じっけん》するところなり。人物《じんぶつ》を棄遺《きい》せざるの要術《ようじゅつ》、これより外《ほか》またあることなし。（福堂策）

人はそれぞれ賢愚の差はあっても、何か一つや二つ秀でた才能がある。たゆまず時間をかけて総合し、よいところを伸ばしていけば、必ずや大成して完璧（全備）に近づいていくだろう。これは、年来実際に人を教えて体験したことで、人は変身し成長するものだから、決して見捨ててはならない。その要となる手段は、この長所を伸ばすこと以外にはない。

二九歳で刑死した松陰の人生は短く、松下村塾を主宰したのもわずか一年余にすぎないが、人格的な影響力は図り知れなかった。弟子たちは発憤興起し、志を抱いて国事に奔走したに相違ない。また、獄中にあった時には、囚人たちに乞われて孔孟を講義したというのである。武士として志を高く保ち、時勢を透見し、人に慕われ、かつ偉大な教育者でも

※吉田松陰 一五五頁参照。

あった風格が偲《しの》ばれる。

孔子は若くして完成した人ではなく、長い苦難の時を経て人々の師表と仰がれる存在となった。「われ十有五にして学に志す」（為政編）に始まり、而立《じりつ》（三〇歳）、不惑（四〇歳）、知命（五〇歳）、耳順（六〇歳）、従心（七〇歳）に至る自叙伝も、前に挙げた「久しく夢に周公を見ず」も、その消息をよく伝えている。

古典は人生の道しるべとして、アドバイスに満ちている。歳を取って初めて得心する言葉も多いが、難問に直面した時に希望と励ましを与えてくれる。一歩退いて原則に立ち戻り、問題を考え直すことができるからであろう。家庭や友人関係、さらには仕事の面でも同じである。世事を懸命に生きながら古典に問い、古典を熟読しながら世事を見る。その繰り返しの中で、自分なりの視座もでき上がっていくのではないかと思う。

第七章

人生の機微——『菜根譚』に学ぶ

和気を貴ぶ

本章は趣を異にして、『菜根譚《さいこんたん》』※に挑戦してみたい。

明（一三六八～一六四四）末の人、洪自誠《こうじせい》※のエッセーである。生没年は不明。著者は還初道人と号し、儒・仏・道の三教を融合し深く究めたという。道学者臭がなく、まことに含蓄に富んでいる。

前・後集あわせて三五七条の構成であるが、そのうちいくつかを取り上げてみたい。人の問題で苦労している経営・管理者にとって、ハタと膝を打ちたくなるところがあると思う。

◉ 和気と喜心

疾風怒雨《しっぷうどう》には禽鳥《きんちょう》※も戚々《せきせき》※たり。霽日《せいじつ》※光風《こうふう》には草木《そうもく》も欣々《きんきん》※たり。見《み》るべし、天地《てんち》に一《いち》日《にち》も和気《わき》無《な》かるべからず、人心《じんしん》に一日《いちにち》も喜神《きしん》※無《な》かるべからざるを。（前集六）

台風の時には、鳥も巣に籠もってじっと動かない。明るい日差しの下では、草木も喜んで生き生きとしている。注目しなさい、天地にはいつも和気がなくてはならないように、

※菜根譚
明の洪自誠著。儒教、仏教、道教を兼修し、自身の人生体験を基にまとめた語録。三五七条からなる。前集は世に立ち人に交わる道を説き、後集は自然や退隠閑居の趣を説いている。中国よりも日本で普及し、注釈書が多く作られた。書名は宋の汪信民の「人よく菜根を咬みえば、則ち百事做（な）すべし」から。「菜根は堅くて筋が多いので、これをよく咬みうるのは、ものの真の味を味わいうる人物であるということを意味する」（岩波文庫『菜根譚』今井宇三郎解説）。

※洪自誠
明の万暦年間（1573～1620）の人。自誠は字。号は還初道人。『菜根譚』のほかに『仙仏奇踪』を撰している。生涯についてはほとんど知られていないが、儒学、老荘、仏教に通じていた。

人の心にも常に喜びがなければならないことを！　鳥獣や草木でもそうなのだから、ましてや人については言うまでもない。「和気」とは調和ある心、「喜神」とは「喜心」のこと。喜び楽しむ心である。人それぞれに本来宿っている心であり、それなくして人や社会の生々発展はない。

会社などの組織も活発な時だけでなく、沈滞低迷の時もある。部下の自発性を呼び起こし、融和を図ってチームワークを高め、組織の成果を挙げるにはどうすればよいか。リーダーの日常において、最も腐心する点である。一つの典型的な場面として、部下を育てるために叱《しか》る場面を想定してみよう。根底に和気と喜心をもって相手の同じ心に訴える必要がある、と反省をこめて私は思う。

この一文は、『イソップ物語』の北風と太陽の寓話《ぐうわ》を思い出させる。北風と太陽が力比べをして、どちらが旅人の上着を脱がせることができるかと争った。冷たい北風に対し、旅人は身を縮めて上着をしっかりと押さえたが、燦々《さんさん》と照りつける太陽には旅人も抗しきれず、自ら上着を脱いでしまったので、太陽の勝ちとなったという話である。

◉独坐して心を観ずる

夜深《よるふか》く人静《ひとしず》かなるとき、独《ひと》り坐《ざ》して心《こころ》を観《かん》ずれば、始《はじ》めて妄窮《もうきわ》まりて真独《しんひと》り露《あら》はるるを覚《おぼ》ゆ。毎《つね》にこの中《なか》において大機趣《だいきしゅ》※を得《う》。すでに真現《しんげん》じて妄《もう》の逃《のが》れ難《がた》きを覚《おぼ》ゆれば、

※禽鳥　鳥。鳥類。

※戚々　憂い悲しむさま。また、憂い恐れるさま。（『新選漢和』）

※霽日　（「霽」は雨があがるの意）雨あがりの晴れた日。晴れた日。（『日国』）

※欣欣　よろこぶさま。元気づいているさま。

※喜神　よろこび、楽しむ気持ち。

※大機趣　応用自在なはたらき。（『菜根譚』今井宇三郎）。

また此《こ》の中《なか》において大慚忸《だいざんじく》※を得《う》。（前集九）

人には朝型と夜型があるので、早朝でも夜更けてでもあるいは両方でも、どちらでもよいと思う。大事なことは、毎日のように静かな時間を持って自らの心に問い、内なる声に耳を傾けることである。日常のゴタゴタに埋没していると、つい忘れてしまう自分の本来の姿と対面して、誰しもに備わっている無限の可能性を直視し、良心の声を聞くのである。そのようにして独り内観すれば、真実が現れて妄想の黒い霧が消えていくことに気づく。いわゆる観の大転換、さらには生活や人間関係における大転機が生まれる。「幽霊の正体見たり枯れ尾花」というように、妄想や幻影にいつまでも囚われている愚かさに気づき、慚愧《ざんき》の念にかられることは必定である。

雲と月にたとえれば、月が真実で雲が迷妄にあたる。雲に隠れていても月がなくなったわけではなく、月はいつもそこに存在している。それを観よ、必ず心眼に映るはずだ。厚い雲霧の向こうに月の姿を観るには、かなりの力量が要る。山岡鉄舟は富士山を思い描いて、「晴れてよし曇りてもよし不二の山　もとの姿は変わらざりけり」と唱った。その大信念が一五〇年前に駿府《すんぷ》会談で西郷隆盛を動かし、江戸を火の海から救い、日本の内乱を止めたのである。

この一節は、『大学』の説く「慎独《しんどく》」の重要性に通底する。史上華々しく活躍し大業を成し遂げた人々は、例外なく独り静かな時間を持ち続けた。形は坐禅《ざぜん》、黙想、内観など様々

※大慚忸
根本的なざんげ。慚も忸も恥じる。（『菜根譚』今井宇三郎）。

★「お爺ちゃんの論語塾」雑感⑩
私が主宰する「お爺ちゃんの論語塾」でも、最近『菜根譚』をテキストに取り上げた。大人を対象とする本だが、人としての在りようを学ぶ上で年齢は関係がない。小中学生は声を張り上げて素読している。素直な子どもたちの眼は曇っていないので、教えながらむしろ教えられることが多いことを実感している。

だが、明治維新の時だけでも隆盛、鉄舟、勝海舟、さらには昭和の土光敏夫など実例には事欠かない。

真味は淡味

『菜根譚』には、人情の機微を突いた言葉が多い。歳を取り人生経験を積んで初めて、ああなるほどと得心することがあるが、洪自誠の言葉もそれである。よほどの苦労人であったのだろう。

◉淡味が一番

醲肥《のうひ》※辛甘《しんかん》は真味《しんみ》に非《あら》ず。真味《しんみ》は只《た》だ是《こ》れ淡《たん》。神奇《しんき》※卓異《たくい》※は至人《しじん》※に非《あら》ず。至人《しじん》は只《た》だ是《こ》れ常《じょう》。（前集七）

脂ぎった肉や強い酒、辛いものや甘いものなど、濃厚な料理には本当の味はない。本当の味は、素材を活かした淡々とした料理にある。同じように、珍奇を好み異様なことをする人は、至人、すなわち道を究めた達人ではない。本当の達人とは、当たり前のことを当たり前に行える人である。一見平凡なことを継続して実行できる人が、真に非凡な人なのである。

※**醲肥**
濃い酒と肥えた肉。

※**神奇**
不思議な事。

※**卓異**
ほかと著しく異なる。

※**至人**
道を修めて最高の地位に到達した人。（『新選漢和』）

ここで私は、昭和の一人の経営者を思い出した。岩田弐夫《いわたかずお》※氏である。

◉平凡を生き切った人――岩田弐夫氏

岩田さんは、かつては東芝の石坂泰三《いしざかたいぞう》※社長の秘書を務め、後に土光敏夫社長を役員として輔佐《ほさ》し、やがて社長となった。明るく闊達《かったつ》な言動で周囲を魅了し、揮毫《きごう》を求められると「平凡」と書くことが常であった。それだけでなく、私が勤務した横浜の工場の礎石には、力強く「平凡」という二字が刻まれていた。ご本人の外見とは一致しないので、大変失礼ながら意外の感を深くしたものだ。

岩田さんは社長時代に、こんな話をしてくれた。「私は石坂、土光という偉大な経営者・経済人に仕え、直接厳しい薫陶を受けた。人生最高の幸運だった。だが、私は二人の真似をしようとは思わない。理由は簡単で、真似をしたら身が持たないからだ。石坂さんは東西の古典に通じ、談論風発、スイスのレマン湖畔では英詩を暗誦《あんしょう》して向こうの人たちを驚かせ、遡って戦後の大争議に際しては不退転の勇気と行動力を示した。土光さんには役員としてお仕えしたが、未明に起きて一日を始め、率先垂範し、収入の大半を学校に寄付し、メザシを食べる質素な日常を過ごす一方で、ブラジルでは三食牛肉でもペロリと平らげるあのバイタリティは、実に恐るべきものだ。身心ともに桁違いの力を持つお二人と接し、凡人たる自分は真似はやめて、吾《わ》が道を歩むしかないと心に深く決めたのだ」と。

※岩田弐夫
［1910〜1992］
東京帝大卒。東京電気（東京芝浦電気）入社。石坂泰三社長の秘書。土光敏夫社長の抜擢で専務。社長として不採算部門を見直し、同社の基盤を強化した。日本たばこ産業の初代会長を務めた。

※石坂泰三
［1886〜1975］
東京帝大卒。逓信省を経て第一生命保険に入社、のち社長。戦後、東京芝浦電気社長、会長。人員整理を行い同社を再建した。経団連会長、日本生産性本部会長として高度成長期の代表的財界人として活躍した。

岩田さんは社長就任時に「集中と選択」を経営方針に掲げ、会社を引っ張っていった。今では世間の多くが語順を逆にして、「選択と集中」を語るようになったが、その元祖は岩田さんだと私は確信している。ご本人は平凡をモットーとしつつ、非凡なリーダーシップを発揮したのである。

◉眼は横、鼻は縦――道元禅師

次は、鎌倉時代の道元※禅師の言葉である。宇治の興聖寺《こうしょうじ》の開堂に際し、大衆に対し開口一番に述べた。時に一二三六年、三七歳の秋であった。

山僧《さんそう》、叢林《そうりん》※を歴《ふ》ること多《おお》からず。ただこれ等閑《とうかん》に天童先師《てんどうせんし》に見《まみ》えて、当下《とうげ》に眼横鼻《げんのうび》直《ちょく》を認得《にんとく》して人《ひと》に瞞《まん》※せられず。すなわち空手《くうしゅ》にして郷《きょう》に還《かえ》る。ゆえに一毫《いちごう》※も仏法《ぶっぽう》無《な》し。

（『永平広録』）

「私（山僧）は宋《そう》国に渡ったが、それほど多くの道場を歴訪したわけではない。先師、天童山如浄《にょじょう》禅師の門に入ってひたすら修行し、眼は横に鼻は縦についている道理を体得して、人にだまされないようになっただけだ。私は何のお土産も持たずに帰国した。故に仏法という特別なものも全くない」と。

※道元
一五六頁参照。

※叢林
多数の僧侶の集まり住む大きな寺院。

※瞞
だます。目におおいをかけて見えなくする。真相が見えぬようにだます。「欺瞞」（『漢字源』）

※一毫
「毫」は細い毛。わずか。

これを聴いて、参集者は仰天したことであろう。奈良・平安朝以来の留学僧のように、道元も何か特別の仏法や秘法を会得し、優れた大陸の文物や技術を持ち帰ったものと期待して集まったが、道元は「何も土産はない。眼横鼻直、当たり前のことが大事だとわかっただけだ」と宣言したのである。形式化し、貴族化していた当時の仏教界にとっては、新しい挑戦であったと思う。

淡味、平凡、眼横鼻直などを並べてみると、人生万般に通ずる趣がある。「君子の交わりは淡きこと水のごとし」というように、ベタベタした友情はいつまでも続くものではない。夫婦も同じようなもので、子が独立した後ともなれば、自ずから淡々とした味わいとなる。友情も夫婦関係も破綻することがあるが、それは互いに尊敬や遠慮やいたわりの念を失った時ではないかと思う。当たり前を当たり前に行ずることがいかに難しいかを、物語っているともいえよう。

静かな時間

日常の雑音を離れて独り静かに、自分自身に対面する。これは、忙しい日々を送る人ほど必要なことではあるまいか。

『菜根譚』の独坐観心《どくざかんしん》※の眼目は、自分自身の発見にある。本当の自分を発見できた時に、人生が変わり始める。

夜深《よるふか》く人静《ひとしず》かなるとき、独《ひと》り坐《ざ》して心《こころ》を観《かん》ずれば、始《はじ》めて妄窮《もうきわ》まりて眞独《しんひと》り露《あら》はるるを覚《おぼ》ゆ。毎《つね》にこの中《なか》において大機趣《だいきしゅ》を得《う》。既《すで》に眞現《しんげん》じて妄《もう》の逃《のが》れ難《がた》きを覚《おぼ》ゆれば、またこの中《なか》において大慚忸《だいざんじく》を得《う》。（前集九）

大機趣を大転機ないしは観の大転換と訳したいと思うが、同じ周囲の風景がすっかり変わって見える時が必ずある。コペルニクス的三六〇度転回といってもよい。その時を境に、人生は新たなステージに入る。一生のうちに何度もそのような転機を迎えるのが、人の常だと私は思う。

※独坐観心
二七一〜二七三頁参照。

◉汝自身を知れ

デルフォイ※の神殿には「汝自身《なんじ》を知れ」と書いてある。洋の東西を問わず、年齢や職業にかかわらず、真剣に人生を仕事を生きようと志す者にとっては、終生変わらぬ問いであった。その答は、今を生きる自分自身で見つけなければならない。古来の先達の解説は参考にはなるが、借り物では身につかないからだ。では、どうすれば本当の自分を掴《つか》めるか。

心理学者は次のように言う。人の心には現在意識と潜在意識があり、目が醒めている時に働く現在意識に対し、潜在意識を氷山の海面下に隠れた部分にたとえる。しかも眠っている時にも働いているし、先祖を含む人類意識さらには宇宙意識にまでつながっている。人はその気になれば、自分の深層にある真の存在を確かめることができると示唆しているのではないか。

◉自分を忘れよ

道元禅師の著した『正法眼蔵《しょうぼうげんぞう》』※を読んで、驚いて言葉を失った一文があるので、紹介したい。

仏道《ぶつどう》をならふといふは、自己《じこ》をならふなり。自己《じこ》をならふといふは、自己《じこ》をわするるなり。自己《じこ》をわするるといふは、万法《まんぽう》※に証《しょう》せらるるなり。（『正法眼蔵』現成公案）

※デルフォイ　Delphoi　ギリシャ・パルナソス山麓にあった古代都市。アポロンの神殿があり、神託地だった。前168年以後ローマの支配下に入った。392年にローマ皇帝が異教を禁止し廃墟となった。1987年、世界遺産（文化遺産）に登録された。

※正法眼蔵　道元の代表的著書。鎌倉前期の仏教書。九五巻。曹洞宗の根本教典。寛喜3年（1231）～建長5年（1253）成立。仏法の真理、修行のあり方、宗門の規則などを詳述している。

※万法　仏語。物質的、精神的なあらゆる存在。

求めようとしている真の自分を確かめようとするなら、自分を忘れてしまえというのだから、凡人はたちまち迷路に放り込まれてしまう。何年も経ってやっと気づいたことは、本物の自分を見つけるためには、偽物の自分に囚われず忘れてしまえ、ということであった。本物の自分はもともと仏法の中、すなわち自分の奥深くにある。見えなかったのは、迷妄と雲霧に惑わされて自分が勝手に看なかっただけなのだ。

坐禅の世界では、自分の本性を「本来の面目」と呼ぶ。静坐して直視すれば迷いは消えて、本来の自分を発見し、それを現象世界に具現化することができる。未熟ながら、そういう意味ではないかと私は思う。

◉内なる声を聞く

国際ＩＣ※（Initiatives of Change、旧ＭＲＡ：Moral Re-Armament 道徳再武装）でも、静かな時間を重視する。創始者のフランク・ブックマン博士は、独り静かな時間を持ち、「内なる声」に耳を傾けるよう勧めた。その「真実の自分」あるいは「良心」の声に従った時に、勇気をもって自分を変え、新しい行動に踏み切る決意を固めることができる、人生の風景が一変すると提唱したのである。

国際ＩＣの本部は、スイス・レマン湖畔の山腹、コー（Ｃａｕｘ）という村にある。毎

※国際ＩＣ
六〇頁参照。

年六月から八月にかけて、週ごとに様々なテーマが設けられて会議が開かれ、世界中から多くの人が参加する。二〇一八年七月の第一週には、「公正なガバナンス」というテーマの会議が開かれた。私はＣＳＲ（企業の社会的責任）の実現に心を砕く日本からの一七人の企業幹部とともに訪れ、静かな時間を共有しつつ、七七カ国からの参加者と交流し、様々な示唆を受けることができた。

静かな時間は、リーダーにとって必須の一時ではあるまいか。

早朝または深夜、周りが寝静まった頃が一番集中できる。しかし、住宅事情や子どもが小さい家庭ではままならないこともある。散歩に出かけ、公園のベンチに坐って瞑想《めいそう》するのもよいだろう。その気になれば、通勤電車でも湯船の中でも可能である。時と所は工夫次第である。

自利・利他

謙譲の精神が、社会生活においていかに大事であるか。このことは誰でも知っているが、いざ実行するとなると決して容易ではない。ついつい「俺が、私が」という思いが先に立ってしまい、後になって臍《ほぞ》をかむ。この厄介な代物を、『菜根譚』はどのように説いているのだろうか。

◉情けは人のためならず

世《よ》に処《しょ》するには、一歩《いっぽ》を譲《ゆず》るを高《たか》しとなす。歩《ほ》を退《しりぞ》くるは即《すなわ》ち歩《ほ》を進《すす》むるの張本《ちょうほん》※なり。人《ひと》を待《ま》つ※には、一分《いちぶ》を寛《ゆるやか》にするは是《こ》れ福《さいわい》なり。人《ひと》を利《り》するは、実《じつ》に己《おのれ》を利《り》するの根基《こんき》なり。（前集一七）

世に処して他人に一歩を譲ろうとすれば、多くの人が後押ししてくれるので、退いたままにはならず、かえって前に進むことができる。また、人と応対する時には、相手の欠点や失敗を責めすぎず、暖かく包容する寛容さと雅量を持たねばならない。そうすれば、か

※張本
下地、伏線。

※待つ
（人を）遇する

えって自分自身の環境が整って、人々からも尊敬され幸せが訪れてくる。世のため人のためにすることは、ひるがえって自分自身のためにもなるという根本原理がここにある。

処世訓として、実に味わい深い一文である。「一歩を譲る」というのは、もじもじとしり込みしたり、儀礼的なエチケットを指すのではなく、最後の「人を利する」という積極的な心の持ち方と行動を示している。これは、個人の生活だけでなく、会社の経営においても同じで、対外的にもまた社内の組織運営についても十分応用できる原理である。日本に伝わる古い諺《ことわざ》に、「情けは人のためならず」という言葉があるが、それと同じである。

◉信頼関係をつくる鍵※

企業の若手経営者・中堅管理者の多くは、いかにして人との信頼関係をつくり、かつ人脈を広げるかに腐心している。相談を受けるたびに、私は拙い経験をもとに、「ギブ・アンド・テイク」の原理をアドバイスしている。

もちろん、ギブが先でテイクが後でなければならない。この順序を逆にしては、一時限りの損得関係ならともかく、長く続く信頼関係はつくれない。そうなると問題は、相手に何かを与えることができるかどうかに帰着する。専門性を高め、教養を深め、人格を磨くことによって、その何かが人間形成という形で自分の中に育ってくる。そして、不思議に自分にふさわしい相手が現れてくるものだ。昔から「類は類をもって集まる」と言う通り

※信頼関係と交渉事
学生時代、柔道をやっていたが、当時体重別ではなく、私は強い相手と対戦することが多く、どうしたら引き分けにできるかを考えた。守りばかりでは負ける。「攻め四分、守り六分」くらいが良い。姿勢も大事。頭を下げて腰を引くとその瞬間に負ける。胸を張って堂々とし、いつでも攻めに転ずる気迫で戦った。

社会人になったらこれが役立った。世の中、自分より強い人ばかり。何事かやり遂げようとすると障害物がたくさんある。乗り越えるのには自分の都合ばかりではうまくいかない。攻めすぎても守りすぎても駄目。交渉事でも結果は、自分が五一、相手が四九だったら大成功と考えて臨んだ。交渉を成立させるためにはギリギリのところで譲り合うことが大切だ。勝ってもいいが圧勝すると関係が長続きしない。こう考えて交渉をしていると粘り強くなることを体得した。

である。自分より優れている人には、教えを乞うつもりで接すればよい。年齢や立場が違っても、相手にとって意味のある何かを与えることが必ずできるはずである。

最高の営業マンは、例外なく聴き上手である。相手のニーズを把握して、最も適切な意見を述べることができるからで、口上手とは限らない。

ビジネスの国際的な戦略連携にしても、利害がある程度一致しなければ始まらないが、長続きするかどうかは当事者の信頼関係の如何にかかっている。とりわけ大事なのは、会社のトップ同士の人間関係である。それが消えれば、利害関係だけが残ることになって、両者の間は強い者勝ちの悲惨な結果となる。そういう例が、現に名のある会社にも起こっているのである。

◉自利・利他の原理

『菜根譚』は、自利・利他の原理を説いている。人のために利することが、自分を利することになる、その逆もまた真なりというのである。

事業の経営者には、実感できるメッセージではあるまいか。有名な近江商人※の「三方よし」、すなわち「売り手よし、買い手よし、世間よし」という商道徳も、このことを示している。

私が理事長を務める「ふじのくにづくり支援センター※」では、経営理念として「お客様

※近江商人
近江（滋賀県）出身の商人。近江は京都から北陸や東国に通じる交通上の要で、室室町時代には市による商業が発達した。行商から始まり、江戸や京都にも店舗を持つようになった。江戸初期以来、伊勢商人とともに成功者を出した。江商（ごうしょう）。

※ふじのくにづくり支援センター
静岡県土地公社、静岡県道路公社、静岡県住宅公社を社員とする一般社団法人。三公社の総務事業、公社が行う事業の関連事業（用地の地籍調査、道路の発注者支援、住宅の高齢者支援）、地方公共団体の行政改革を支援する事業などを行っている。２０１５年に法人化し、三公社を傘下に事業を展開中。

と共に歩む」を掲げている。最高のサービスを提供し、お客様が喜んでくださる姿を見て社員の喜びとする、そのようなセンターをつくろうと皆で努めている。社会的信用が、企業発展の大前提だからである。一時の損失は取り戻すことができるが、一度失った信用は容易に取り戻すことができないのである。

古来の偉大な聖人たちが説くように、己を無にして世のため人のために尽くし切ることができれば、人として企業として最高のあり方だが、凡人がそれに徹することは容易ではない。自分を捨て切れないからだ。そうした思いに解決を与えてくれたのが、自利・利他という考え方であった。初めて接したのは道元禅師と親鸞《しんらん》聖人の言葉であったが、これなら私でも及ばずながらもやっていけるのではないかと、一筋の光明を見た思いがした。

寛容と愛語

世の中には、人をギクリとさせる言葉が多い。その一つが、寛容の心を説いた『菜根譚』の一節である。

◉人を攻めすぎるな

人《ひと》の悪《あく》を攻《せ》むるは、はなはだ厳《げん》なることなかれ。その受《う》くるに堪《た》へんことを思《おも》ふを要《よう》す。人《ひと》に教《おそ》ふるに善《ぜん》をもってするは、高《たか》きに過《す》ぐることなかれ。まさにそれをして従《したが》ふべからしむべし。（前集二三）

人の欠点を攻めるのは、あまりに厳しくしてはいけない。受け止める力のない相手では、咎《とが》めても決して欠点はなくならないと考えるべきだ。また人を教えて善に導くには、あまりに基準が高すぎてはいけない。相手の心境に適した方便を用いないと、かえって従わせることができなくなる。

このことは、言うは易く実行が難しい。なぜならば、自分の欠点はさしおいて、人の欠点はよく見えるからである。『聖書』の中に、姦淫《かんいん》を犯した女を私刑にしようと人々が騒いでいる場面がある。そこにキリストが現れて、「汝らのうち、罪なき者まず石を擲《なげう》て」と言ったところ、一人去り二人去って誰もいなくなった、という逸話が書かれている。私はクリスチャンではないが、いつまでも記憶に残って消えることのない場面である。

『菜根譚』には、似たような次の一節がある。

◉人には優しく、自分には厳しく

人《ひと》を責《せ》むる者《もの》は、無過《むか》※を有過《うか》のなかに原《たず》ぬれば、すなわち情平《じょうたい》らかなり。己《おのれ》を責《せ》むる者《もの》は、有過《うか》を無過《むか》の内《うち》に求《もと》むれば、すなわち徳進《とくすす》む。（前集二一八）

「無過を有過のなかに原ねる」とは、相手の欠点を暴き立てるのではなく、美点を探してそれを褒めることをいう。そうすれば、人は心穏やかに意見を聴いてよくなっていく。一見して欠点の多い人でも、時間がかかるかもしれないが確かに変わっていく。人には誰しも本来の素晴らしさが備わっていて、今はそれが隠れているにすぎないからである。欠点を指摘すればするほど人は頑なになり、聴く耳を持たなくなりがちなのだ。

　逆に自分自身を責める時には、「無過の中に有過を求めよ」という。自分の中に本来完全なものが宿っているという自信があっても、現実の行動に過ちが多いことを見逃さず反

※無過　過失がない。

省すれば、徳が進み人格形成が本物となる。

　この一節を読んで私は、佐藤一斎の「春風をもって人に接し、秋霜をもって自ら粛《つつし》む」（『言志四録』）を思い出した。同根の言葉である。

◉愛語には回天の力あり

　鎌倉時代の名僧道元禅師も、「愛語※」の偉力を次のように語る。

> **愛語《あいご》といふは、衆生《しゅじょう》をみるにまづ慈愛《じあい》の心《こころ》をおこし、…暴悪《ぼうあく》の言語《げんご》なきなり。…むかひて愛語《あいご》をきくは、おもてをよろこばしめ、こころをたのしくす。むかはずして愛語《あいご》をきくは、肝《きも》に銘《めい》じ魂《たましい》に銘《めい》ず。しるべし愛語《あいご》は愛心《あいしん》よりおこる。愛心《あいしん》は慈心《じしん》を種子《しゅし》とせり。愛語《あいご》よく回天《かいてん》※のちからあることを学《がく》すべきなり。**（『正法眼蔵』）

「暴悪の言語」は言葉の暴力だ。友情を失い、夫婦や親子が離反し、家庭が崩壊し、組織が分裂し、国と国とが争うのも、この暴悪の言語に端を発することが多い。馬鹿、阿呆《あほ》と罵られたばかりに、カッとなって刃傷沙汰に及ぶことさえある。

　これに対して愛語は、親愛の情を生じさせる言葉、相手への思いやりと誠実さに満ちた言葉、そして的確な褒め言葉である。面と向かってそれを聴けば、表情は喜びで輝き、心

※愛語
人々にやさしく話しかけて、仏法に近づかせること。（『新選漢和』）

※回天
（天をめぐらす、天を引き回すの意）時勢を一変すること。衰えた勢いを盛り返すこと。

は満足で充たされる。間接的にそれを聴けば、心が震えるほどの感銘を受け、そこで深められた自信は人生の支えとさえなるものだ。愛語は人を愛する心から生まれ、愛心は相手を慈しむ心を種子として育つ。愛語は、争いを和睦せしめ、敵をも味方に変えるほどの偉力がある。まさに「回天力」、天を廻《まわ》すほどの力があるのだ。

人を褒めることに加え、褒め方もまた大切である。なぜか。よい仕事をしたかどうかは、当の本人が一番よく知っているからだ。会社の上下関係でいえば、よい仕事をした時に褒められ、手抜きをすれば叱られて部下は成長する。褒め・叱る側に、部下の仕事を公正に評価する眼力が欠かせない。そうでなければ、実力ある者がやる気を失い、力のない者は高をくくり、組織のモラールは崩壊するほかないだろう。

ささやかな私自身の体験から、八の力の者が八の仕事をしたら褒め、一〇の力の者が八の仕事しかしなかった時には叱る、そういう配慮も必要だと思う。

冷眼・冷耳

「冷」という字には、いろいろな意味がある。冷静と冷酷では、同じ冷でも両極端ほどの違いがある。『菜根譚』は、どのように語っているか。

◉明鏡止水

冷眼《れいがん》にて人《ひと》を観《み》、冷耳《れいじ》にて語《ご》を聴《き》き、冷情《れいじょう》にて感《かん》に當《あた》り、冷心《れいしん》にて理《り》を思《おも》う。

（前集二〇三）

冷静な目で人を観察し、冷静な耳で人の話を聴き、冷静な情で事物に触れて感じ、冷静な心で道理に照らしてものを思う。冷眼・冷耳※とは、決して冷ややかな、あら探しをしようとする眼や耳ではない。冷情・冷心とは、興奮してかっとなり、怒りや猜疑心《さいぎしん》に任せて人や外部の現象に対するのではない。バランスの取れた、落ち着いた態度で諸事に接することをいう。

この一文は、古来の「明鏡止水※」という言葉を想起させる。先入観なくありのままに物

※冷眼・冷耳とアメリカのマスコミ

1987年、東芝の関連会社、東芝機械のCOCOM違反事件で、米議会は親会社の東芝を激しく非難し、議員が議事堂前で東芝製のラジカセをハンマーで打ち壊すなど、感情的な制裁論が高まった。東芝の会長、社長が辞任し、会社の土台を揺るがす事態に。

広報室長になったばかりの私は渡米し、主要新聞社・雑誌社を訪問し「東芝事件でなく東芝機械事件だからそう書いてほしい。罪なき親会社を罰するのはアンフェアで、会長、社長の辞任は道義的責任を取ったものだ」と話した。

多くが冷静に耳を傾けてくれ、「東芝事件」という表現をただちにやめてくれた。率直かつ公平で、アメリカの良さが保たれていると思った。

を観、人の話を聴き、感情や心を乱さずに問題に直面し、真相を見極めるのである。容易ではないが、縺《もつ》れた糸を解《ほど》く第一歩はここにある。情報が錯綜《さくそう》し、事態が混乱して、危機的状況に陥っている時はなおさらだ。よほど修行を積んでなければ真の明鏡止水の心境にはなれないが、真剣に立ち向かえば誰でもそれなりに道が開け、その境に近づき、核心に迫ることができるのではあるまいか。

◉子会社の再建

昭和四七年頃のこと、愛知県にある東芝のA子会社が倒産の危機に陥った。最盛期には三工場一五〇〇人の会社が、本社工場だけになり人員も一〇〇人ほどに縮小していた。会社は指名解雇を行い、労使関係が極度に悪化し、デモ隊が東京の東芝本社に押しかけるという状況が続いたのである。

時の東芝社長は土光敏夫さんで、この子会社の将来を決定する岐路に立った時に、土光さんは再建の道を決断した。再建案の起草者だった私は命を受け、新社長の補佐役として翌四八年早々に現地に赴任した。

着任して目にしたことは、長年の闘争で荒れ果てた会社の姿である。構内は草ぼうぼうで、塀には旗が林立し、壁は落書きでいっぱい、割れた窓ガラスは放置されたまま。人心はささくれ立ち、労働組合は二つに分裂し、訴訟事件は一三件、そのうち一件は刑事の傷

※明鏡止水
くもりのない鏡と静かな水。邪念なく静かに澄みきった心境をいう。

害事件という有様である。その上街中のあらゆる電柱には、経営者と親会社を攻撃するビラが貼られていた。

幸いにして、短時日で労使の和解交渉が実った。指名解雇を受けた人たちも半数が職場復帰し、訴訟は一切取り下げられ、労使の平和憲章である労働協約も結ばれた。会社は再建の道を歩み出したのである。

◉青草も燃える——土光さんの言葉

再建の第一歩は、工場内外の美化から始まったが、一番難しいのは「人の和」、すなわち人心の融和である。相互不信感の根は深く、これが解消しない限り真の再建はあり得ないと思った。ともに赴任した新社長がまもなく重病で入院する事態となり、しばらくは一人でやらねばならなくなった。その時に及ばずながら心に誓って実行したことは、「約束を守る・逃げない・ありのままに観る」という三原則である。明鏡止水という言葉が、心の支えとなった。先入観念を捨てて、人に接し事物を観ることがいかに重要であるかも実感できた。

もう一つ心の支えとなったのが、土光さんの言葉「青草も燃える」である。赴任にあたり餞《はなむけ》として頂いたものだが、その意味は「夏草は春秋の雑草と違って、水分を吸って青々として重い。これを燃やすには、強い火力が必要なのだ。火種が強ければ、あっという間に灰となる」である。自宅の家庭菜園づくりで、土光さんが実感したことだという。

無関心や冷笑に囲まれて、何をやってもうまく行かないと困り果てた時に、土光さんの言葉をハッと思い出し、「自分の火種が弱いのだ」と気づき、蒲団《ふとん》を担いで工場の警備室に移り住んだ。※その頃から、暗いトンネルの先に少しずつ曙光《しょこう》が見えるようになった。敵対視した二つの組合も、団体交渉の席に同席してくれるまでになったのである。


子会社の再建に携わったことは、私には会社の経営、ひいては人生にとって何が大事かを学ぶ最高の体験であった。「人の和」がなければ、会社は立ちゆかなくなる。そして、いかなる事態にも動じない会社トップの姿勢は、何よりも最大級に重い。紛糾した事態を平常に戻すには、明鏡止水の心境から生まれる冷静な判断とともに、燃えるような情熱が必要であることをも深く心に刻んだ。

この時から、「青草も燃える」は私の座右の銘となった。

この子会社はおよそ一〇年後に解散したが、二〇一〇年に元従業員と浜名湖畔のホテルに集い、会社も組合もなく、往時を語り合って夜のふけるのを忘れた。昨年（二〇一八年）も集まり、旧交が続いている。

※工場の警備室
私が移り住んだ工場の警備室は三畳で、風呂場もないので水道の水に浸かって体を洗った。しばらくしたら、従業員が朝飯に握り飯を届けてくれるようになった。それに感激してつい「熱い味噌汁が好き」と漏らすと、それも持ってきてくれるようになった。そして、次第に協力者が増え、再建への曙光が見え始めた。

　私は体を張って、やることに腹を決めた。労使関係が悪化する原因の多くは、熟慮のなさや逃げ腰の姿勢など会社側にある。労使関係は鏡だから、経営者がまず自らを正すことが大切だ。職場の人間関係が乱れては、会社の発展は期待すべくもない。真剣勝負と再建の日々を通じ、人生の礎となる多くのことを学んだ。

輝け！老年

人生一〇〇年というが、長いようで短い。誰しも晩年にさしかかれば、残りの年月をいかに過ごすかを思う。過ぎた日は戻らないが、来たる日々を充実した人生にしたいと願うものだ。

◉晩年にして、精神一〇〇倍すべし

日既《ひすで》に暮《く》れて、なお烟霞《えんか》※絢爛《けんらん》たり。歳《とし》まさに晩《く》れんとして、しかも更《さら》に橙橘《とうきつ》※芳馨《ほうけい》※たり。故《ゆえ》に末路晩年《まつろばんねん》は、君子《くんし》更《さら》に宜《よろ》しく精神百倍《せいしんひゃくばい》すべし。（前集一九六）

日はすでに暮れても、太陽はその余光を惜しみなく輝かせている。思わず手を合わせたくなる厳粛な日の出、あらゆるものに限りない恵みを与える日中の太陽も素晴らしいが、夕映えにもまた比類のない美しさがある。人の晩年も、枯れしおれた落ち葉のように儚《はかな》いものではなく、大空を真っ赤に染めるような絢爛《けんらん》とした美しさがある。ちょうどそれは、年の暮れになって柑橘《かんきつ》類が一段と芳香を放つような風趣である。このように老年期は、ま

※烟霞
煙と霞。また、煙のように立ちこめた霞やもや。ぼんやりとかすんで見える風景。

※橙橘
柑橘類（かんきつるい）のこと。（『日国』）

※芳馨
よいかおり。芳香。芬馨（ふんけい）。（『漢字源』）

さに円熟の時であって、人生の果実にもたとえることができるのだ。
だから、晩年といえども老い衰えてはならない。君子たる者はむしろ老境に入ってこそ、これまでの一〇〇倍の元気をもって生きるべきだ。世のために働ける自分の役割は何かと考えることを停止し、「自分の一生はこれで終わりだ」と思った瞬間、一挙に真の老年、真の老衰が飛来するのだ。

◉働く楽しみ、渋沢栄一の見事な晩年

日本経済の礎を築いた渋沢栄一も、八五歳の時に溌剌《はつらつ》とした晩年を語った。

働《はたら》くということが人生《じんせい》における第一《だいいち》の楽《たの》しみである。不老不死《ふろうふし》の薬《くすり》も、働《はたら》くに勝《まさ》る薬《くすり》はあらじとぞ思《おも》う。人《ひと》は働《はたら》いてさへおれば憂《うれ》いも消《き》え心配《しんぱい》もなくなるものである。余《よ》は年中《ねんじゅう》忙《いそが》しく、老《おい》のまさに至《いた》らんとするのを知《し》らぬ所《ところ》か、老《おい》のすでに来《き》ておるのを知《し》らずにいる。早《はや》くより楽隠居《らくいんきょ》をして閑日月《かんじつげつ》を送《おく》っておる人《ひと》は、かえって若耄碌《わかもうろく》になってしまう。七十《しちじゅう》になるかならぬ中《うち》から、ボケてしまう。これいわゆる若朽《じゃくきゅう》ならん。

（『論語講義』抜粋）

翁のバイタリティには敬服するほかはない。毎朝六時に起き、終日人と面談し、就寝は

一二時、時に午前二時になったというが、「老いを自覚するのは、夜ふかしのできぬ一点である」と自ら記している。若朽とは、覇気なく学びもしない若者を指す。

ただ、ここでいう「働く」には、収入を得る勤労に限らず、幅広い社会奉仕活動も含めたいと私は思う。

とりわけ世の中が殺伐となった今のような時代こそ、人生経験豊かな高齢者の働きが求められている。とりわけ、フルタイムの仕事を終えて退職した方々には、青少年の教育の場で貢献をして欲しい。学校の先生を助け、孫の世代の育成に力を貸して欲しいと思うのである。

◉この世には客として来た

さて、生き生きとした晩年を送る一方、この世を去る心構えもまた切実な課題である。遡って戦国の雄伊達《だて》政宗※が残したといわれる家訓には枯淡の味がある。

気長《きなが》く心穏《こころおだ》やかにして、萬《よろず》に倹約《けんやく》を用《もち》いて金銭《きんせん》を備《そな》ふべし。倹約《けんやく》の仕方《しかた》は不自由《ふじゆう》を忍《しの》ぶにあり。この世《よ》に客《きやく》に来《き》たと思《おも》へば何《なん》の苦《く》もなし。朝夕《あさゆう》の食事《しょくじ》うまからずともほめて食《くら》ふべし。元来客《がんらいきやく》の身《み》なれば好嫌《すききらい》は申《もう》されまじ。今日《こんにち》の行《こう》をおくり、子孫兄弟《しそんきょうだい》によく挨拶《あいさつ》をして、娑婆《しゃば》の御《お》暇申《いとまもう》すがよし。（『伊達政宗家訓』抜粋）

※伊達政宗

［1567〜1636］安土桃山―江戸初期の武将。仙台藩主。奥州を平定後、豊臣秀吉に降伏した。関ヶ原の戦い・大坂の陣には徳川方につき仙台藩の基礎を築いた。支倉常長をローマに派遣したが、江戸幕府のキリシタン禁教の強化で目的を達しなかった。右眼を失明し独眼竜と呼ばれた。

家訓は本人の作ではないとの説もある。

この世には客として来たのだ。好き嫌いを言わず、兄弟仲よくし、時が来ればもとに帰ればよい。名ある戦国武将たちは、常在戦場の気概で自らを厳しく律し、身心の鍛錬を怠らなかった。それは、細《こま》やかな配慮のできる、悠揚として迫らぬ人格を育てた。さもなければ、権謀渦巻く戦国の世を、家臣団や一族郎党とともに乗り越えることはできなかっただろう。どこか超然とした趣のあるこの家訓からも、名武将の生涯が浮かび上がる。

◉青春とは——S・ウルマンの詩

アメリカの人S・ウルマン※の有名な詩、「青春」を一部抜粋し、ともに読んでみたい。

青春とは、真の青春とは
若き肉体のなかにあるのではなく
若き精神のなかにこそある……
歳を重ねただけでは　人は老いない
夢を失ったとき　はじめて老いる……
勇気と希望　ほほえみを忘れず
いのちのメッセージを受信しつづけるかぎり
あなたはいつまでも青年……（新井満『青春とは』より）

※サミュエル・ウルマン　Samuel Ullman［1840～1924］ドイツで生まれ、家族と共に米国のミシシッピ州に移住。アラバマ州バーミングハム市教育委員などを務める。定年退職後、執筆活動に入る。散文詩「青春」は多くの人に愛され、第二次世界大戦後、日本に連合国軍最高司令官として駐留したダグラス・マッカーサーもこの詩を額に入れてオフィスに飾った。

行間を読む

言葉の持つ難しさを覚えない人はあるまい。

人と人との意思疎通は言葉があって初めて成り立つのだが、その不確かさに愕然《がくぜん》とすることがある。人に理解してもらおうとする時、人を理解しようとする時、壁にぶつかっては自らの力量不足を嘆くことが多い。『菜根譚』にはその機微を突いた、謎解きのような、禅問答のような一文がある。

◉無字の書、無絃の琴？

人《ひと》は有字《ゆうじ》の書《しょ》を読《よ》むを解《かい》して、無字《むじ》の書《しょ》を読《よ》むを解《かい》せず。有絃《ゆうげん》の琴《こと》を弾《だん》ずるを知《し》りて、無絃《むげん》の琴《こと》を弾《だん》ずるを知《し》らず。迹《あと》を以《もっ》て用《もち》いて※、神《かみ》を以《もっ》て用《もち》いず。何《なに》を以《もっ》てか琴書《きんしょ》※の趣《おもむき》を得《え》ん。（後集八）

世人の多くは書物を読んでも、「無字の書」すなわち文字に表せない深遠な宇宙の真理を読み解くことはできない。同じように、人は有絃《ゆうげん》の琴を演奏する術は知っているが、「無

※迹を以って用い
形にとらわれ。

※琴書
音楽や読書。

絃の琴」を弾く法を知らない。現象に現れた形式（迹）に囚われて、現象を動かす根源の力（神）に気付かないからである。これではどんなによい書物も音楽も、本当の素晴らしさのわかるはずがない。

書かれたものでも文字の表面だけを読んでいるのではダメで、文字と文字、行と行との間にある真意を、眼光紙背に徹して汲《く》み取らねばならない。また、どれほど真理を体得した人であっても、それを文字で書きつくすには大変な困難を伴う。有限の手段で無限を表現するには、限界があるからだ。禅の世界では不立文字《ふりゅうもんじ》といって、真理は文字では説明できないとし、坐禅によってその真髄を把握しようと工夫する。

さて、無絃の琴とは何を指しているのか。それは奏者の魂だと思う。二流の演奏家は音符を拾いながら、小手先の技術で音を出しているに過ぎない。私も下手なチェロをやっているので、このことが痛いほどよくわかる。一方、入魂の演奏という言葉がある通り、最高の演奏家は技術を自在にこなし、それを超えて作曲家と自らの魂の美しさを表現する。音楽の持つ深い芸術性は奏者の全人格の表れであり、一度聴けば生涯忘れることのできない感動を与えてくれる。チェロのカザルス※も、指揮者のフルトベングラー※も、そのようにして入魂の名演奏を残したのであった。

※カザルス
Pablo Casals［1876～1973］スペイン出身のチェロ奏者・指揮者。バッハの無伴奏チェロ曲を復活させた。

※フルトベングラー
Wilhelm Furtwängler［1886～1954］ドイツの指揮者。ベルリン・フィルハーモニー、ウィーン・フィルハーモニーの指揮者を務め、二〇世紀最大の指揮者の一人とされる。

◉言葉には限界がある

イギリスの歴史家トマス・カーライル※に、次の名言がある。

人間の言語は、その思想の貧弱なる指標である。いな、人間の思想そのものもまた、心中の神秘なるものの貧弱な表明である。何人も自己を説明することができず、また自己は説明されることもできない。人々は互いに他の歪《ゆが》んだ幻影を見て、これをその正体と信じておる。そしてこれを憎み、これと戦う。実に一切の戦いは誤解と称されている。（『フランス革命史』より）

人は誰でも永遠なるもの、限りなく美しいもの、あらゆる可能性を心に深く宿してこの世に生まれてきているが、それを人生にどう表現するかは人それぞれである。年月を経ても本来の自分を見失わず、思想という形で自分のあるべき姿を描き得たとしても、言語でそれを説明するのはすこぶる難しい。その思想ですら、心中の神秘なるものを十分に表現することはできないのだ。誰も自己を説明できず、相手を理解することもなく、結局のところ相互に誤解が生ずるのが関の山で、それが争いのもとになるに相違ない。

洞察に富んだ言葉であるが、カーライルのような偉大な思想家で、しかも言語の達人にして、このような声を挙げているのである。凡人にはなおさらのこと、言語表現の難しさ

※トマス・カーライル
Thomas Carlyle
［1795～1881］
英国の評論家・歴史家。ロマン主義の立場から、功利主義を批判。英雄的指導者による社会の改革、人間性の回復を主張した。著『衣装哲学』『過去と現在』『フランス革命史』など。（『大辞泉』）

を覚えずにはいられない。

◉以心伝心

「以心伝心」という言葉がある。心を以て心に伝えるのである。現代のマニュアル社会には最も似合わないが、師匠が弟子に武道など伝統の「道」の秘伝を授ける時は、まさしくこれがあるように思われる。技術的にはもはや何も教えることはない。最後に残っているのは、心の構えだけである。それは言葉には表せない、当事者だけにしかわからない何ごとかなのだ。

ドイツの哲学者オイゲン・ヘリゲル※が、『弓と禅』（福村出版）という本を著した。ヘリゲルは日本滞在中に弓道と禅の修行を続け、ついに弓道の極意に開眼し、矢を発したその瞬間に師匠から「それです！」という一言をもって許された経緯を克明に記している。合理精神の塊のようなドイツ人哲学者が、言語表現を超えた世界を体験し感動したのである。まことに示唆に富んだ逸話である。

※オイゲン・ヘリゲル
Eugen Herrigel
［1884〜1955］
ドイツのリヒテナウ生まれ。ハイデルベルク大学で神学と哲学を学ぶ。1924年より東北帝国大学にて教授活動のかたわら禅理解を深める。1929年帰国。著書に『弓と禅』『日本の弓術』がある。

四つの誡め

毎日を生き生きと働きながら、和やかな家庭を営むことは、誰しもが求めている充実した日常ではないかと思う。それを築くにはどうすればよいか。この問いに対する答えは、昔から処世訓として無数に語られてきた。『菜根譚』もその一つで、まことに示唆に富んでいる。

◉公・廉・恕・倹

官《かん》に居《お》るに二語《にご》あり。曰《いわ》く、惟《た》だ公《こう》なれば則《すなわ》ち明《めい》を生《しょう》じ、惟《た》だ廉《れん》なれば則《すなわ》ち威《い》を生《しょう》ず。家《いえ》に居《お》るに二語《にご》あり。惟《た》だ恕《じょ》なれば則《すなわ》ち情平《じょうたい》らかに、惟《た》だ倹《けん》なれば則《すなわ》ち用足《ようた》る。（前集一八三）

前半二つは公的生活への、後半二つは家庭生活への誡《いまし》めである。それぞれに関連が深く、しかもリーダーとしての心構えともなっている。

第一は、「公」である。公とは公正無私のことで、公職にある者はいささかも私心を挟まず、公正に仕事することが大切で、自らの名利に囚われてはならない。そうすれば、リーダーを中心に明るい信頼感が生ずる。

第二は、「廉」である。廉とは清廉潔白のことで、隅々にまでゆきとどいた正しさを意味する。重箱の隅をつつくのではなく、相手の立場に立って親身に事を運ぶのである。そうすれば、リーダーに威信が備わる。

第三は、「恕《じょ》」である。恕とは思いやりで、相手には寛容の精神で対応するのである。お互いに欠点を審《さば》き合うのではなく、許し合う心である。そうすれば、家庭が愛情あふれるオアシスとなる。

第四が、「倹」である。倹には無駄を省く倹約・節約の意味もあるが、家族間で物や金銭を巡って抜き差しならないトラブルが発生することを誡めている。そうすれば、用は足りて不足は生じないものだ。

◉日常への応用

この四誡《しかい》を読んで、つくづく自らの未熟さに思い至るのだが、読者の皆さまはどのような感想をお持ちだろうか。根本は「無私」に要約されると思うが、理屈ではわかっても、実行は大変に難しい。

私は、官庁で講演を頼まれることがあるが、その場合に必ず述べるのは、「情理ある行政」

の実行である。まさに、「公・廉」である。行政の現場でまま見られる事なかれ主義は論外だし、ルールや理屈一辺倒で個別の事情を配慮しないのも困るし、ルールを無視して放縦に陥ってもならない。最適解は、長期的視点で国民や県民にとって何がプラスになるかを基準とすることだと思う。画一性と多様性との調和を図る、と言い換えることもできる。実行にあたっては、ブレーキとなるわが身可愛さの思いをどこまで遠ざけ得るか、一人ひとりの真の力量が試される切所である。

「恕」という言葉は、『論語』にも何度か登場する。孔子自身も、自分が一生を貫いて実行した基準は恕（思いやり）であったと述べている。「倹」については、湯水のように浪費するのはよくないに決まっているが、洪自誠はケチケチがギスギスになってはいけないと言おうとしている。物質的欲望には切りがない。「もっと、もっと」と求めれば、人は餓鬼地獄に陥って際限がなくなる。しかしながら、「足るを知る」（『老子』）ことができれば、必要なものが必要な時に充足する、安定した家庭生活を営むことができるというのだ。

◉権威で仕事をせよ――土光さん

『菜根譚』の言葉に接しながら、私は第二次臨調で活躍した土光敏夫さんを思い出している。土光さんは質素な私生活を送りながら、東芝の社長として「権力ではなく、権威で仕事をせよ。社長は偉い人ではない。役割が違うだけだ」と述べ、「チャレンジ&レスポンス経営」の重要性を語り続けた。

権力とは、地位に伴う指示命令権限に基づく力だから、時に強権発動となる。これに対し権威とは、長年培ってきた人格・徳性、仕事の実績に基づいて、人々が心服する様をいう。リーダーとしての総合力だ。後者には、周囲からの信頼と尊敬が寄せられ、巧まずして協力体制が育つ。もちろん最終的には社長が決断するのだが、そのプロセスでは自由に意見交換が行われなければならない。土光さんのチャレンジ経営は、組織の上下左右からの問題提起を促すものであった。それが上からだけでは権力による押しつけに堕して、組織が機能不全に陥る危険を土光さんは憂えていたのであろう。

土光さんは、公私を問わずあらゆる場で「無私」を実行した希有の人物であった。最近の度重なる不祥事を見るにつけ、土光さんが残した精神的遺産を想い起こし、今に生かす必要があると私は思う。

鍛錬する

企業経営にとって、ヒト（人）は最も大切な存在である。モノやカネも重要ではあるが、不足を生じてもヒトさえしっかりしていれば何とか挽回《ばんかい》がきく。ヒトは、モノやカネを動かす主人公だからだ。人材が続かなければ、企業は必ず衰退する。蓄えた資産や資金はたちまちに霧散してしまう。ではどうすれば、ヒトを育てることができるのだろうか。

◉青少年の陶冶

子弟《してい》は大人《たいじん》の胚胎《はいたい》※なり。秀才《しゅうさい》は士夫《しふ》の胚胎《はいたい》なり。この時《とき》、もし火力《かりょく》到《いた》らず、陶鋳《とうちゅう》※純《じゅん》ならざれば、他日《たじつ》、世《よ》を渉《わた》り朝《ちょう》に立《た》ちて、終《つい》に個《こ》の令器《れいき》※と成《な》り難《がた》し。（前集二一九）

青少年は、将来は優れた人物となる卵である。才能の秀でた者は、いずれは士大夫、すなわちリーダーとなる卵である。この最も大事な卵の時期に、鍛える火力が十分でなく、焼きが入らず、陶冶することが徹底しなければ、いずれ世に出て位に就いたとしても、と

※胚胎
たまご。「胚」も「胎」も、はらむ。はらごもり。（『菜根譚』今井宇三郎訳注）

※陶鋳
陶器を焼くことと、金物を鋳ること。転じて人材を育てあげること。

※令器
よい器。優れた資質。立派な人材。

うてい立派なリーダーの器にはなり得ない。

「秀才」とは、当時の国家試験に合格し朝廷に用いられる者を指すのだが、その前の一文とあわせ、一般に優れた資質を持った青少年、あるいは学業を終えてこれから世に出ようとする若者という風に解釈して差し支えないと思う。「令器」は聞き慣れない言葉だが、器量の大きな人物を指す。

「陶鋳」とは陶器と鋳物をいう。陶器は、粘土をこね、素焼きをし、絵付けを施し、一三〇〇度ほどの強い火力の窯の中で何日も焼いて、ようやく誕生する。窯から出たばかりの陶器には、凛《りん》とした輝きがあって人を魅了してやまない。鋳物も真っ赤に溶けた鉄などを鋳型に注入して、初めて強じんで役立つ製品となる。ヒトも同じで、鍛え込まなければ本物は生まれない。また鍛えられる側にも、「若い時の苦労は買ってでも」という心意気が不可欠だ。

◉教える気迫――北村さん

ここで、私のささやかな体験を書くことをお許し頂きたい。

昭和三八年に東芝に入社して、私は川崎市にあるトランジスタ工場（現多摩川工場）の総務課に配属された。そこで二年ほど経ったところで、新しい総務部長に北村英氏※が着任した。まもなく、私は北村さんから定期的に課題を与えられ、レポートを書くように命じら

※北村英（1921～1992）昭和18年（1943）東京芝浦電気（現・東芝）入社。トランジスタ工場総務部長、小向工場長、本社総務部次長、勤労部次長を経て退社。昭和51年（1976）、芝浦製作所（現・芝浦メカトロニクス）取締役、常務取締役、監査役を務める。著書に『管理者諸君！共に考え共に行動しよう――望ましい管理者の人間的側面』など。

れた。よい勉強の機会と思って取り組んだが、もともと基礎知識がないので、毎回たくさんの参考書を読まなければならなかった。

ある時、「東芝の業績悪化の原因を究明し、その対策を論ぜよ」というテーマを与えられた。昭和三八、九年頃、会社の業績は急速に悪化していたのである。経理の知識は皆無だったので、参考書を一〇冊ほど買い求めた。二カ月間の猶予をもらい、過去一〇年間の財務分析を行い、やっとの思いで書き上げたペーパーを朝早く提出したところ、北村さんは「あ、そう」という一言のみで、分厚いレポートを書類箱に放り込んだ。その後も、一向に手に取る気配が見えない。ヤレヤレこれでしばらく楽ができるかな、これが実感であった。

ところが、翌日の朝早く呼ばれて部長席に行ったところ、厳しい講評が始まった。五〇頁《ページ》のペーパーの始めから終わりまで、ミッチリと批評を受けた。いちいち尤《もっと》もで、グーの音も出ない指摘であった。

それよりも私には、いつ読んでくれたのだろうという思いがあった。昨夕は何かご用があったようだから、読み始めは夜遅く帰宅してからであったに相違ない。朝早く起きたのだろうか。どちらにせよ、睡眠時間を削ったことは間違いない。しかも朝早く出社して、仕事の始まる前に筆者を呼び出して、こんこんと批評してくださる。私は心から感動した。この人にはごまかしは利かない、本気でぶつかるほかはないと決心した。このようにして、新しいテーマが与えられるたびに、学校時代の不勉強を痛感し、付け焼き刃ではモノの役には立たないことを骨身にしみて自覚したのである。

◉伝統の継承

私が自省してやまないのは、北村さんのような強くて温かい心をもって、部下に接して来ただろうかということである。容易に真似のできることではない。最初の頃は鬼のような厳しい人に思えたが、未熟な男でも何とか鍛えてやろうという、この人ならではの温かさが時とともにわかるようになった。今となれば、北村さんは本当に部下思いの、仏様のような上長だったと思う。北村さんには、『管理者諸君！共に考え共に行動しよう――望ましい管理者の人間的側面』『ヤング・ビジネスマン諸君！――人間にとって大切なものは何か』（共にマネジメント社刊）などの著書がある。今読み直してみても、厳しく温かい言葉が聞こえてくるような気がする。

先輩の薫陶を受けた貴重な経験は、後輩に伝えねばならない。そのようにして、無形のよき伝統が企業風土として継承されていく。ヒトを育てる伝統である。日本企業の強さのもとは、一つはそこにあるのではないかと思う。

家庭の調和

『菜根譚』には、家庭融和の重要性を述べた一文がある。

とかく家を顧みない働き蜂には身につまされる指摘だが、私はこれを何ごとを為すにも手近なことから始めるがよい、という意味に受け取っている。事業をやるにしても、大きく天下国家を相手にするにしても、まずは身近な自分の家庭を大事にせよ、さもなければ事は成らないぞという示唆である。

◉和やかな家庭を

家庭《かてい》に個《こ》の真佛《しんぶつ》あり。日用《にちよう》に種《しゅ》の真道《しんどう》あり。人《ひと》能《よ》く誠心《せいしん》和気《わき》、愉色婉言《ゆしょくえんげん》※、父母《ふぼ》兄弟《きょうだい》の間《あいだ》をして、形骸《けいがい》両《ふた》つながら釈《と》け、意気《いき》交々《こもごも》流《なが》れしめば、調息《ちょうそく》※観心《かんしん》※に勝《まさ》ること万倍《まんばい》なり。（前集二一）

家庭内の一人ひとりは、現象的にはそれぞれに長所も短所もあるが、真性を観れば本来みな仏様である。家族が感謝し拝み合って仲よく暮らす日常の中に、人生の本当の道があ

※愉色婉言
にこやかな顔とやさしい言葉。

※調息
座ってして呼吸を正しくととのえ、身心を落ち着かせる。丹田呼吸法。

※観心
自己の心の本性を観察すること。

る。お互いに誠の心をもって和気藹々《あいあい》と接し、愛に満ちた言葉をかけ、睦み合い、あたかも形骸（身体）が一つに釈《と》け合うように、親の思いが子の思いとなり、夫の思いが妻の思いとなったならば、家庭は人の求めてやまない最高のオアシスとなろう。形ばかりの坐禅工夫※をするよりも、万倍も優れた世界に達することができる。家族がいがみ合い憎み合っているようでは、いかに姿勢を正し、息を調え、坐禅に励んだとしても、その境地に入ることはできない。まして、社会に出て大きな仕事を成し遂げることができるはずがないではないか。

ここで思い起こすのが、『大学』の一節である。

◉身を修め、家を斉える

古《いにしえ》の明徳《めいとく》を天下《てんか》に明《あき》らかにせんと欲《ほっ》する者《もの》は、先《ま》ずその国《くに》を治《おさ》む。その国《くに》を治《おさ》めんと欲《ほっ》する者《もの》は、先《ま》ずその家《いえ》を斉《ととの》う。その家《いえ》を斉《ととの》えんと欲《ほっ》する者《もの》は、先《ま》ずその身《み》を修《おさ》む。…身《み》修《おさ》まりて后家斉《のちいえととの》う。家斉《いえととの》いて后国治《のちくにおさ》まる。国治《くにおさ》まりて后天下平《のちてんかたい》らかなり。…一家《いっか》仁《じん》なれば一国仁《いっこくじん》に興《おこ》り、一家譲《いっかじょう》なれば一国譲《いっこくじょう》に興《おこ》る。

古来有名な、修身・斉家《せいか》・治国・平天下を語る一節である。身を修めれば家が斉い、家が斉えば国が治まり、国が治まれば世界が平和になる。社会を変えようと志し、企業や国

※坐禅工夫
坐禅を組んで修行すること。

や世界に立ち向かおうとする者は、まず自分の身を修め、次に最も身近な家庭を調えなさい、というのである。

ひとかどの人物になり、社会に出てリーダーとなるには、学問や技芸の習得によって才能を高めることは必要だが、何にも優って大事なことは人格を磨いて徳を身につけることである。それが修身であり、自分一個の人格形成を怠っては、人は何事をも成し得ないと『大学』は断言する。

その上で、第一歩として斉家が始まる。斉家とは、むろん強権的に家庭を支配することではない。一家が真心と思いやりで和やかに睦み合うことである。その気風は、自ずから国中に満ち広がらずにはおかない。家族が互いに譲り合えば、私欲を少なくして公に尽くす気風が自然に国中に満ち広がるのだ。

◉家庭再建に奔走——リュウ夫妻の活躍

ここで、私の長年の友人である台湾のリュウ（劉）夫妻を紹介したい。レンジョウとグレース※さんは、台湾だけでなく、マレーシアほかアジア各国で広く、崩壊する家族の再構築に悩む人々を指導してきた。

もともと一九八四年に台湾ＩＣ（Initiatives of Change：元ＭＲＡ＝道徳再武装）協会の専従となり、会長退任後は青少年のリーダー育成に献身し、二〇〇五年には、「家族構成にお

※レンジョウ・リュウ、グレース・リュウ
Ren-Jou and Grace Liu
劉夫妻は学校教師だったが、1984年以来専従としてICの活動に従事。台湾のみならず、香港・マレーシア・中国ほかアジア諸国で、中国語を母国語とする人々の研修に専念してきた。2005年に「ファミリーEQ開発協会」を設立。親のための多くの家族ワークショップを開催し、家族をもっと幸せにしたいと思うなら、まず最初に自分自身を変えるという精神と方法を説いた。

ける感受性知能の開発協会」を設立した。

そして今日まで、家庭の再建に心を砕く両親たちのために、アジア各国でワークショップを開催し、優れたカウンセラーとして親身な個別指導にもあたり、国境を越えて厚い信頼を寄せられている。ご夫妻はいつも「自分が変われば、相手も変わる」と、家庭融和の秘訣《ひけつ》を語っている。


家庭は、人生修行の場だと私は思う。

外の仕事の場では自分も周囲もお互いに自制心を働かせるから、よほどのことがない限り軋轢《あつれき》は起こらないし、起こっても致命傷になることは少ない。逃げ場もある。ところが、家族となると遠慮がないだけに、すぐにレッドラインを飛び越えて危険地域に突入しがちである。なぜ家にいる時に限って、「自制心」というブレーキを外してしまうのか。その解決が、人生の最大課題の一つではないかと思う。

感謝の心

恵まれた環境の中にいれば、誰でも感謝の心を持てる。しかし、逆境に置かれた時はどうか。感謝どころではなく、怨みやつらみが募ってくるのではあるまいか。ここで、人間通の『菜根譚』は次のように語る。

◉環境の順逆に揺るがない

鶯花《おうか》※茂《しげ》くして山濃《やまこま》やかに谷艶《たにえん》なる、總《すべ》て是《こ》れ乾坤《けんこん》の幻境《げんきょう》※なり。水木《すいぼく》落《お》ちて石痩《いしや》せ崖枯《がけか》る、わずかに天地《てんち》の真吾《しんご》※を見《み》る。（後集三）

春には鶯《うぐいす》がさえずり、花が咲き、緑は濃く山を覆い、谷川のせせらぎも心を和らげるような時、これを喜ばない者があるだろうか。しかしこれは、実は天地自然が表す一時の夢か幻のようなものだ。一方、秋が深まれば水も木も枯れ、山の岩石も谷川に迫る崖も華やかな色を失って露わになった時、思わず人は寂しさに胸を打たれるだろう。しかしこの時こそ、わずかながら天地は飾り気のない真の姿を見せているのだ。

※**鶯花**
うぐいすが鳴き、花が咲き競う春の景。

※**乾坤の幻境**
天地の現す幻の姿。

※**真吾**
真正の姿。

自然環境の変化にこと寄せて、著者は何を言わんとしたのか。人生の順逆という対境変化に一喜一憂せず、周りが変わっても変わらない、虚飾を取り払った本来の自分を見つめよ。枝葉が茂り花が開くのも、土中の根が丈夫であってこそのこと。「真吾《しんご》、すなわち本来の自分を見よ」とは、樹木にたとえれば「根に戻れ」、それを一歩進めて「根源に感謝せよ」と述べているのだと私は思う。

順境は「おかげさまで」と感謝し、素直に喜んだらよい。いたずらに取り越し苦労をする必要はない。しかし、褒められれば有頂天になって喜び、貶《けな》されて四面楚歌《しめんそか》になればたちまち奈落に落ち込んでしまうようでは、人生は風に舞う木の葉のようなものと化す。順境にも驕《おご》らず、逆境にもめげず、本来の自分に立ち返って、日々誠実に務めを果たしていってはどうか。その中に喜びを見出す生き方こそ、根源に返る生き方、真の感謝の生活といえるのではないか。

◉力士の人間教育――佐渡ヶ嶽部屋の五訓

人生は修行の連続であるが、若い時に学んだ教えは一生の宝となる。

その点で感銘を受けたのが、大相撲の佐渡ヶ嶽《さどがたけ》部屋の五訓である。部屋の第一二代親方となった横綱琴櫻《ことざくら》※は、早朝稽古の後で弟子たち全員に必ずこれを唱和させたという。たまたま古本屋で見つけた『禅の風』第五号（曹洞宗宗務庁、昭和六一年発行）の中にあったので、

※琴櫻
［1940〜2007］第五三代横綱。鳥取県出身。腰、ひざなどの故障をのりこえ、三二歳で横綱になる。ぶちかましが得意技で「猛牛」とよばれた。引退後、佐渡ケ嶽部屋を継承する。

ここに引用し紹介したい。

一、「はい」と言う素直なこころ
二、「すみません」と言う反省のこころ
三、「おかげさまで」と言う謙虚なこころ
四、「私がします」と言う奉仕のこころ
五、「ありがとう」と言う感謝のこころ

佐渡ヶ嶽親方はこの五つの心を部屋の指導方針とし、弟子たちが強い力士になるだけでなく、立派な人間となるよう教育に努めた。このような師匠の膝下に、優れた力士が数多く育っていった。

◉尾車親方の話

その教えを受けた一人、尾車親方※（元大関琴風）に話を聞いた。

「師匠は、稽古は厳しかったですが、普段はとても優しい人で、たくさんのことを教わりました。本当に有難いことです。この五訓は、師匠の話ですと春日野親方（元横綱栃錦）が弟子に教えていたものを頂いたと聞いています。大関になってからもむろん、私は皆と一緒に相撲教習所で教わった相撲錬成歌※を歌い、五訓を唱えたものです」と述べ、実際に披露してくれた。

※尾車親方
［1957～］元大関琴風。三重県津市出身、佐渡ヶ嶽部屋。一九歳で新入幕。二〇歳で関脇に昇進。けがで幕下三〇枚目まで落ちカムバック。ぶり寄りを武器に大関に昇進。幕内優勝二回。引退後、尾車部屋を創設。日本相撲協会理事。

※相撲錬成歌
一、磐石（いわお）の如き胸板に　鋼鉄（はがね）の腕（かいな）火花散る
攻と守りの十五尺　鍛える我ら鍛える我ら　相撲道
二、はだも凍てつく寒稽古　夏にはまわしに玉の汗
初心の大志ひとすじに　生きるは我ら生きるは我ら　相撲道
三、国技の伝統守りつつ　新たな技量みがきつつ
土俵に飾る晴れ姿　輝く我ら輝く我ら　相撲道

（作詞・呼出し永男、
作曲・甲斐晴文）

ピンと張りつめた稽古場の雰囲気と、心の通う師弟関係が目に浮かぶようだ。お話を書いても構わないかと尋ねたところ、「師匠も喜んでくれるでしょう」という答えが返ってきた。

「人としての根源を大事にし、感謝せよ」と説く『菜根譚』と、佐渡ヶ嶽部屋の五訓とは通底するものがある。とりわけ易しい言葉で書かれた五訓は、力士に限らず多くの青少年に心がけて欲しい教えである。

どの世界でも人は、年数を経て地位が高くなるにつれ、若い頃の純粋さが薄れ、感謝・謙虚などの心を忘れがちになる。自分は別格だと思い違いし、これ位なら許されようと自分自身を甘やかして、おかしな言動を見せ始める。周りも遠慮して咎《とが》めない。そこに多くの常識外れ、驕《おご》り高ぶり、ひいては見苦しい不祥事が発生する原因があるように思えてならない。

成長する人

人の成長には、測りがたいところがある。早熟だが後になって伸びが止まってしまう人、年とともに着実に伸びていく人、何かをきっかけに大飛躍する人など様々である。人生を取り巻く環境はよい時もあれば悪い時もあり、一本調子というわけにはいかない。そういう中で、人々はどのようにして育ち大成するのだろうか。

◉雌伏の時に実力をつける

伏《ふ》すこと久《ひさ》しき者《もの》は、飛《と》ぶこと必《かなら》ず高《たか》く、開《ひら》くこと先《せん》なる者《もの》は、謝《しゃ》すること独《ひと》り早《はや》し。これを知《し》らば、以《もっ》て蹭蹬《そうとう》※の憂《うれ》いを免《まぬが》るべく、以《もっ》て躁急《そうきゅう》※の念《ねん》を消《け》すべし。（後集七七）

長い雌伏の時を持った鳥は、ひとたび立てば千里万里をものともせず、必ず高く飛翔《ひしょう》する。ゆっくり咲く花は長くとどまり、パッと開いた花はパッと散る。ウドはすぐに大木となるが、何の役にも立たない。これに比べて樫《かし》や欅《けやき》は、時間がかかるが天を摩する大樹と

※蹭蹬
足場をなくしよろめく。

※躁急
焦ること。せっかち。

なり、涼風を呼ぶだけでなく建材ともなって人々の役に立つ存在になるのだ。

人も同じであって、早く才能を発揮しようとしたり、有名になろうと焦る必要はない。「一〇で神童、一五で才子、二〇過ぎればただの人」のような者が、世の中の役に立って人々に感謝され、幸せな人生を送ることができるかどうかとなれば、はなはだ疑問である。それがわかっておれば、よろめくことも、焦ることもなくなるのだ。

いかに人生の暗黒期が長く続いたとしても、決して悲観したり、諦めて投げ出したり、愚痴をこぼしてはいけない。日の目を見ない苦しい時は、密かに実力を涵養《かんよう》し、時至れば大飛躍を遂げるための準備をする時なのだ。いかなる天才といえども、長い雌伏の時があったのである。

◉諦めねば道は拓ける

『論語』は、人が壁を乗り越えるために必要な教訓に充ちており、向上心に燃える後世の若者に与えた影響は絶大である。二つほど例を挙げてみよう。

冉求曰《ぜんきゅういわ》く、子《し》の道《みち》を説《よろこ》ばざるに非《あら》ず、力足《ちからた》らざればなり。子曰《しいわ》く、力足《ちからた》らざる者《もの》は中道《ちゅうどう》にして廃《はい》す。※今女画《いまなんじかぎ》れり。（雍也《ようや》編）

子曰《しいわ》く、苗《なえ》にして秀《ひい》でざる者《もの》あり。秀《ひい》でて実《みの》らざる者《もの》あり。（子罕《しかん》編）

※やり遂げるための指導

仕事で成果が上がらず苦しむことがある。最初からやらないのではなくて、途中までやって、困っている人が結構多い。

そういう人たちにはヒントをあげて時間をかけて答えを出すようにする。諦めないでやり遂げろと指導する。やればきっと道は開ける。こうした指導はマンツーマンがいい。部下はみなそれぞれ違うから、教室で話すような指導ではうまくいかない。

人口に膾炙《かいしゃ》した有名な初句は、冉求《ぜんきゅう》という若い弟子が孔子に、「先生の教えてくださる道を喜んでいないのではありません。懸命に学んでいるのですが、実行できないのは自分の力が足りないためです」と訴えた。これに対して孔子は何と答えたか。冉求を厳しくたしなめて、次のように諭した。「実行への第一歩さえ踏み出さずに、どうして自分の力が足りないなどと言えようか。力が足りないかどうかは、やれるだけやって途中でやっとわかるものだ。今、君は勝手に自縄自縛しているに過ぎない」と。この「女画れり（汝、限れり）」という一言は、古来有為の若者を鼓舞し、発憤させてきたのである。

二つ目の語句は、弟子の誰かを念頭に孔子が述懐した言葉であろう。「苗のままで終わり、花を咲かせることなく終わる者がいる。花は咲かせるが、実をならせることなく終わる者がいる」と。夭折《ようせつ》したり、志半ばにして挫折した者について、もっと長生きし、あるいは努力を続ければ、花も実もある人生を送れただろうに、という感慨が伝わってくる。

◉脚下を看よ

これらの名言に接しながら、私は禅寺の玄関に掲げてある「看脚下」という言句を思い出した。北宋の禅僧が残した一言である。

看脚下とは、「履き物を揃《そろ》えよ」ではなく、「自分の本性に戻れ」という意味と教わった。天与の自分の本性を直視して、内なる無限の可能性を信じ、志を確かめ、初一念を貫けという教えである。環境に左右され挫折するのは、自分自身に向き合わず、外に助けを求めようとするからだ。人生の低迷期を乗り切るには自信を持たねばならないが、そのためには本来の自分に立ち返って目覚めるほかに自信を深める方法はない、と禅は教えているのである。

近年日本では科学の分野でノーベル賞受賞者が続出しているが、どなたにも曙光の見えない長いトンネルの時期があったと聞いている。そこを決して諦めずに、自分を信じて初志を貫き、偉大な発明発見に到達したのである。

トーマス・エジソン※が、「発明発見は、一%の直感（インスピレーション）と九九%の汗（パースピレーション）の結晶」と語った言葉には、どの分野にも通ずる深い意味があると思う。

※トーマス・エジソン
Thomas Alva Edison
［1847～1931］
米国の発明家。1869年、電気投票記録機を発明し最初の特許を取って以来、生涯に一三〇〇以上の特許を取得した。電信機、電話機、白熱電球、映写機、蓄電池の発明などで知られる。世界最初の電灯会社を設立した。

一芸は萬芸に通ず

昔から、一芸に達すれば萬芸に通ずるといわれてきた。どの分野でも一芸に秀でるには、永年のたゆまぬ精進が必要である。そのごまかしのきかないプロセスで、才能が花開き、実を結び、あわせて虚飾のない魅力溢れる人格が形成されていく。そこで会得したものは、人生万般に通ずるというのだ。

このへんを、『菜根譚』は次のように語る。

◉宇宙を飲み込む勢い

個中《こちゅう》の趣《おもむき》を会得《えとく》すれば、五湖《ごこ》※の煙月《えんげつ》も盡《ことごと》く寸裡《すんり》に入《はい》る。眼前《がんぜん》の機《き》を破《やぶ》り得《う》れば、千古《せんこ》の英雄《えいゆう》も盡《ことごと》く掌握《しょうあく》に帰《き》す。（後集一一）

一物の中にある真趣を極めれば、中国古代の五湖の風景すら、出かけなくても悉《ことごと》く「寸裡」、心の中に見ることができる。「眼前の機」とは目前の現象のことだが、その現象たるや常に変化してやまず、見る眼のない者にはどこが頭でどこが尻尾《しっぽ》であるかもわからず、

※五湖
中国、古代の五つの湖。太湖または洞庭湖を五つに区切った呼び名とも、あるいは付近の湖を含めて呼んだともいわれる。（『日国』）

ただ右往左往するしかない。しかし具眼の士ともなれば、その変化してやまない現象を突き破って、現象の奥を流れる水脈のような、古今を通じて変わらない物事の本質や変化の法則性を把握できるから、今やいながらにして千古の英雄もわが掌中のものとなる。

自分一個の存在は、肉体的には宇宙の大に比べて小さな豆粒のようなものだが、自己を究め尽くせば宇宙の法則に通じ、人生の奥義を会得するに至る。そうなれば時空を超越して、五湖の風景も千古の英雄も自家薬籠中となり、個と全体はピッタリと繋がるというのである。

◉宮大工の見立て——西岡常一氏

ここで、法隆寺の棟梁が歴代受け継いできた口伝について、宮大工の西岡常一氏※の言葉に耳を傾けたい。以下は、山崎佑次『宮大工西岡常一の遺言』中に掲載されている棟梁の墨筆から抜粋引用した。

社殿堂塔《どうとう》の用材は木を買わず山を買へ。
用材は成育の方位のままに使へ。
堂塔の木組は木の癖組。
木の癖組は工人達の心組。

※西岡常一
［1908～1995］宮大工。奈良県生まれ。法隆寺宮大工の棟梁。法隆寺の「昭和の大修理」で、世界最古の木造建築の金堂や五重塔などの解体修理を行い、薬師寺金堂・西塔・中門などを再建も手掛けた。平成4年（1992）文化功労者。

工人達の心組は匠長《しょうちょう》が工人への思いやり。
百工集えば百念あり。一つに導き統《す》ぶる是匠長の器量なり。百念百論一に止まる是正。
百論一つに統ぶるの器量なきは、謹み惶《おそ》れて匠長の座を降り去るべし。

これを読むと、現代企業のマネジメントと同じ考え方で、少しも古くささはない。千年を超えて今に伝わる、物づくりの伝統そのものである。

寺社建築を仕上げるプロセスにおいて匠長（棟梁）は、材料の選び方から始まって、木癖を生かし、個性の強い百人百様の工人を巧みに組み合わせていかなければならない。それができなくなったら地位に恋々とせず、いさぎよく棟梁を引退せよというのだから厳しいものだ。

口伝とは、棟梁が後継者と認めた弟子に対して、口頭で教える秘伝である。西岡氏は先々代から伝えられた時に、何事かと身構えたが、何のことはない当たり前のことばかりだった、とどこかで述懐している。しかしどの世界でも、当たり前を継続徹底することが一番難しいのだ。西岡氏は口伝を当たり前と受け止めた時点で、すでに棟梁としての力量を十二分に備えていたのだと思う。

西岡氏は法隆寺や薬師寺において古代を再現し、歴史に残る建築を残したが、高名な建築学者との論争でも一歩も引かず、一〇〇〇年持たせるためにはかくあらねばならないという自説を譲ることがなかったという。

建造物の長寿命化では、かつて中日本高速道路㈱の会長ＣＥＯを務めた身としていえば、西岡氏の語る口伝には一〇〇〇年という一桁違う凄みがある。当時は道路の経年劣化に頭を痛め、「百年道路計画」を樹て、一〇〇年経っても元気な道路づくりに励んだことを思い出す。東名高速道路も二〇一九年五月に開通五〇周年を祝ったが、今後とも維持管理に努め長持ちさせてもらいたいと思う。

ともあれ『菜根譚』の言葉は、時空を超えて宇宙の真理を掌中に収めるというのだから、凡俗の者には余りに大きすぎて捉えどころがない。しかし、仕事やスポーツや趣味に没頭し我を忘れて三昧境《さんまいきょう》に浸る時、誰しもわずかな時間ながら名人上手の心境に達することがある。急に技が上がり、身体が自在に動き、心が自由になって遠く広く物事が見える瞬間があるのだ。常時その心境にある人を真の名人というのだが、人はその域を目指して人生を紡いでいくのではあるまいか。凡俗の一人として、私はそう思う。

足るを知る

京都の龍安寺には、「吾れ唯だ足るを知る」と刻んだ蹲《つくばい》がある。「吾・唯・知・足」の四文字が、共通する「口」を真中にして描かれた石の手水鉢《ちょうずばち》だ。訪れる者に、静かな一時の平安を与えてくれる。

『菜根譚』にも、似たような次の一節がある。

◉ 貪りを捨て、感謝しよう

得《う》るを貪《むさぼ》る者《もの》は、金《きん》を分《わか》ちて玉《ぎょく》を得《え》ざるを恨《うら》み、公《こう》に封《ほう》ぜられて侯《こう》を受《う》けざるを怨《うら》み、権豪《けんごう》※も自《みずか》ら乞丐《きっかい》※に甘《あま》んず。足《た》るを知《し》る者《もの》は、藜羹《れいこう》※も膏粱《こうりょう》※より旨《うま》しとし、布袍《ふほう》※も狐狢《こかく》※より煖《あたた》かなりとし、編民《へんみん》※も王公《おうこう》に譲《ゆず》らず。（後集三十）

貪欲に物を得たいと、飽くなく奔走する者がいる。黄金を手にすれば、それよりも高価な玉を得られなかったことを恨む。また、公爵の地位を得てもその栄誉に満足できなくて、領地のある諸侯になれなかったことを怨む。常に自らの不足を思い、「もっと、もっと」

※権豪
権力がある者。権力者。

※乞丐
こじき。ものもらい。

※藜羹
食用の一年草、アカザの葉の吸い物。そまつな食物のこと。アカザはアカ

龍安寺の蹲

と上を求めてやむことがない。そのように貪欲な者は、権豪《けんごう》、すなわち権門豪家に生まれていても心は乞食と何ら変わらない。

一方、足るを知る者はどうか。今ある境遇やものを恩恵として感謝できる人は、粗衣粗食にも満足できる。あかざの羹《あつもの》のような粗末な食事でも、膏粱《こうりょう》、すなわち肥えた肉や良い穀物などのご馳走より美味しく味わえる。また、質素な綿布や袍《どてら》をまとっていても、高価な狐《きつね》や狢《むじな》の皮布《かわ》よりも温かく感じられるものだ。

このようにして、ありのままの今の境遇に感謝できる心境に達すれば、庶民であっても王侯貴族に劣らない満ち足りた日々を送ることができるのだ。

◉個人は質素に、社会は豊かに——土光さん

ここで思い出すのが、土光敏夫さんである。土光さんの日常は、昭和五七年にＮＨＫで「メザシの土光さん」として紹介され、その質素な暮らしぶりが広く国民の共感を得るところとなった。高齢ながらも身を挺し、第二次臨調の会長として陣頭指揮に当たった時代だ。

「個人は質素に、社会は豊かに」は、昭和一七年に橘学苑（女学校、現在は共学）を創設したご母堂の遺訓であり、土光さんはこれを終生の信条として実行した。ご母堂が亡くなってからは自ら理事長、校長として学校経営の遺志を継いだ。この間、収入の大部分を学校に寄付したという。その質素な日常は、「足るを知る」生き方そのものであった。

ザ科の一年草で、アカザ科の双子葉植物にはホウレンソウも含まれる。

※膏粱　肥えた肉と良いコメ。

※布袍　布製の上衣。

※狐狢　きつねなどの皮ごろも。

※編民　庶民のこと。

◉不祥事の淵源

企業社会でもかつては、バブルに浮かれて「儲けて何が悪いのか」「金で買えないものはない」などと放言し、話題になった男たちがいた。今はそこまでの話はあまり聞かないが、短期利益志向に片寄る動きは依然として強いように見える。

株主への利益還元は重要だが、それをのみ金科玉条に、将来への投資や他のステークホールダーへの配慮を疎かにし、長期的な企業価値の向上を忘れてはなるまい。企業の永続を願う経営者は、目先の利益を追うあまりデータ改竄《かいざん》や粉飾決算などに陥らないよう、十分な配慮が必要だと思う。

不祥事を起こした企業のトップが、「指示をした覚えがない」などと弁明する場面を時に目にすることがあるが、日頃の不注意な一言が組織の破綻を招くことも多いのである。

◉足るを知る経営

節度を失い、暴利を貪る企業は将来が危うい。同じように、赤字続きの企業にも将来はない。では、企業にとって必要な利益とは何か。

不正な手段で得た利益は、一円であろうと汚れている。公正な手段で得た利益はいかに巨大でも適正な利益である。企業は、適正な利益を上げることに注力すべきだ。その利益も使い方がまた大事で、ステークホルダーへの還元を厚くし、同時に必要な先行投資や内部留保に当てることが望ましい。

適正な利益とは何か。それは、企業が良い商品やサービスを提供した時の、顧客からのお返し（リターン）と言える。財務指標の一つにＲＯＥ※（株主資本利益率：Return on Equity）があるが、利益＝リターンとは言い得て妙である。信用の循環であるが、これが企業の永続性を保障するのである。

国連が主導するＳＤＧｓ（持続可能な開発目標）が、ＣＳＲ（企業の社会的責任）の主流となろうとする時、経営者は「もっと、もっと」と貪るのではなく、「足るを知る」姿勢の重要性を再考してはどうだろうか。

※ＲＯＥ
利益÷株式資本。株主出資資本をもとに、どれほど利益を上げたのかを測定する収益性の指標。自己資本利益率。

終章

天命を信じて人事を尽くす

言行一致を目指す

◉まず行動で示せ

リーダーの要件の一つ、言行一致の問題を取り上げてみたい。改めて『論語』を読み直して気づいたが、言行に関する言葉は三十数カ所に現れている。孔子は愛する弟子たちに対して、「実行が先で言葉は後だ」と繰り返し注意してやまなかった。口先だけの者が多かったのかもしれないが、その点は二五〇〇年前も今もさほど違いはあるまいと、自省をこめて思う。

子貢《しこう》、君子《くんし》を問《と》う。子曰《しいわ》く、先《ま》ずその言《げん》を行《おこな》い、而《しか》して後《のち》にこれに従《したが》う。（為政編）

子貢が先生に質問した。「君子とはどのような人ですか」と。孔子は、「思いを言葉に表す前にまず実行し、その後でものを言う人だ」と答えた。子貢は孔門の十哲と称された高弟で、頭の回転が抜群に速い男であった。それだけに口達者で弁論に秀でるあまり、行動が後回しになることが多かったので、先生は強く「不言実行」を説いたのである。同じ質問を受けても、孔子はその人に合った答をいつも用意している。弟子の長短を見抜いていた証拠である。

孔子は、なぜ言葉は慎重であれと説いたのか。

◉有言実行か、不言実行か

古者《こしゃ》の言《げん》をこれ出《い》ださざるは、躬《み》の逮《およ》ばざるを恥《は》じてなり。（里仁編）

君子《くんし》は言《げん》に訥《とつ》にして、行《こう》に敏《びん》ならんと欲《ほっ》す。（里仁編）

君子《くんし》はその言《げん》のその行《こう》に過《す》ぐるを恥《は》ず。（憲問編）

昔の偉大な人々が軽々しく発言しなかったのは、自分の実力不足によって口ほどに実行できないことを恥じたからである。紳士は、訥弁《とつべん》※であっても敏速に実行する者でありたい。そして、言葉が行動に比べて過大であることを恥じたのである。恥とは世間体の意味ではなく、自分の良心に照らして恥じるという意味である。ここで孔子は、後世に伝わる名言を発した。

※訥弁
話し方がつかえたりして、なめらかでないこと。

◉巧言令色、鮮なし仁

剛毅木訥《ごうきぼくとつ》、仁《じん》に近《ちか》し。（子路編）

巧言令色《こうげんれいしょく》、鮮《すく》なし仁《じん》。（学而編と陽貨編）

剛毅木訥《ごうきぼくとつ》とは、無骨で質実剛健で寡黙であること。ダイヤモンドが地中に隠れているような人物こそが仁の徳に近い。これとは逆に、巧みな言葉やとりつくろった顔色で外面を飾り、人の関心を得ようとする者には仁の徳が少ない。おそらく孔子の本心は、少ないどころか全くないと断言したかったのではあるまいか。冒頭の学而編だけでなく、後半の陽貨編にも登場するのを見ても、弟子たちに対し折にふれて語っていたに相違ない。

剛毅木訥と巧言令色とは、人間性が外に現れた両端である。この二つを対比して、弟子たちに自省を促し、いずれ公の場に立って活躍する時のリーダーとしての心構えと、人物評価の要点を教え戒めたのであろう。

◉言行一致は難しい――渋沢栄一

渋沢栄一の『論語講義』は、言行一致について明治の元勲を俎上《そじょう》に載せ、遠慮なく論じ

※大隈重信
［1838〜1922］立憲改進党を結成して自由民権運動に参加。伊藤・黒田内閣の外相として条約改正にあたるが、排外主義者に爆弾を投げつけられて片脚を失う。明治31年（1898）板垣退助とともに憲政党を結成し、最初の政党内閣を組織。東京専門学校（早稲田大学の前身）の創立者。博覧強記で「大風呂敷」と陰口もされた。

※山縣有朋
［1838〜1922］長州出身の軍人、政治家。吉田松陰に学ぶ。明治維新後、ヨーロッパ諸国の軍制を視察。陸軍を創設し、徴兵令を施行するなど軍制を確立した。明治22年（1889）第一次山縣内閣を組織。伊藤博文の死後、元老として政界を支配した。

ている。要約すれば、大隈《おおくま》重信※は雄弁だが実行が伴わないタイプ、山縣有朋《やまがたありとも》※は不言実行の人、木戸孝允《たかよし》※と伊藤《いとう》博文※はよく語り実行する有言実行の人だと評している。有言実行と不言実行のどちらがよいとは決めつけず、「言行一致は実に難きことなり」と述べている。

　この本の魅力は、第一級の実業人による生きた解釈にとどまらず、同時代人に対する辛口の人物評にある。作家や歴史家、あるいは漢学者の観察とは視点が異なるので、実務に携わる読者の興味を喚起してやまないのである。

◉経営者は有言実行を

　企業の経営者は、有言実行がよいと私は考えている。

私的な場では、不言実行は奥ゆかしくて好ましいが、公の組織を率いるとなるとそうはいかない。経営理念や方針を明示し事業計画を実らせるには、顧客・株主・従業員・地域社会など多くのステークホールダー（利害関係者）の共感を得ねばならないからである。

ただし、有言実行には大事な条件がいくつかある。

一つは、一人静かに沈思熟考の時間を持って、借り物でない構想を練りあげること。二つに、方針を最終決定するまでに社内の衆知を集めること。情報を共有し、多くの意見を取り入れ、組織の一体感を高めるのである。三つに、結果責任は自ら取る覚悟を固め、実行にあたって多くの人々の協力を得ることである。経営の常道ではないかと私は思う。

※木戸孝允
［1833〜1877］長州出身の政治家。吉田松陰に師事。倒幕、王政復古運動を指導。「五箇条の御誓文」の起草に参加した。新政府では、版籍奉還や廃藩置県を行った。内政を重視し、征韓論、征台論に反対した。西南戦争中の明治10年（1877）病死。

※伊藤博文
［1841〜1909］長州藩出身の政治家。吉田松陰に学び、倒幕運動に参加。明治憲法の制定にあたる。明治18年（1885）内閣制度を創設、初代総理大臣となった。日清戦争を遂行。日露戦争後、初代韓国統監となり、韓国の外交権を掌握して植民地化を進めた。明治42年（1909）、ハルビンで韓国人の独立運動家、安重根に暗殺された。

和をもって貴しとなす

聖徳太子が六〇四年に定めた、「十七条憲法※」の冒頭である。

よく知られた一文で、日本人の心には深く響いて親しみ深い。この国を昔から大和《やまと》、すなわち大調和の国と呼び習わしてきた、先人の思いがこめられている。

◉聖徳太子の和

和《わ》を以《もっ》て貴《とうと》しとなし、忤《さから》※ふること無《な》きを宗《むね》とせよ。（第一条、後略）

人と人との和を大事にし、争いやいさかいをなくすことを根本に置きなさい。そして、人は党派を組みがちだが、ともに睦み合っていけば、事は必ず成るものだと説いている。この憲法は、神道・仏教・儒教の思想を合体し、時の指導者たちに対する施政の心構えを説いた。

『論語』にも同じ言葉がある。聖徳太子も参照したのではないかと想像するが、引用して「和」の意味を学んでみたい。

※十七条憲法
聖徳太子が制定したと伝えられる日本最初の成文法。『日本書紀』では推古天皇12年（604）制定とする。和の精神、君臣の政治、道徳上の心得を説いている。儒家、法家、道家、仏教の思想が盛り込まれている。

※忤
〈さから・う（―・ふ）〉〈もと・る〉反対する。くいちがう。＝牾（ご）。（『新選漢和』）

◉人の心とルールとの調和

有子《ゆうし》※曰《いわ》く、礼《れい》の用《よう》は和《わ》を貴《とうと》しとなす。先王《せんおう》の道《みち》もこれを美《び》となす。小大《しょうだい》※これに由《よ》るも行《おこな》われざる所《ところ》あり。和《わ》を知《し》りて和《わ》すれども、礼《れい》を以《もっ》てこれを節《せっ》せざれば、また行《おこな》われず。（学而編）

弟子の有子が述べた一節である。礼を行うには、人と人との和を大事にすることが肝要である。さもなければ、何をやってもうまく行くはずがない。過去の偉大な帝王も、それを美として尊重した。しかし、礼による節度が働かなければ、物事が行われないことがある。お互いに補い合う必要がある。

離合集散という言葉があるが、とかく礼は形骸化して人の離・散に働きがちで、和は合・集の働きがあるともいえよう。ここで礼とは、法令、ルール、儀礼や慣習なども含めた、広い意味の社会規範と理解してよいと思う。

私は公務員を対象に講演を頼まれるが、いつも語るのは「情理を尽くした行政」の実行である。定められた目的を逸脱してはならないが、その範囲をどこまで広く解釈できるか。その上でどこまで個別の事情を配慮できるかに、行政サービスに携わる公務員の実力が現れるのである。易きにつく行政は人の心を理解せず、先例やマニュアル一辺倒の、時には恣意的な指導や処分を行って、冷たいという批判を浴び、訴訟の的にさえなることがある。

※有子
［前515?～?］魯の人。孔子の弟子。名は若。字は子有。孔子より十三歳若い。孔子の死後、子貢、子游らは孔子に容貌が似ている有子を師と仰ごうとしたが、曾子が反対して立ち消えになった。

※小大
何もかも。

権限を笠《かさ》に着て、公僕が公圧者になってはいけないのである。

◉和して同ぜず

子曰《しいわ》く、君子《くんし》は和《わ》して同《どう》ぜず。小人《しょうじん》は同《どう》じて和《わ》せず。（子路編）

子曰《しいわ》く、君子《くんし》は和《わ》して流《りゅう》せず。（『中庸』）

和とは、ただ単に仲よくすることだけではない。孔子は語った。「立派な紳士は、人と仲よくするが、雷同はしない。小人はその逆だ」と。『中庸』も同義である。

この章句を読んで想い起こすのが、一九三八年にMRA※（道徳再武装※）を創始したフランク・ブックマン博士の言葉である。彼は「誰が正しいかではなく、何が正しいかを基準に判断しよう」と語った。とかく場や時は勢力者によって支配されがちだが、良心に照らして正しいと判断したことを実行すべきだとしたのである。また、「相手を変えるには、まず自分自身が変わらなければならない」とも説いた。ともに行動に結びつけるには勇気がいるが、彼の弟子たちはその志を継いで、戦前の反ナチ運動から今日の平和構築に至るまで、政治、経済、教育、ジャーナリズムなど各方面で活躍してきた。※

※MRA　六〇頁参照。

※「道徳再武装」の成果　終戦直後の独仏和解は今日の欧州統合の基礎となったし、占領下の日本が国際社会に復帰する上で大きなきっかけをつくったのもMRAであった。

1950年（昭和25年）には、日本から国会議員、実業家などからなる七〇人近くの大型ミッションがMRAの招きで、同本部の所在するスイスのレマン湖畔にあるコーを訪問した。欧米各国のトップ指導者との交流は日本への理解を深める場となった。中曽根康弘氏、石坂泰三氏も参加したミッション。当時の経緯は、B・エントウィッスル／藤田幸久訳『日本の進路を決めた10年』（ジャパンタイムズ、二〇一六／一〇増補改訂版）を参照願いたい。

◉天の時・地の利・人の和

天《てん》の時《とき》は地《ち》の利《り》に如《し》かず、地《ち》の利《り》は人《ひと》の和《わ》に如《し》かず。（『孟子《もうし》』公孫丑《こうそんちゅう》下）

孟子の戦争論の一節であるが、季節・天候等の自然条件が天の時であり、地の利とは地理的条件を指し、それらが全て整っていても、民心の和がなければ勝つことはできないと説いている。

この天・地・人の働きは戦争に限らず、あらゆる人事に応用できる大原則ではないだろうか。天意を知り、地勢の動きを察し、人の和を築くことは、会社経営にもそのまま通ずる。そして孟子は、人の和を得る根本は「道を得ること」、すなわち仁義（思いやりと正しさ）にあるというのである。

※ブックマン博士の演説
ナチズムが勃興し、各国が軍備拡張に狂奔する一九三八年六月、ブックマン博士がMRAを提唱した時の演説は多くの人の心を捉えた。一部を抜粋する。
「相手の過ちを指摘するのをやめて、自分の過ちを認めるならば、人間性が変わり始める。人が変われば国が変わる。指導者が変われば、国の考え方も変わる。そうなれば世界が平和になる。世界には全ての人の必要を満たすだけのものは十分にある。しかし、全ての人の貪欲を満たすだけのものはない。」（「革命の道」国際MRA日本協会）

春風をもって人に接す

社会人となって五十数年を経て実感することは、人とのご縁の大切さと有難さである。そして同時に、人との付き合い方と身の処し方の難しさを覚えることが多い。そのような時に、心の支えとなる名言がある。

◉人には春風、自らには秋霜

春風《しゅんぷう》を以《もっ》て人《ひと》に接《せっ》し、秋霜《しゅうそう》を以《もっ》て自《みずか》ら粛《つつし》む。（佐藤一斎『言志後録』）

春風のように暖かく和やかに人と接し、秋霜のような厳しさをもって自らを律する、というのである。とかく人には厳しく、自分には甘くなりがちな凡々とした日常を省みる時、まことに耳に痛く身にしみる教訓である。

佐藤一斎は、幕末に昌平黌《しょうへいこう》を率いた一代の碩学《せきがく》である。これほどの人になると、朱子学も陽明学もない。西郷隆盛が私淑したほどの、物事の本質を捉えて抜群の人物であった。高弟には山田方谷※、佐久間象山※、横井小楠《しょうなん》※らがいて、幕末・維新の思想的支柱となった。

※山田方谷
［1805～1877］幕末・明治前期の陽明学者。備中の人。幕末期に松山藩の藩政改革に当たり、産業振興により、わずか八年で藩の貯金を歳入の二倍にした。老中を務めた藩主、板倉勝静を補佐して幕政にも関与。卓越した理財論、時代認識に越後の河井継之助らも学んだ。維新後は明治政府の出仕要請を拒み、備前の閑谷（しずたに）学校を再興するなど教育に尽力した。

※佐久間象山
［1811～1864］江戸末期の学者。信濃松代藩士。佐藤一斎に師事、朱子学を修める一方、オランダ語を学んだ。砲学にも通じ、西洋技術の摂取による産業開発と軍備充実を唱える。京都で攘夷派に暗殺された。門下に勝海舟、吉田松陰らがいる。

渡辺崋山《かざん》が描いた壮年期のものと思われる肖像画※の実物を、二〇一六年秋、「徳川の平和」展（静岡県立美術館）で見たが、キリッと引き締まった風貌である。著書にはすでに紹介した『重職心得箇条』のほかに、『言志四録』があり今も読み継がれている。四〇代に書かれた『言志録』に始まり、『言志後録』『言志晩録』『言志耋録《てつろく》』と続く四巻の語録であるが、耋録にいたっては八〇歳になって筆を起こした。その若々しさと柔軟性には、ただ驚くほかはない。

◉欧州の知性が見た明治の日本

ところで明治の世は、文明開化と富国強兵・殖産興業の時代である。

若い秀才たちは欧州に留学し、工学、医学、法律学など最先端の実学を学んで帰国し、肩で風を切るようにしてその知識を教えた。一方で、江戸時代の学問を通じて人格形成をした人たちは、旧時代の遺物とされかねない時勢であった。

これについて、一八九三年にドイツから東大の哲学教授として招かれ長年教鞭《きょうべん》をとった、R・ケーベル博士※（一八四八〜一九二三）の批評がある。

この声高き、自負する、外に向える、怱忙《そうぼう》※なる、品位なき、欺瞞《ぎまん》的なる、群衆の間および国外において、認められんとして媚《こび》を呈する日本人。今日の日本の或《あ》る方面の大

※横井小楠
［1809〜1869］
江戸末期の思想家・政治家。熊本藩士。福井藩主、松平慶永に招かれて福井藩の藩政を指導。生糸の大量輸出によって巨利を挙げた。富国強兵を説き、慶永が幕府の政事総裁職に就任すると、ブレーンとして参勤交代制を事実上廃止。幕府の公武合体運動に活躍。明治新政府の参与となったが、暗殺された。

※渡辺崋山の描いた肖像画
一八頁参照。

※ケーベル
【Raphael Koeber】
［1848〜1923］
ドイツの哲学者・音楽家。ロシアの生まれ。モスクワで音楽、ハイデルベルクで哲学を学ぶ。1893年（明治26）来日、東大・東京音楽学校で二一年間、哲学・文学・音楽などを教授。横浜で死去。（『大辞泉』）

なる欠陥を表示するこの特質は、少し古い時代の日本人、とくにその時代の学者や、教育家やまた教授たち、単純な、謙虚な、落着きのある、物静かな、思慮ある、高貴な性質に比していかに著しい対照をなすことであろう（中略）この三人の紳士※のような日本人こそ私にとっては日本的精神と性格との真の代表者である。けだしそれは本物の人間に接している、即ち誠実なる、高雅なる、立派に仕上のできた、健全なる人格にしてまた本職に堪能なる士に接しているという感じがしたからである。（『ケーベル博士随筆集』久保勉訳編、岩波文庫）

最高の欧州の知性の眼には、付け焼き刃の知識や教養の持ち主は軽薄に映り、四書五経や古典によって鍛えられた人格には深い尊敬と友情を覚えたことを示している。

東洋の学問は、徳ある人格の形成を目指す。そして、才徳兼備の人こそが真のリーダーの名に値する。ケーベル博士の批評は、その世界的普遍性に言及したものであって、今も変わらない意義があると私は思う。

※忽忙
せわしく、落ち着かないこと。

※この三人の紳士
ケーベル博士は、三人の紳士として「浜尾男（爵）」（東京帝大総長を務めた浜尾新）、「根本教授」、「日本古代文学を講じていた教授」を挙げている。

天命を信じて

孔子は長くあがめ奉られてきたが、若くして聖人と称えられる域に達したのではなく、実際には年齢とともに次第に成熟していった。一歩一歩の積み重ねが一〇年単位の飛躍となったのである。われわれ凡人でも真似ができるのではないか、と身近な親しみさえ覚える。三〇歳で独立し、四〇歳で本業において惑いがなくなり、さらに精進を重ね、五〇歳になって初めて「天命」を知った。四九歳までは、天命を求めても得られなかったことを物語っている。

◉天命・運命・宿命

天命とは、先天的に与えられた「自己本来の面目」、さらには「人生の使命」である。その人でなければならない役割ともいえよう。天命に対する絶対の確信を得た時に、孔子は迷いを脱し不動心を得たに相違ない。その転機は、『易経』の探求にあった、と私は確信している。※

天命は、人の力ではどうにもならない宿命ではない。自己本来の使命を全うすれば、そ

※私は確信している
七六頁参照。

の程度に従って自ずから新天地が開けてくる。それは天命を運ぶ働きであって、運命と呼ぶ。運命は固定したものではなく、心がけ次第でよくも悪くも変化する。そこに、人生への希望が生まれる。例えば寿命を取ってみよう。天寿すなわちあらかじめ与えられた寿命は定まっているのかもしれないが、人寿すなわち健康寿命は節制次第で延ばすことができる。人とのご縁を大事にすれば、人生の地平線も予想を超えて遠くまで拓けていくのではないだろうか。

◉若者の自分探しと就職

近頃は若者の間で、生き甲斐《がい》を求めて「自分探し」が流行っているという。「自分は何のために生まれてきたか」という疑問は、真面目な青年にとっては一度ならずくぐり抜けねばならない関門である。人生の最重要課題であり、知命と同義であるが、本当の自分を見つけるのは決して簡単なことではない。

自分探しのために、次々に転職する若者がいる。転職が一概に悪いとはいえないが、自分探しと称して転職を繰り返すのでは、単に辛抱が利かないだけではないのか。「石の上にも三年」というように、取り組んでみれば仕事は面白くなってくる。それでも納得できなければ転職するほかはないが、隣の芝生は青く見えがちであることを忘れてはなるまい。少なくとも、辞めたいと思った時に辞めたい動機は何だろうか、自分自身に問題はないのだろうか、と自らに問いかけてみてはどうだろうか。いずれにせよ、自分の場所を一筋に生きた時に、本来の自己を発見することができるのだと思う。

◉有徳の君子は天命を知る

知命については、『論語』の最後の章に次の一文がある。

孔子曰《こうしいわ》く、命《めい》を知《し》らざれば、以《もっ》て君子《くんし》たることなし。礼《れい》を知《し》らざれば、以《もっ》て立《た》つことなし。言《げん》を知《し》らざれば、以《もっ》て人《ひと》を知《し》ることなし。（堯曰編《ぎょうえつ》）

天命を知らなければ、君子すなわち有徳の人物にはなれない。礼すなわち社会のルールを知らなければ、世に立つことはできない。自分の心の声を聴かなければ、自分のことも他人のことも知りようがない。

まことに含蓄に富んだ言葉である。とりわけ、知命は君子の絶対条件であるという。このようにして『論語』は終始一貫、君子あるいは士、すなわちリーダーはいかにあるべきかを説き続けているのである。

天命を知る契機は、人それぞれである。大病や挫折など、苦難を乗り越えた時に得心する場合が多いのであろう。平穏無事の時には、とかく自心の深奥に踏み込むことはないからである。

いずれにせよ、古来の名言「人事を尽くして天命を待つ」よりも、むしろ私は「天命を信じて人事を尽くす」積極的な姿勢で日々を送りたいと思う。そして、歳がいくつになっても気づいた時が始まりで、人生に遅すぎることはないものと考えたい。

出処進退

人生で最も難しいのが、適切な身の処し方、出処進退である。出て進むのは自分の外からの要請による場合が多く、それぞれに今後の人生を考えて諾否を決めることになる。相談相手も多い年頃なので、わりあい決めやすい。これに比べて、退く時の判断は容易ではない。功成り名遂げた人がしばしば晩節を汚すことを見ても、その難しさがわかる。

◉行蔵──勝海舟の進退

子《し》、顔淵《がんえん》に謂《い》いて曰《いわ》く、これを用《もち》うれば則《すなわ》ち行《おこな》い、これを舎《す》つれば則《すなわ》ち蔵《かく》る。ただ我《われ》と爾《なんじ》とこれあるかな。（述而編）

孔子が弟子の顔淵《がんえん》に語った。「認められれば出て道を行い、捨てられれば退き隠れてしまう。こだわりなしにそれができるのは、私と君だけだね」と。用いたり捨てたりする者は当時なら君主であろうが、今ならもっと幅広く会社や国家社会、あるいは時勢と考えることができよう。

ここで行蔵とは、出処進退を意味する。かつて、勝海舟が明治政府にも仕え、二君にまみえたことを福沢諭吉に批判された時に、「行蔵は我に存す。毀誉は他人の批評」と答えた。

◉江戸の無血開城

二〇一八年は、明治元（一八六八）年から数えて満一五〇年。それは、江戸の無血開城一五〇周年でもあった。

勝海舟、山岡鉄舟、西郷隆盛の尽力がなかったなら、江戸は火の海と化し、市民は塗炭の苦しみに晒《さら》され、内乱はとどまるところを知らず、虎視《こし》眈々《たんたん》たる外国の介入を招いて、日本はいかなる事態に立ち至っただろうか。隆盛との談判のために決死の覚悟で駿府《すんぷ》（静岡市）に乗り込んだ鉄舟が大筋の話を纏《まと》め、その後を受けて海舟が江戸に到着した隆盛と会談し、官軍の総攻撃を中止し、江戸を戦火から救うことができたのである。一五〇周年を機に、これら偉大な先人たちの功を称えたいと思う。

西郷さんは、無私そのものの人である。島津斉彬《なりあきら》に認められ頭角を現したが、久光に疎んじられ何度も島流しにあった。しかし、決して自暴自棄に陥ることなく、過酷な幽囚生活の中で心胆を錬り、天命を信じて時が来るのを待った。天はやがて維新を成就するために、西郷さんを呼び戻したのだと思う。

最後の将軍であった徳川慶喜公も、数奇な運命の中に翻弄されながら、大政奉還という歴史的な決断を行い、明治維新への道を開いた。彼が闘いの号令を発していたら、幕臣の多くは立ち上がったであろう。歴史に「もし」はないが、そうなれば日本は混乱の極に達したに相違ない。立場に固執すれば、実行はあり得ない勇断であった。その後は駿府に隠《いん》棲《せい》し、名誉を回復したのは明治三一年の参内の時である。その実現に奔走したのは、勝海舟であった。福沢諭吉※の批判に対する、これが海舟の答えではなかったかと私は思う。

◉出処進退の基準

子《し》曰《いわ》く、天《てん》下《か》道《みち》あれば則《すなわ》ち見《あらわ》れ、道《みち》なければ則《すなわ》ち隠《かく》る。（泰伯編）

出処進退の基準について、孔子は語った。「天下に道が行われていれば世に出て働き、そうでなければ宮仕えはしないで隠れている」と。泰伯編では弟子の質問に答えて、邦に道がないのに禄《ろく》を食むのは恥だとまで言い切っている。

一日の糧を求めて困窮している時には、心ならずも恥を忍ぶことがあるかもしれないが、リーダーたらんと志す人にはこの矜持《きょうじ》が必要である。中国には古来、「渇しても、盗泉《とうせん》※の水を飲まず」という箴言《しんげん》がある。孔子（曾子《そうし》説もある）が、盗泉という名を嫌って、その泉の水を飲もうとしなかった故事に由来する。わが国の、「武士は食わねど高楊枝《たかようじ》」に似て

※福沢諭吉
四六頁参照。

※盗泉
中国山東省泗水（しすい）県の東北にある泉。孔子がその名が悪いとして飲まなかったという故事で知られる。

いるかもしれない。

◉日本には長寿企業が多い——社徳

ここで、企業の盛衰を考えてみたい。不祥事を重ねる企業には、夢を抱く若者は寄りつかなくなる。社内の中核社員も見限って、転職先を探し始めるであろう。不公正な人事が横行すれば、なおさらのことである。そうした企業が、永く栄えるはずがない。今は苦しくても、世の中の役に立とうと奮闘している企業には人が集まり、社員のモラールも上がる。「企業は人なり」とは時代を超えた真理であり、そのような風土づくりは経営者の責任にほかならない。

ちなみに、創業一〇〇年を超える長寿企業※の数は、わが国が世界一である。二〇〇年超企業※となると、もっと格差が大きく、日本は世界の五五八六社中五六％を占める。

その理由はいろいろ考えられるが、①自利・利他を重んずる精神風土の有在、②比較的長い平和な時代の継続、③近江商人の三方よし（「売り手よし、買い手よし、世間よし」）以来の商業道徳の継続、④恥を知る武士道の系譜——などがあると私は思う。『論語』に「徳は孤ならず、必ず隣あり」とあるように、社徳を高めることによって、長く社会から信頼を得て、長寿化が実ったのである。

事業は徳業でなければならないと私は思う。

※一〇〇年超企業数の世界トップ5
1　日本　25321社
2　米国　11735社
3　ドイツ　7632社
4　イギリス　3435社
5　スイス　1747社
（日本経済大学調査、2015年）

※二〇〇年超企業数の世界トップ3
1　日本　3146社（56％）
2　ドイツ　837社（15％）
3　オランダ　222社（4％）
（商工リサーチ調査、2017年）

子どもと大人の寺子屋

本書の本文や脚注で度々ご紹介した「お爺ちゃんの論語塾」は、二〇一〇年から続いている。最後に、教室の模様を紹介したい。

◉子どもらの成長

入塾は小学校一年生からで、現在は小・中・高校・大学の青少年少女のほか、大人も入っている。月に二、三回、土曜日の朝に集まって四五分ほどの時間をかける。寺子屋を発明した先人の知恵には、ただ脱帽するほかはない。驚くべき効用があって、教える方が教えられるばかりである。

子どもたちの変化は、

①相手の目を見て、しっかりと挨拶をするようになる。

②姿勢が良くなって、語尾のはっきりした大きな声が出る。

③白文で漢字を覚え、めりはりある文語の読み下し文で日本語の美しさを知る。その結果、国語が大好きになり学校の成績も上がる。

④自然に道徳意識や倫理観が高まる。子どもは実に素直である。

この子どもたちの人生のプラスになって、将来岐路に立った時に正しい判断をする縁となり、多少なりとも世のため人のためになってくれればと願っている。

◉寺子屋の日常

まず大きな声で「おはようございます。お願いします」という挨拶から始める。終わりには、「ありがとうございました」と挨拶を交わす。

挨拶の次には五分ほどの「静かな時間」を持つ。椅子に座ったままで背筋をぴんと伸ばし、腹式呼吸で息を長く吐き、静かに吸う。慣れれば小学一年生でも楽にできるようになる。坐禅でいう調身・調息・調心の応用であるが、遊び回りたい子どもたちも、これで落ち着くのである。「寝る前に独りで一日を振り返ってみなさい」と教えている。

子どもの勉強には、素読と暗誦が一番と思う。最初は、テキストは『論語』から百章を選び、毎回一、二章を取り上げ、その白文と読み下し文を作成して渡した。生徒はこれを大きな声で繰り返して何度も朗読し、古文の読み方に慣れ、全部覚えてしまうのである。『論語』の次は『大学』『実語教』『中庸』と、次々に挑戦している。

意味はごく簡単にしか説明しない。いずれわかるからである。人生の岐路に立ったときに、記憶した言葉がこの子らの拠り所になればよい。説明をしなくても、本質を掴む力は大人以上に鋭く的確である。

◉大人の寺子屋

孫の世代のための「お爺ちゃんの論語塾」に続いて、大人のための論語塾も始まった。静岡県の若手経営者から、『論語』の勉強会をやりたいという提案を頂いたのである。二〇一四年から今日まで、東洋人物論の根本にある「才徳兼備の人」を、ともに探求し続けている。

この「駿府青草の会」※では、大学のゼミナール方式をとっている。

金谷治訳注『論語』(岩波文庫)をテキストに、始めから終わりまで読むことにした。毎回一人二〜三章を担当し、解釈し、発表し、質疑応答を行うのである。二〇一九年には『論語』を読了し『大学』に入っている。

私の要望は、「経験に照らして読み、読んで現実を観る」ことのみ。古諺にも、「古教心を照らし、心古教を照らす」とある。塾生は各分野のエキスパートである。一人ひとりの示す解釈は、公私にわたる幅広い人生経験を踏まえて、実に個性的で新鮮である。私自身もメモをし、学ぶことが多い。

『論語』に限る必要はないが、洋の東西を問わず歴史の波涛を越えて一〇〇〇年、二〇〇〇年と読み継がれてきた古典には、人類の英知がぎっしり詰まっている。人の拠り

※駿府青草の会
私が産業雇用安定センターの広報誌『かけはし』に連載している「お爺ちゃんの論語塾」がたまたま静岡県の経営者の目にとまり、勉強会の提案を頂いた。このようにして「駿府青草の会」(会長・里見和洋氏)が発足した。メンバーは会社の社長、役員、個人事業主、NPOの代表、ジャーナリストなど多士済々である。年齢も二〇代から六〇代までと幅広い。

青草の会とは別に、静岡経済研究所の主催する「経営者のための論語塾」や、静岡県庁や大学の主催する研修プログラム、全国の経営者団体の行う総会や研究会等に招かれて、ささやかな体験話をさせてもらった。数多くの参加者に接して感じたことは、真のリーダーシップを求める熱い思いであり、深い感銘と共感を覚えた。

所としてこれ以上のものはない。古典をテキストに、寺子屋式研究会が大人と子どもを各々巻き込んで、津々浦々に展開することを期待したい。

経営者には何よりも心機涵養の場となり、子どもたちには感性や知性を磨く格好の場となろう。そして大切なことは、原典に直接ぶつかることだと思う。

「お爺ちゃんの論語塾」の塾生たち

「駿府青草の会」のメンバーたち

おわりに

『論語』との付き合いは、中学生の頃に始まりますが、初めて通読したのは、禁煙と同じで何度も挫折した挙げ句のことです。晩学で独学独習、しかも自分の経験に照らし合わせて原典に接するという風でした。読み終わった時に幸い禁煙にも成功し、家族にも喜ばれ、二重に晴れ晴れとした気分になったことを今も思い出します。

『論語』は、読み返すたびに新しい発見があります。しかも孔子は、酸いも甘いもかみ分けた温かみのある存在です。そしていつのまにか、『論語』は私の座右の書となりました。その上幸いにも、『論語』をきっかけにして、ちょうど森林浴をするように、限りなく奥深い古典の森を逍遥し、至福の時を味わうことができたことを感謝しています。

寺子屋「お爺ちゃんの論語塾」を小学生相手に自宅で始めたのは、二〇一〇年のことです。九年経って二三〇回を数えるに至り、第1期生は今や大学生です。子どもたちと一緒に勉強するつもりで始めましたが、東日本大震災の後で澎湃《ほうはい》として起こったリーダーシップ論に触発され、及ばずながら私も一石を投じてみようという思いに駆られました。

古典はリーダーシップ論の無限の宝庫です。古典の語る人物論や価値観は、時代を超え、大人だけでなく子どもにもそのまま通用するものです。子どもの時には素直に受け止めたのに、大人になるとなぜ忘れてしまうのか。能力はあっても人徳のない、言い換えれば頭はよいが心のないトップをリーダーに持った企業は、いつかどこかで破綻し決して長続きするものではない。どうすればよいのか。浅学非才ながら私の得た結論は、リーダーは「才徳兼備の人」を目指してたゆまず研鑽することでありました。ご叱正を乞う次第です。

本書の出版にあたり、多くの先輩畏友のご支援を頂きました。

奥田碩様には冒頭ご懇篤なお言葉を頂き、まことにありがとうございました。日経連、日本経団連時代のご教導に対し、改めて深くお礼申し上げます。

本書の出版は、NPO法人経済人コー円卓会議（CRT）日本委員会のお薦めで実現しました。理事会の皆さまに感謝いたします。

制作では㈱時事通信出版局前社長の松永努様、編集担当の天野里美様には大変お世話になりありがとうございました。とりわけ松永様には全般について貴重なご助言を頂けただけでなく、脚注と巻末の索引などは全て氏の労になるものであり、お礼の言葉もありません。

また、「かけはし」誌連載中は、つど原稿段階で妻の景子に一読者としての意見を述べて貰いましたが、大変参考になったことを感謝を込めて付記します。いくらかでも読みやすくなったとすれば、そのお蔭です。

お名前を挙げませんが、連載と本書出版にあたってご助言と写真提供などのご協力を賜った多くの皆様には、この場をお借りして御礼のご挨拶を申し上げます。

二〇一九年一一月

矢野弘典

著者制作の陶板『一以貫之』

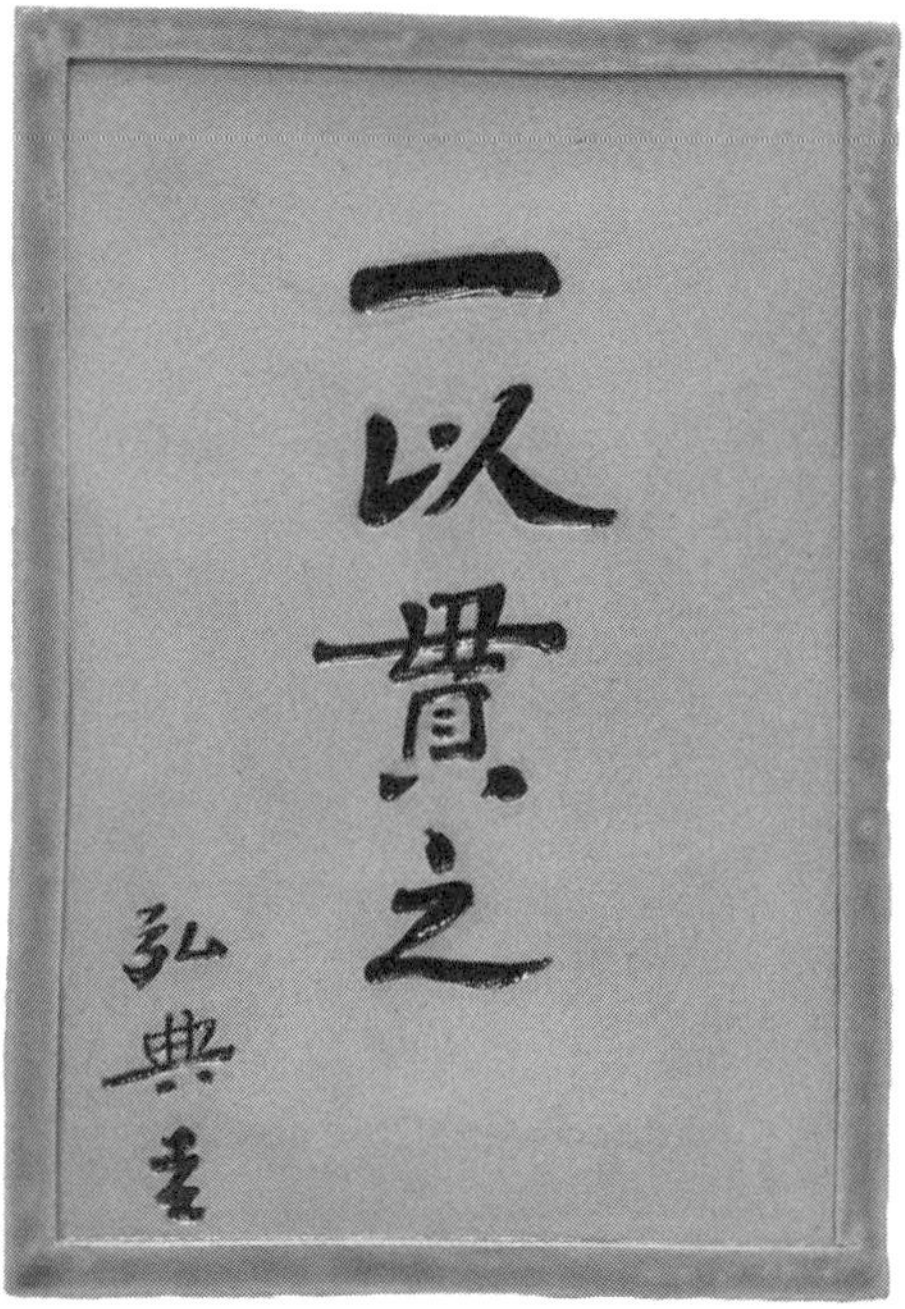

参考文献抄

〔本文〕

M．アウレーリウス『自省録』（岩波文庫）

新井満『青春とは』（講談社）

今井宇三郎訳注『菜根譚』（岩波文庫）

伊與田覺『己を修め人を治める道』（致知出版社）

内村鑑三『代表的日本人』（岩波文庫）

宇野哲人訳注『大学』（講談社学術文庫）（講談社）

懐奘編／和辻哲郎校訂『正法眼蔵随聞記』（岩波文庫）

B．エントウィッスル／藤田幸久訳『日本の進路を決めた10年』（ジャパン・タイムズ）

加島祥造『タオヒア・ナウ　老子』（PARCO出版）

勝海舟／江藤淳・松浦玲編『氷川清話』（講談社学術文庫）

金谷治訳注『論語』（岩波文庫）

T．カーライル／柳田泉訳『フランス革命史』（春秋社）

菊池寛『評註名将言行録』（非凡閣）

久保勉訳編『ケーベル博士随筆集』（岩波文庫）

佐藤一斎／川上正光訳注『言志四録』（講談社学術文庫）

塩野七生『ローマ人の物語』（新潮社）

司馬遷『史記』（徳間書店）

渋沢栄一『論語講義』（講談社学術文庫）
竹村亞希子『リーダーの易経』（角川SSC新書）
寺田寅彦『寺田寅彦全集』（岩波書店）
道元／石井恭二注釈・現代訳『正法眼蔵』（河出書房新社）
土光敏夫『日々に新た』（PHP文庫）
中島敦『山月記・李陵 他九篇』（岩波文庫）
半藤一利『それからの海舟』（ちくま文庫）
F．ブックマン『革命の道』（国際MRA日本協会）
E．ヘリゲル／稲富栄次郎・上田武訳『弓と禅』（福村出版）
宮城谷昌光『晏子』（新潮社）
宮城谷昌光『子産』（講談社）
安岡正篤『佐藤一齊「重職心得箇条」を読む』（致知出版社）
安岡正篤「易學入門」（明徳出版社）
矢野弘典『青草も燃える』（中経マイウェイ新書）
山田済斎編『西郷南洲遺訓』（岩波文庫）
山本七平『論語の読み方』（文藝春秋）
楫東正彦『海舟言行録』（光融館）
吉川幸次郎『論語』（朝日文庫）
呂新吾『呻吟語』（徳間書店）

［脚注］（本文との重複分は除く）

▽引用文献

『デジタル大辞泉』（小学館、『大辞泉』と表示）

『日本国語大辞典 第二版』（小学館、『日国』と表示）

『新選漢和辞典 第八版 web 版』（小学館、『新選漢和』と表示）

（いずれも「ジャパンナレッジ」所収）

諸橋轍次『中国古典名言事典』（講談社学術文庫）

▽参考文献（本文参考文献と重複は除く）

『日本大百科全書』（小学館）

『改訂新版 世界大百科事典』（平凡社）

『字通』（平凡社）

『日本人名大辞典』（講談社）

（いずれも「ジャパンナレッジ」所収）

『国史大辞典』（吉川弘文館）

『漢字源』（学研、Ex-word 所収）

江連隆著『論語と孔子の事典』（大修館書店）

蜂屋邦夫訳注『老子』（岩波文庫）

井波律子訳『完訳　論語』（岩波書店）

中島敦『李陵・山月記』（新潮文庫）

孔子の諸国巡歴地図

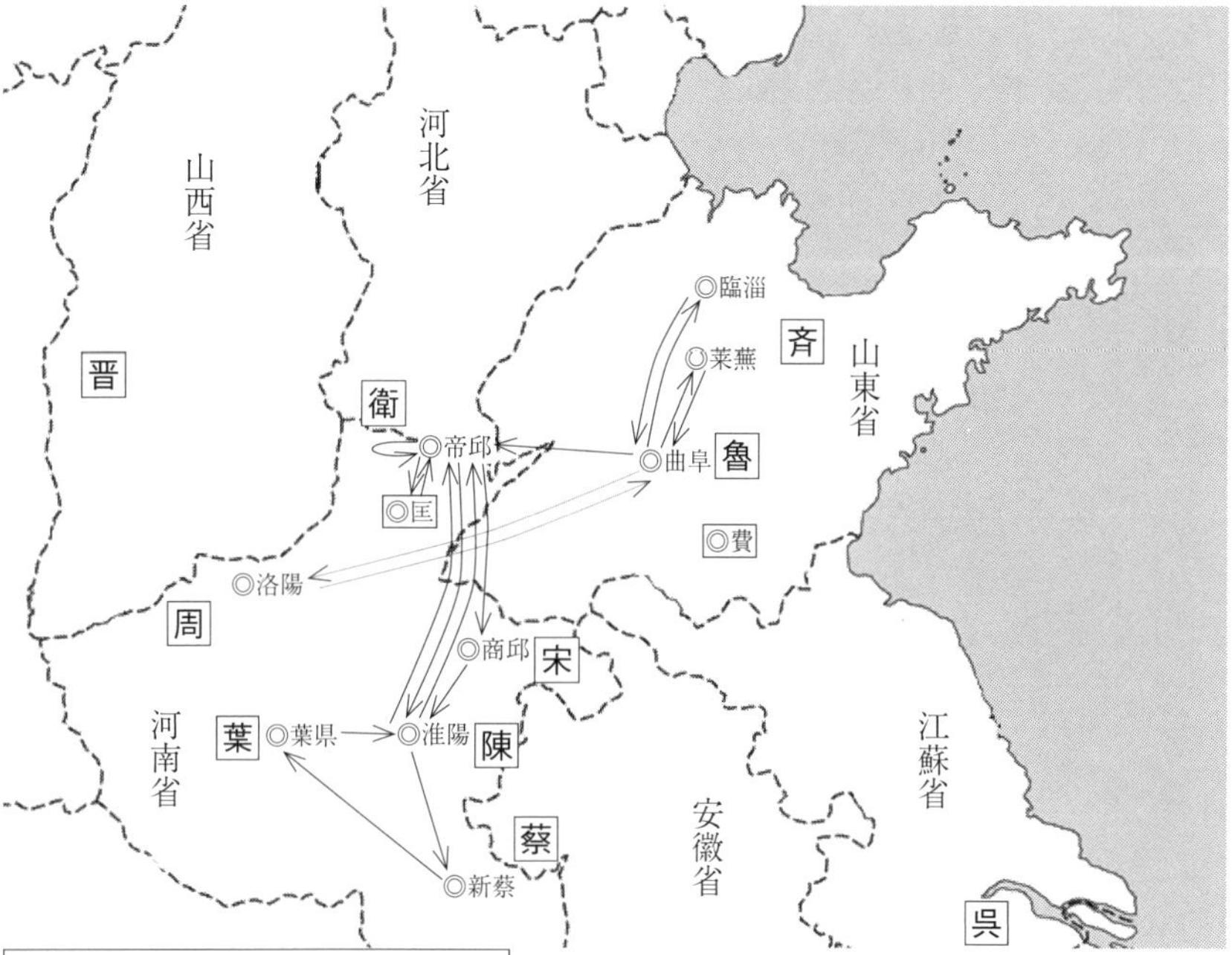

□は、孔子の時代（春秋時代）の地

※孔子の諸国の巡り方は諸説有。

孔子略年譜

西暦（紀元前）	年齢（数え年）	事項
551	1	9月28日、魯国陬邑（すうゆう）昌平郷に生まれる。 （生年は、紀元前552年ともいわれる。）
549	3	父、叔梁紇（しょくりょうこつ）死す。 母、孔子を連れて魯都の曲阜に移る。
535	17	母、顔徴在死す？
533	19	宋人・幵官（けいかん）氏の娘と結婚。
532	20	長男の鯉（り＝伯魚）生まれる。
531	21	魯の司職の史（乗田）となる。
523	29	琴を師襄に学ぶ。 ・孔子、周公の廟に入り、周りの人にいちいちそのやり方を質問。「何でも問うことが礼である」。（152頁）
522	30	周に行き、老子の教えを受ける。 この頃、私塾を始める。
520	32	景王死し、悼王が立つが殺され、その子の敬王が即位する。
517	35	魯が乱れ、昭公は斉に亡命。孔子も斉に行く。 ・孔子、斉で韶（しょう）を聞く。感動のあまり味覚が麻痺（まひ）するほどだった。（207頁）
516	36	斉の景公、政を孔子に問う。
515	37	孔子、魯に帰る。
501	51	中都（魯の町）の宰となる。
499	53	大司寇として活躍し、魯国大いに治まる。
496	56	・斉が魯に女楽を贈る。季桓子はうつつを抜かし、三日も朝廷に出なかった。（222頁） ・孔子、「国の柱があのさまなら、逃れてゆうゆう過ごしたい」と魯を去る。（224頁） 以後、弟子を連れて各地を遊歴。 ・匡で危険に遭遇、孔子、「どうして匡人ごときが私を亡ぼすことができようか」。（228頁） ・一行に遅れてきた顔淵に、孔子「君は死んだと思った」。顔淵は「先生がおられるのに私がどうして死ねましょうか」。（130頁）
494	58	・孔子が磬（けい）を弾いていると、もっこを担いで門前を通り過ぎた男が、「俗っぽいな。堅苦しい音だ」などと言う。（227頁）
493	59	衛の霊公に失望し、晋に行く途中で食料が尽き、衛に戻り、また去って曹から宋に、さらに鄭から陳に行く。 ・宋の司馬桓魋（かんたい）、孔子を殺そうとする。「天がわが身に徳を授けている。桓魋ごときにどうこうできるはずがない」。（227頁）
490	62	・長沮（ちょうそ）と桀溺（けつでき）が耕しているところに、孔子が通りかかる。桀溺は「いっそ世を捨てる人についたほうがよいのでは」。孔子は「鳥や獣とは一緒に暮らすわけにはいかない」。（250頁）
489	63	呉、陳を攻める。孔子、蔡（さい）から負函（ふかん）に行く。 途中、陳で包囲され食糧がとだえ絶体絶命の窮地に陥る。 葉（しょう）に寄り、葉公は政を問う。
488	64	負函から衛に戻る。
487	65	呉が魯を攻める。門人の有若らの活躍で、呉は大敗する。

西暦（紀元前）	年齢	事項
485	67	孔子の妻死す？
484	68	斉が魯を攻める。門人の冉有らの活躍で、斉を破る。 魯の季康子、孔子を衛から呼び戻す。 孔子は政治には参与せず、音楽を正し、門人の教育と文献の整理に専念する。
483	69	子の鯉、死す。
480	72	子路、衛の内乱で戦死する。 ・孔子、曾子に「私の道は一つのことで貫かれている」。（156頁）
481	71	顔淵、死す。
479	73	4月18日死す。魯城の北、泗水（しすい）のほとりに葬られる。魯の哀公、孔子を「尼父」と呼ぶ。

※『論語と孔子の事典』『筑摩世界文學大系5　論語、孟子、大学、中庸』などに基づき作成。
※孔子の年譜には諸説あり。

ま行

や行

ら行

わ行

た行

な行

は行

人名索引

【著者紹介】

矢野弘典（やのひろのり）
公益財団法人産業雇用安定センター会長

1941年生まれ。1963年東京大学法学部卒。

株式会社東芝欧州総代表兼東芝ヨーロッパ社社長、日本経営者団体連盟理事・常務理事、日本経済団体連合会専務理事、明治学院大学客員教授、中日本高速道路株式会社代表取締役会長CEO、株式会社ADEKA社外取締役などを歴任。現在は、株式会社ADES経営研究所代表取締役社長CEO、一般社団法人ふじのくにづくり支援センター兼三公社理事長。

主な公職は、社会保障審議会委員、労働政策審議会委員、司法制度改革労働検討会委員、ILO使用者日本代表、アジア太平洋経営者連盟（CAPE）事務局長を歴任。現在は、公益財団法人日本相撲協会横綱審議委員会委員長、公益社団法人国際IC日本協会会長、特定非営利活動法人経済人コー円卓会議（CRT）日本委員会会長、モンゴル経営者連盟（MONEF）顧問、静岡県地域自立のための「人づくり・学校づくり実践委員会」委員長など。

著書に『青草も燃える』（中経マイウェイ新書）、『わが国海外進出企業の労働問題～マレーシア』（共著、日本労働協会）、『論語とリーダーシップ～信望の秘訣』（生産性出版、非売品）。

『お爺ちゃんの論語塾』を主宰。

※本書は、『論語とリーダーシップ～信望の秘訣』（生産性出版、非売品）と公益財団法人産業雇用安定センターの機関誌『かけはし』に著者が連載している「お爺ちゃんの論語塾」をベースに大幅に加筆・修正したものです。

才徳兼備のリーダーシップ

論語に学ぶ信望

2019年（令和元年）12月21日　初版発行

著　　者　矢野弘典
発 行 者　武部　隆
発 行 所　株式会社時事通信出版局
発　　売　株式会社時事通信社
〒104-8178　東京都中央区銀座5-15-8
電話03(5565)2155　https://bookpub.jiji.com/
印刷・製本　中央精版印刷株式会社

装　　幀　松田　剛（東京100ミリバールスタジオ）
出版協力　NPO法人経済人コー円卓会議（CRT）日本委員会

ISBN978-4-7887-1696-4　C0095　Printed in Japan
落丁・乱丁はお取り替えいたします。定価はカバーに表示してあります。